边缘化的打工者

MARGINALIZED WORKERS

中西部地区乡村教师
工作和生活状况
调查研究报告

A REPORT ON RURAL TEACHERS' WORK AND
LIVING CONDITIONS IN CENTRAL AND WESTERN CHINA

姚晓迅　亓　昕／主编

社会科学文献出版社
SOCIAL SCIENCES ACADEMIC PRESS (CHINA)

前 言

一 调查研究的缘起

在乡村社会，教师从来都是最为重要的社会精英之一。在传统社会中，塾师教化青年，与村社耆老享有同等的社会地位，他们不仅是道德文化的承载者和传播者，在很大程度上还是乡村社会生活的组织者和日常秩序的维护者。我国自古以来便有尊师重教的传统，乡村塾师在民间享有崇高的社会地位。新中国成立后，新式乡村小学的建立奠定了乡村教师的崇高地位。除了"文革"中一个短暂的时期外，乡村教师作为基层社会精英的地位并未动摇过。乡村教师仍然是一个值得尊敬的职位，能够吸引那些有理想、有能力的年轻人去追求。

但在当下，在全国很多地方，特别是中西部地区，乡村教师群体的状况却已大不如前，其处境令人担忧：乡村教师收入低、教学环境差、工作压力大、生活负担重，生存条件往往十分恶劣。随之而来的是极高的流动率，多数青年人不再愿意从事乡村小学的教育工作，一有机会就会逃离岗位，转而从事其他工作。特别是在偏远山区，教师流失现象非常普遍，队伍高度不稳定。学校难以征召到新教师，也留不住青年教师。师资不足尚只是问题的一个方面，更为严重的是师资结构严重老化，教师知识陈旧。越是基层的小学，如村小、教学点等，这方面的问题就越严重。乡村教师的社会地位迅速下降，他们早已跌出乡村精英的圈外，沦为边缘化的打工群体。

近年来，乡村教师的状况日益引起社会的关注，人们从各个角度对之展开研究和报道。这些研究和报道多半集中在教师的经济收入、工作状态、师资配置、进修与培训等方面，也有些集中于乡村学校校舍设施中存在的问题。这为本课题组开展乡村教师的调查提供了重要的线索。但是，从社会学的视角关注乡村教师问题，展开系统和具有一定调查规模的实证研究，并据此提出对策建议的研究尚不多见，聚焦于中西部地区乡村学校、教学点等小规模学校及其教师队伍的调查研究更是凤毛麟角。

为弥补这一缺陷，更为全面、深入地把握乡村教师的工作与生活状况，中国青少年发展基金会组织开展了对中西部地区乡村教师队伍的调查。本项调查的直接目的有两个，一是希望全面了解中西部贫困地区乡村教师的生活、工作、人际交往等方面的现实状况及其所遇到的困难，二是尝试据此提出科学、合理、适用的政策建议，以期尽快解决他们的困难。

二 调查研究的组织实施

本项调查由中国青少年发展基金会组织，中国青基会人员和首都经济贸易大学劳动经济学院社会工作系的部分师生承担完成。清华大学社会学系沈原教授、中国青基会研究部姚晓迅部长和首都经贸大学亓昕教授共同主持了本项研究工作，确定了研究的立场、视角、范畴、方法以及研究报告的内容、格式，完成了调查和研究的组织工作。首都经贸大学魏文一博士起草了总报告，亓昕、姚晓迅和沈原完成了总报告的写作和修订工作。亓昕负责完成了调查问卷设计、调查方法的选取和数据分析工作。亓昕、魏文一、劳动关系学院周潇博士和中国青基会研究部江发文分别带队，于2013年6~7月在宁夏海原、广西融水、云南会泽和湖北五峰进行了田野调查，并分别完成了各个分报告。首都经贸大学劳动经济学院研究生李益峰、刘荣、周中华、李珊和本科生曹鹏、袁杭、王继林、潘安东分别参加了试调查和四县的调查工作，并完成了数据录入和访谈整理等工作。沈原和姚晓迅参加了在广西融水的调查，中国青基会研究部志愿者潘娇阳参与了在河北曲阳的试调查。

沈原教授从立项开始，自始至终地指导着项目进程，对研究的立意、视角、方法和组织工作都提出了中肯的意见，并修改和审定了总报告文本。中国青基会涂猛秘书长推动了研究的立项，对研究的开展给予了大力支持。

沈原教授和清华大学社会学系黄庭康博士、北京大学教育系康健教授、中国青年报社调中心马明洁主任参加了课题成果的审定工作。

宁夏海原、广西融水、云南会泽和湖北五峰县教育局对田野调查工作进行了大力支持，不但帮助各个调查小组确定、联络调查学校，有些县还派员与调查组一起工作。共青团保定市委蔡红星副书记、希望办王晓明主任协调并全程陪同参与了在河北曲阳的试调查工作，广西柳州团市委安萍部长协调并参加了在广西融水的调查工作。河北青基会侯树林理事长、宁夏青基会刘生祥秘书长、广西青基会吴宗勋理事长和苏瑜副秘书长、云南青基会沈光鑫理事长和李章能副秘书长，以及湖北省五峰公益服务中心宋芳蓉总干事对田野调查工作给与了积极协调。他们对乡村教师处境的忧虑和改善乡村教育的情怀更感染和激励着我们。如果没有他们的配合，我们无法完成此次较大规模的调查。在此，我们深表感谢。

社会科学文献出版社童根兴老师和胡亮编审，仔细、快速地阅读了书稿，推动了本书的及时出版。

我们最要感谢是四县各调查点的乡村小学教师，以及他们所代表的中西部乡村教师群体。他们工作在乡村，生活在乡村或者在城镇与乡村之间奔波，平凡地劳碌，艰辛地生活，隐忍而自尊，维系着乡村的基本教育。乡村小学教师边缘化是一个我们不得不正视的事实。因了正常社会之良善和文明之传承，必须作出改变。

（执笔人：姚晓迅、亓昕）

目录

第一部分　总报告
　　　　　　（执笔人：沈原、亓昕、姚晓迅、魏文一）/ 001

　　一　研究问题与视角 / 003
　　二　研究方法 / 003
　　三　乡村教师的社会人口学特征 / 008
　　四　系统排斥与乡村教师社会地位的边缘化 / 032
　　五　解决之道 / 064

第二部分　分报告 / 071

　　分报告一　宁夏海原县乡村小学教师调查报告
　　　　　　　（执笔人：亓昕）/ 073

　　一　海原县的基本情况与调查方法 / 073
　　二　乡村小学教师的基本状况 / 077
　　三　居住与生活 / 084
　　四　工作与流动 / 096
　　五　社会交往与自我认同 / 114
　　六　教师对专业发展与晋升的需求 / 118
　　七　职称：乡村教师上升的瓶颈 / 122
　　八　结论与讨论 / 130

　　分报告二　广西融水县乡村小学教师调查报告
　　　　　　　（执笔人：魏文一）/ 137

　　一　调查概况 / 140

二　融水县乡村小学教师基本概况 / 141
　　三　融水县乡村小学教师中存在的问题 / 158
　　四　政策建议 / 173

分报告三　湖北省五峰县乡村小学教师调查报告
　　　　　　（执笔人：江发文）/ 178
　　一　调查的背景与方法 / 178
　　二　五峰县乡村小学教师的人口学特征 / 181
　　三　五峰县乡村小学教师的工作状况 / 187
　　四　五峰县乡村小学教师的生活状况 / 202
　　五　乡村小学教师及其家庭的收入与支出状况 / 207
　　六　乡村小学教师接受资助与支持的状况 / 212
　　七　结论与政策建议 / 217

分报告四　会泽县乡村小学教师调查报告
　　　　　　（执笔人：周潇）/ 221
　　一　调查背景及调查方法 / 221
　　二　会泽县乡村教师的人口学特征 / 222
　　三　会泽县乡村教师的工作状况 / 227
　　四　会泽县乡村教师的生活状况 / 241
　　五　会泽县乡村教师的社会网络、自我认同与
　　　　价值判断 / 246
　　六　会泽县乡村教师的需求 / 249
　　七　结语 / 253

第三部分　附录 / 257

附录一　贫困地区乡村教师调查基础数据 / 259
　　一　个人基本情况 / 259
　　二　教师所在学校的类型 / 276
　　三　居住情况 / 277
　　四　收入情况 / 282
　　五　家庭年平均支出 / 287

六　流动状况与流动意愿 / 288

七　社会交往 / 299

八　社会保障状况 / 302

九　专业发展与晋升需求 / 303

十　对工作的疏离感 / 306

十一　教师的人际交往感受 / 314

十二　教师的自我评价 / 318

十三　失序感 / 320

附录二　乡村教师调查问卷 / 324

附录三　访谈提纲 / 340

第一部分　个人基本情况及家庭情况 / 340

第二部分　工作状况 / 340

第三部分　生活状况 / 341

第四部分　收入与支出 / 342

第五部分　流动状况 / 342

第六部分　保障状况 / 343

第七部分　社会支持网络 / 343

第八部分　社会交往状况和业余生活 / 344

第九部分　对社会组织的了解 / 344

附录四　改革开放以来我国乡村教师政策的文本与实践 / 346

一　乡村教师政策文本的历史演变 / 347

二　乡村教师政策的实践 / 361

三　乡村教师政策的未来趋势 / 367

第一部分 总报告

一　研究问题与视角

本项研究的对象为中西部地区乡村小学教师。乡村教师是一个有别于农村教师的特定概念，特指在乡镇中心校及以下的学校，包括村级完全小学、村级不完全小学和教学点任教的教师。就类别而言，包括正式编制的教师和代课教师、特岗教师等非正式编制的教师。之所以选定这个群体作为研究对象，是因为这类人群即便在农村小学教师队伍中也位于底层，他们在工资收入、工作条件、生活水平等方面都比不上乡镇中心校和初中以上的教师，堪称"弱者中的弱者""底层中的底层"。他们是农村学校教师队伍中处境最为艰难的一个群体。

在开展调查之前，课题组已对此项研究进行了较为充分的案头准备工作，多次集体阅读和讨论了现有的关于农村学校教师研究的文献。在问卷和访谈提纲形成后，课题组又在河北省的贫困县曲阳开展了试调查，加深了对乡村教师艰难处境的体验。

在访谈资料整理完毕、数据分析完成后，课题组经多次讨论，最终将研究聚焦到下列问题：乡村教师为何日益边缘化，沦为社会底层的打工者？针对乡村教师的现状，课题组用"边缘化""社会底层"和"打工者"等概念刻画他们在社会地位和身份方面的特征，并基于数据和深度访谈资料，从体制排斥、市场排斥和道德排斥三个层面对乡村教师边缘化地位的成因进行了分析。

二　研究方法

（一）样本的选择

从调查方法上讲，我们首先要确定研究总体，编制抽样框，之后再从确定的抽样框中（总体）抽选样本。总体由我们的研究目的和研究问题而定，样本要能够反映总体的特征。本研究采用三阶段的立意抽样进行样本选择。

1. 为何选择中西部地区

我们选择从中西部地区着手，首先是因为这些地区自然条件较差、社会经济发展水平上相对落后，从促进教育公平、实现教育资源均衡配置的角度考虑，应首先了解中西部乡村教育的实情。其次，在整个乡村教师群体中，中西部乡村教师的经济待遇、社会地位更低，其自我提升的潜能也更弱。再次，中西部地区是国家教育重点扶持的地区，国家在财政、人员等各方面均给予了政策倾斜，例如"特岗教师""三支一扶"等政策。这些措施落实得怎样，在多大程度上有助于缓解乡村教师短缺问题、提升教师队伍素质，有待通过更具体的调研工作来验证。最后，中国青少年发展基金会（以下简称中国青基会）从20世纪90年代以来，长期坚持实施以救助贫困地区失学儿童和建设希望小学为主要内容的"希望工程"公益项目，有效地推动了农村贫困地区义务教育事业的发展，得到了当地政府、学校、教师、家长和学生的肯定，也赢得了广泛的社会赞誉。通过评选"希望工程园丁奖"和实施"希望工程教师培训项目"，对农村教师给予了特别的资助。如何满足在乡村任教的教师们新的需求，帮助"希望工程"在工作的思路、措施方面形成新的突破，也是本课题组选择在中西部地区进行调研的重要因素。

2. 中西部地区内的选择方案

全国贫困县的地理分布非常广泛，涉及21个省区市，但分布非常不平衡。根据国务院扶贫开发领导小组办公室公布的"2012年国家扶贫开发工作重点县"可以了解到，全国贫困县和贫困地区集中在中部和西北省份，其中，中部9个省份[①]的贫困县数量占全国的37%，而另外63%的贫困县则集中在西部12个省区市[②]，大

---

① 山西、吉林、黑龙江、安徽、江西、河南、湖北、湖南、河北。
② 四川、重庆、贵州、云南、西藏、陕西、甘肃、青海、宁夏、新疆、广西、内蒙古。

部分贫困县集中在西部地区。由于受时间和人力的限制，我们最终决定调查4个贫困县。在西部地区我们选择了3个贫困县，分别是宁夏海原、云南会泽和广西融水，在中部地区选择了湖北五峰。这4个省份的地理位置分布非常分散，其自然条件和经济发展状况也非常不同。它们能够代表总体的结构特征，这是选择4县的原因之一。另外也考虑到调查过程的可控性和能否顺利实施。宁夏海原、云南会泽、广西融水和湖北五峰是中国青基会希望工程重点实施县，在这些地区调查能够得到当地各部门和学校的积极配合，这对我们开展调查非常重要。

在确定县之后，就要选择学校。我们遵循的原则是，要更多地了解乡村小学教师的状况，特别是那些条件较差的村完小、教学点的教师状况。我们要求在每县至少选择3个乡镇，乡镇以下的村完小和教学点的问卷和访谈数量要占到总数的2/3以上，而每个乡镇的中心小学仅作为参照。在出发之前，各小组负责人跟当地教育局取得联系，获得当地乡镇学校的名单。

（二）数据收集情况

为保证一定规模的样本量，我们在每县发放问卷500份，并做了20人以上的访谈，访谈的对象涵盖教育局主管领导、学校校长、学校正式编制教师、代课教师、特岗教师。

1. 问卷回收情况

在对中西部地区4个贫困县的问卷调查中，共收回乡村小学教师调查问卷1624份，有效问卷1587份，问卷有效率为97.7%。全部回收的问卷中，来自广西融水的372份，湖北五峰的404份，云南会泽的516份，宁夏海原的332份。如果将填答超过50%的记为有效问卷，低于50%的为无效问卷，4县有效问卷分别为：广西353份，湖北399份，云南516份，宁夏319份。回收问卷情况符合我们预期设计，也具有代表性。

从教师的构成看，正式编制教师、代课教师、特岗教师都包含在内，这与各地教育局提供给我们的教师人事身份比例也相当。

表1　教师类型分布

单位：%

	教师类型	频次	百分比	有效百分比	累计百分比
有效	正式编制	1306	81.0	81.5	81.5
	代课教师	134	8.3	8.4	89.9
	特岗教师	117	7.3	7.3	97.2
	其他	46	2.9	2.9	100.0
	合计	1603	99.5	100.0	
缺失		99	10	0.6	
	合计	1613	100.0		

资料来源：中西部地区乡村小学教师生活与工作状况调查。

另外，从样本分布的学校类型看，除了广西中心校样本的比例为38.7%，略高于我们之前的设定之外，其他各地中心校样本的比例都很低，但这并不影响数据的质量，因为从总的构成来看，完小、教学点、复式教学点仍占79.7%，大于2/3。

表2　不同省份教师所在学校类型分布

单位：%

省份	学校类型					合计
	中心校	村完小	教学点	复式教学点	其他	
广西	38.7	55.2	5.2	0.8	0.0	100.0
云南	4.3	93.6	2.1	0.0	0.0	100.0
湖北	20.3	78.4	0.8	0.0	0.5	100.0
宁夏	28.6	70.0	1.1	0.2	0.0	100.0
合计	20.3	77.4	2.0	0.2	0.1	100.0

资料来源：中西部地区乡村小学教师生活与工作状况调查。

2. 深度访谈

我们采用了个人的半结构访谈以及焦点小组访谈两种方式，访谈的地点为学校办公室、教师宿舍、教育局办公室。除了座谈会之外，我们做到访问员和访谈对象一对一交谈，以避免其他干扰。

访谈中，我们重点询问了以下几个方面的问题。

个人的基本情况和家庭信息等人口学方面的问题；工作状况：职业经历、从教动机、工作内容、工作压力、工作考核、职业培训、职务晋升、职称评定、职业困境等；生活状况：作息时间、居住饮食、交通通信等；收入与支出：工资、津贴补贴的收入，以及个人和家庭在医疗、日常生活、社会交往等方面的支出；社会保障：是否签订劳动合同、享受社会保险、商业保险等；社会支持：乡村小学教师与领导、同事、家人的关系，是否有合适的渠道反映自己的诉求，工作是否得到家人、亲朋的支持；社会交往：乡村教师的课外集体活动、生活娱乐、获取信息的途径、日常交往，以及他们对社区公共事务的参与；流动状况：在了解上述信息的基础上，与教师做更深入的沟通，了解他们对当下工作的态度、心理的压力、自我实现程度、职业预期，看其流动的意愿和可能的去向；最后，我们还询问了他们对社会公益组织的认识，并让他们从当事人的角度对公益组织帮扶乡村小学教师提出可行方式。

3. 问卷与访谈的关系

自填式问卷和半结构式访谈，是系统地、直接地收集资料的两种方法，在学术性调查、政策性研究中有广泛的应用，其主要关注某类人群的社会特征、社会行为、态度和意见等。

自填式问卷一般被归入定量研究的范畴。问卷调查适合收集静态的、总体的、一般性的数据。问卷调查有以下几方面的优点：一是较为节省时间、人力；二是能很好地保护调查对象的隐私；调查对象可以在安全的环境中真实地填写，避免其他人员的干扰；三是作为纸面的文字，问题和答案基本是确定的，可避免人为的、随意的解释，减少误差。当然，自填式问卷也有一定的不足，为了保证回收率和有效填答，需要调查对象的真诚配合，如果调查内容过于敏感或者无法引起调查对象的兴趣，容易使调查对象产生逆反、应付的心理。另外，调查对象需要对问卷的内容有一定的理解能力，否则一些专业概念、问题样式、填答逻辑都可能会对调查对象造成困扰。

访谈一般被归入质性研究的范畴,它是一门专业的沟通、交流的艺术。其主要优点是访谈对象回答率高,访谈的内容也比较深入、开放,对一些不适合标准化、量化的信息有很好的反馈;同时访谈员可以收集到对方更多的个体信息,如态度、表情及各种心理的变化,这些是在问卷中是无法体现的。其主要的缺点是,对访问员的素质要求较高,所需的时间较长,费用较高。

将问卷和访谈结合起来主要有以下优点。

第一,调查研究可以兼顾描述和解释。它可以直观地反映调查对象的概况、特征,也可以就变量之间的因果关系进行推断和检验。

第二,调查研究可以兼顾总体和个体。具体到本研究中,乡村教师的职业经历、从业动机、生活工作满意度、对未来的预期等,都可以在个体访谈中得到呈现。

第三,调查研究可以兼顾理论和应用。通过数据论证和个案剖析,既能够对乡村教师的社会地位做学术上的判定,也能够对政策建议的合理性、适用性进行预先判断。

本课题组在本调查中尝试将两种调查方式有机地结合起来,收到较好效果。

三　乡村教师的社会人口学特征

(一) 性别、年龄与婚姻状况

从性别与年龄状况看,在有效填答中,四地男女教师分别占55.7%和42.9%,其中30岁及以下的占17.5%,40岁及以下者占51.6%。根据经验,如果以24岁作为本专科毕业的年龄,大概可以推算,近六七年以来,四地引进的年轻教师并不多。访谈中,一些校长也向课题组提出,在农村小学,40岁以下就可以算作"年轻教师",即便如此,他们也仅占一半左右,而广西、湖北两地的40岁以下教师不足40%(如表3、表4所示)。

表3 按5岁年龄分组的教师年龄构成

单位：%

	年龄	百分比	有效百分比	累计百分比
有效	30岁及以下	17.5	17.5	17.5
	31~35岁	18.8	18.8	36.3
	36~40岁	15.3	15.3	51.6
	41~45岁	17.1	17.1	68.7
	46~50岁	15.7	15.7	84.4
	51~55岁	10.1	10.1	94.5
	56~60岁	5.3	5.3	99.8
	61岁及以上	0.3	0.3	100.0
	合计	100.0	100.0	

资料来源：中西部地区乡村小学教师生活与工作状况调查。

表4 各省份5岁年龄组的教师年龄构成

单位：%

省份	30岁及以下	31~35岁	36~40岁	41~45岁	46~50岁	51~55岁	56~60岁	61岁及以上	合计
广西	6.9	10.2	19.2	27.3	12.2	11.0	12.7	0.4	100.0
云南	33.3	24.7	13.5	11.2	11.4	5.5	0.4	0.2	100.0
湖北	2.8	14.5	15.6	21.2	24.5	15.6	5.9	0.0	100.0
宁夏	18.2	20.6	14.9	14.4	14.7	10.2	6.6	0.5	100.0
合计	17.5	18.8	15.3	17.1	15.7	10.1	5.3	0.3	100.0

资料来源：中西部地区乡村小学教师生活与工作状况调查。

从婚姻状况看，四地乡村小学教师中已婚者占绝大多数，占90.2%，未婚者占7.8%。云南和宁夏两地未婚者比例较高，分别为11.3%和10.2%，湖北最低，仅为1.7%，不过，这与其年轻教师比例低有关。在30岁及以下者中，云南为33.3%，宁夏为18.2%，湖北为2.8%。由此，不能得出乡村教师面临择偶困难的结论。

表5 被访教师婚姻状况

单位：%

省 份	婚姻状况	有效百分比
广 西	未 婚	6.0
	已 婚	91.6
	离 婚	1.2
	丧 偶	1.2
	合 计	100.0
云 南	未 婚	11.3
	已 婚	86.9
	离 婚	1.6
	丧 偶	0.2
	合 计	100.0
湖 北	未 婚	1.7
	已 婚	95.8
	离 婚	2.2
	丧 偶	0.2
	合 计	100.0
宁 夏	未 婚	10.2
	已 婚	88.0
	离 婚	0.9
	丧 偶	0.9
	合 计	100.0

资料来源：中西部地区乡村小学教师生活与工作状况调查。

（二）受教育程度、户籍与教师岗位类型

1. 教师学历

乡村教师自身的受教育水平与教学质量密切相关，在本调查选取的样本中，大专及本科学历者占80.4%，研究生学历者极少，约为0.4%，乡村教师的学历与以前相比，正在逐渐提高。当然，他们中的很多人取得的是函授学历，这与调查中大专比例较高相吻合。根据《中华人民共和国教师法》的规定，取得小学

教师资格者需要"具备中等师范学校毕业及其以上学历",在调查中不符合此规定者不足1%。

表6 被访教师学历状况

单位：%

	教师学历分类	频次	百分比	有效百分比	累计百分比
有效	初中	15	0.9	0.9	0.9
	中专或高职、技校	238	14.8	14.8	15.7
	高中	56	3.5	3.5	19.2
	大专	861	53.4	53.6	72.8
	本科	430	26.7	26.8	99.6
	其他	6	0.4	0.4	100.0
	合　计	1606	99.7	100.0	
缺失	99	6	0.3		
	合　计	1612	100.0		

资料来源：中西部地区乡村小学教师生活与工作状况调查。

2. 职业培训

通过访谈，得知多数乡村教师每学期都会有机会轮流参加县级及以上教育部门组织的职业培训，内容包括了解教学方法改革、外出参观、教学观摩。这是一种"传带帮"的方式，即学习回来的教师要向其他教师传授先进经验。当然，学校往往将一些更好的机会给骨干教师和年轻教师，也将更多的经费留给他们。然而，这些职业培训的机会毕竟有限，数据显示，更多的教师表达出渴望获得职业发展方面的帮助，被访教师中有41.3%的人认为单位很少为自己提供发展的机会，如果加上一般同意者，这一比例高达74.5%。这说明乡村教师对提升自身素质、获得发展机会是持积极、开放的态度的。

具体到他们希望获得哪方面的帮助，课题组也做了调查，并请被访教师给予排序，以反映他们最希望得到的三种职业发展方面的帮助。调查的基本情况见表7、表8和表9。

表7 被访教师对政府和学校的期望（排序1）

单位：%

	对政府和学校的期望	频次	百分比	有效百分比	累计百分比
有效	提高学历	245	15.2	16.0	16.0
	创造学习化环境	452	28.0	29.4	45.4
	赴名校参观访问	330	20.5	21.5	66.9
	进修业务或学习各方面知识	210	13.0	13.7	80.6
	教学观摩	112	6.9	7.3	87.9
	专业能力培养	107	6.6	7.0	94.9
	合理的晋升机制和渠道	79	4.9	5.1	100.0
	合计	1535	95.1	100.0	
缺失	99	78	4.8		
	合计		1613	100.0	

资料来源：中西部地区乡村小学教师生活与工作状况调查。

表8 被访教师对政府和对学校的期望（排序2）

单位：%

	对政府和学校的期望	频次	百分比	有效百分比	累计百分比
有效	提高学历	13	0.8	0.9	0.9
	创造学习化环境	111	6.9	7.8	8.7
	赴名校参观访问	248	15.4	17.4	26.1
	进修业务或学习各方面知识	439	27.2	30.8	56.9
	教学观摩	330	20.5	23.2	80.1
	专业能力培养	229	14.2	16.1	96.2
	合理的晋升机制和渠道	54	3.3	3.8	100.0
	合计	1424	88.3	100.0	
缺失	99	188	11.7		
	合计		1612	100.0	

资料来源：中西部地区乡村小学教师生活与工作状况调查。

表 9　被访教师对政府和学校的期望（排序 3）

单位：%

	对政府和学校的期望	频次	百分比	有效百分比	累计百分比
有效	提高学历	19	1.2	1.5	1.5
	创造学习化环境	58	3.6	4.5	6.0
	赴名校参观访问	87	5.4	6.7	12.7
	进修业务或学习各方面知识	153	9.5	11.7	24.4
	教学观摩	221	13.7	17.0	41.4
	专业能力培养	477	29.6	36.6	78.0
	合理的晋升机制和渠道	288	17.9	22.1	100.0
	合　计	1303	80.9	100.0	
缺失	99	308	19.1		
	合　计	1611	100.0		

资料来源：中西部地区乡村小学教师生活与工作状况调查。

通过上面的信息可以发现，教师们普遍希望在教学观摩、业务进修、专业能力培养方面获得学校和政府提供的机会，他们希望能够提升自己的业务能力、开阔视野。[①] 访谈中，一些到外校学习或到大城市参观的教师，其兴奋之情溢于言表。

教师们也向课题组提出培训带给他们的压力，主要有以下三个方面。

一是课程改革和教学方法的革新。有的老师认为"我们还是不适应新课改，接受新鲜事物的能力还不如学生"，有的老师对培训中教给他们的教学方法持有怀疑态度，"教学方法中有些老方法，但我觉得老方法有老方法的好处。为什么以前的教育延续了两千多年？现在的教学方式变幻无常，教学模式变得有些不可思议，一会儿一套，我不知道哪些是正确的"。在教师面临新老交替以及课程改革的大背景下，如何将教改的初衷落实下去，还

[①] 一位教师向课题组讲述了他们学校的做法："教育系统组织的，比如去南宁啊，桂林啊，柳州啊，老师讲课很精彩啊，我们把光盘带回来，资源共享啊，放出来给大家看。老师的风采，是这样教学的，这也是个办法。"

需要做更细致的研究。一些方法、理念在遇到教师的抵触时，还需要当地教育行政部门、学校进行更耐心的讲解、说明。同时也要考虑到不同教师类型的接受能力，对其不做强制性要求，有的老师确实因为年龄偏大，在使用电教设备、制作课件方面有所欠缺，但不能因此就质疑、否定他们的教学方式。学校可以对不同的模式进行比较、评估，最重要的是看学生的反映。

二是培训经费。尽管大多数项目是由学校或教育行政部门承担相关费用，但一些教学观摩等，仍需个人承担一半的费用，乡村教师本来收入不高，这些费用为也成为负担。许多老师非常珍惜这样的机会，但同时也希望"好事应彻底"，最好能够由有关部门提供全部费用。

三是培训印记。简单地说，培训的印记包括证书、留影、获得相关资料等。老师们参加培训不以获得证书为目的，但为了让培训给教师带来长久的影响，需要让教师获得属于自己的独特体验。在访谈中，课题组问及老师们参加过哪些培训、内容为何时，除了印象深刻的外出参观之外，其他的回答往往十分模糊，有些教师甚至记不起培训的时间、学习的内容。有的老师却对路途的颠簸、饮食住宿等记忆更深。要给教师们带来长期的、深刻的影响，在集中培训的时候应体现出对教师个体的关怀，这需要改进培训模式、培训方法。

由上述可见，职业培训要真正落在实处，避免仪式性的走过场或强制性的手段，需要从教师、学生的需求和接受能力上下更多的功夫。培训的最终目的是调动孩子们学习、求知的主动性，吸引孩子们去独立思考，但前提是这些教学方式首先能引起教师们的兴趣，否则各种培训指导意见只能沦为形式，"花钱买烦恼"，上级怪下级不领情，下级怪上级多事儿。

3. 职称结构

我国小学教师职称评定标准，确定于1986年。2011年中华人民共和国人力资源和社会保障部、教育部下发了《关于印发深化中小学教师职称制度改革扩大试点指导意见的通知》，统一职称和职务等级,但因为尚在试点中,所以并不影响此次调查。根据课题组统计,四地乡村教师拥有小学高级职称(中级职称)和一级职称(初级职称)的比例,合计高达84.8%,另外,也有一部分教师拥有中学教师职称,在小学任教。见表10。

表10 被访教师目前职称状况

单位:%

	职称情况	频次	百分比	有效百分比	累计百分比
有效	无职称	98	6.1	6.1	6.1
	小学高级教师	787	48.8	49.2	55.3
	小学一级教师	569	35.3	35.6	90.9
	小学二级教师	25	1.6	1.6	92.5
	小学三级教师	2	0.1	0.1	92.6
	中学高级教师	11	0.7	0.7	93.3
	中学一级教师	33	2.0	2.1	95.4
	中学二级教师	65	4.0	4.1	99.5
	中学三级教师	1	0.1	0.1	99.6
	其他	7	0.4	0.4	100.0
	合计	1598	99.1	100.0	
缺失	99	14	0.9		
	合计	1612	100.0		

资料来源:中西部地区乡村小学教师生活与工作状况调查。

当前小学教师的职称评定多采取"评聘分开""分配指标""城乡有别"等方式,基层教师对此强烈不满。此种方式尤其对中青年教师的职业发展不利。在一些地方,拥有职称评定大权的学校、教育行政部门,还会因此产生"权力寻租"。有的教师评上高级职称之后,因为不能"得聘"[①],徒有漂亮的职称,收入并没有增加。有的地方甚至对参与评审的数额也进行限制,教师们不得不等到拥有高级职称的老教师退休之后,才能有机会参评。这些条件对乡村教师更为不利,一是本来分给他们的指标就少,二是指标所需的一些硬性要求,他们难以达到。比如发表论文,

---

① 得聘即被聘到岗位。

城里的老师或者有钱的老师可以通过"买版面"的方式发表文章，完成发表要求，乡村教师则多半不具备这样的经济实力和社会关系，因此无法这样去做。

由此导致的后果是，未获得职称或者聘用的年轻教师的发展受限，他们容易产生职业倦怠，而少数拥有高级职称的教师又不求上进。在课题组的访谈中，一些老师、学校领导直言，如此下去，许多老师将没有"奔头"。

> 过去学校岗位是按照比例设岗，然后这个比例上去了，高职的就可以享受这个待遇。但是现在，评了之后不一定能评到你。所以呢，就给下边老师造成一个压力，我现在要优秀，要年龄，那个职称要几年以后才能评。但是现在评上去之后就不下来，本来老师有个奔头，现在就是造成上去之后我稳稳当当地坐在那儿，享受着呢，我可以在这儿工作，干好干不好他无所谓，我可以享受着。……这个是学校老师现在最大的一个问题了。（融水访谈1）

教师职称的评定，涉及财政对教师工资的投入，也涉及更复杂的人事制度改革，过紧、过松都达不到提升人才素质的目的。我们主张建立更为多元化的评价标准，对那些受到职称限制的中青年教师适用其他评价方式。

4. 岗位类型

乡村教师一般包括三种岗位类型：正式编制教师、特岗教师和代课教师。在四地乡村教师中，拥有正式编制的教师占81.5%，特岗教师占7.3%，代课教师占8.4%。其中云南会泽的代课教师比例最低，仅为0.2%，而其余三地都存在数量不少的代课教师（见表11）。

表11　各省份不同类型的教师构成

单位：%

省份	与学校关系				合计
	正式编制	代课教师	特岗教师	其他	
广西	73.7	19.5	5.6	1.2	100.0

续表

省　份	与学校关系				合　计
	正式编制	代课教师	特岗教师	其他	
云南	88.5	0.2	11.3	0.0	100.0
湖北	81.8	8.3	0.5	9.5	100.0
宁夏	77.3	11.7	9.8	1.1	100.0
合计	81.5	8.4	7.3	2.9	100.0

资料来源：中西部地区乡村小学教师生活与工作状况调查。

正式编制教师应属于国家干部编制，而且必须符合国家规定的各级教师的最低学历。他们具有稳定的收入，一般是教育部门招聘的师专、大专和大学本科毕业生，也有的是以前的民办教师（包括代课教师）获得一定文凭或通过考试取得资格后成为正式教师。此外，也有特岗教师满三年后转成正式编制教师的。

代课教师是最为弱势的群体。1992年财政部、人事部、国家教委联合颁发的《关于进一步改善和加强民办教师工作若干问题的意见》要求"通过师范学校定向招生和'民转公'，逐步将一部分优秀民办教师选招为公办教师"。1997年，国务院办公厅又发文，要在2000年基本解决民办教师问题。2006年3月27日，教育部前新闻发言人宣布，"预计在尽量短的时间内，将把44.8万中小学代课人员全部清退"。此后，"清退"代课教师在各地大规模开展。"清退"一词，对许多代课老师造成了深深的伤害，他们感觉自己就像已无利用价值的废弃物一样，被人冷冷地抛弃。

2010年教育部对代课教师的政策是"择优招聘、辞退补偿、纳入社保"，聘用代课教师被认为是一种不规范的用人制度。2011年多部门出台《关于妥善解决中小学代课教师问题的指导意见》，代课教师将获得一次性补偿。

前面说云南的代课教师比例低，这或许就是由于政府"清退"的力度非常大。2013年3月，云南出台代课教师补偿细则，代课教师被清退之后将获得一次性补偿，所盼望的社保也成为幻影。① 简单地"清退"代课教师，是对代课教师的不尊重，这样做也无法保证有效的师资补充。在一些地方，代课教师被"清退"之后，又以其他的名义被重新招聘，继续任教，有的地方干脆暂缓"清退"。

特岗教师是近年推行"特岗教师计划"后才出现的教师岗位类型。2006年，教育部、财政部、人事部、中央编办下发了《关于实施农村义务教育阶段学校教师特设岗位计划的通知》，"通过公开招募高校毕业生到西部'两基'攻坚县县以下农村义务教育阶段学校任教，引导和鼓励高校毕业生从事农村教育工作，逐步解决农村师资总量不足和结构不合理等问题，提高农村教师队伍的整体素质"。在设计之初，计划用5年的时间实施这一项目，并规定特岗教师聘期为3年。

"2006年至2010年，教育部共招聘18万多名特岗教师，中央财政按人均年1.5万元的标准设立专项资金，用于他们的工资支出。""2010年中央财政安排的特岗教师工资性补助经费30.5亿元已全部下拨，比2009年增加8.3亿元，全国14.8万名特岗教师年人均享受补助20540元。""从2012年起，中央财政特岗教师工资性补助标准提高为西部地区人均年2.7万元，中部地区人均年2.4万元，与地方财政据实结算。"②

此次调查的各县一直坚持实施特岗教师计划，特岗教师占用地方教师编制，工资则由中央转移支付负担。服务期满后，特岗教师仍有多种选择，他们既可以留在当地继续任教，并享有编

---

① 据《南方周末》记者报道，云南几十万代课教师为获得补偿，还需要自己提供工作经历、年限的证明，许多代课教师因为自己的同事调动、去世等，又踏上了寻找证明的漫漫征途，一些极端事件也由此引发。因为寻找的证据和证人得不到承认，"2013年7月17日大雨夜中，58岁的云南代课教师程兴贵从家门前两岔河近50米的瀑布跳下，自杀身亡"，详见http://www.infzm.com/content/93971。

② 赵鼎洲：《"特岗教师政策"在西北民族地区实施的现状研究——以临夏自治州积石山县为个案》，硕士学位论文，西北师范大学，2012，第2页。

制,与当地教师待遇同等,也可以到城镇学校应聘,也可以自主择业。特岗教师三年后的去向,成了学校领导"最关心也最不愿提及的问题"。

根据课题组的访谈,地方教育行政部门普遍对特岗教师表示欢迎,尽可能为他们提供生活、工作的便利。在对这些特岗教师的使用上,大部分教育行政部门将他们安排在乡镇的中心校,更靠近村落的村完小、教学点则很少有机会得到特岗教师。教育行政部门也非常担心特岗教师是否留得住。一位县教育局的组委跟课题组提到,有些特岗教师甚至在服务期内就提出辞职,而他也无权扣押他们的档案。因此,一些教育主管部门、学校更希望能够定向培育本县、本地的师范生回乡任教。

5. 户籍状况

有意思的是,虽然乡村教师多在乡镇及以下的村庄任教,但从其户口类型看,城镇户口者占80.7%,且以本县城镇户口为主。如果仅仅以户口作为区分城镇人和农村人的标准的话,可以说当下的乡村教育是"城镇里的人教农村的娃"。

表12 被访教师户口类型分布

单位:%

	户口类型	频次	百分比	有效百分比	累计百分比
有效	本县城镇户口	1224	75.9	77.6	77.6
	外县城镇户口	49	3.0	3.1	80.7
	外县农村户口	25	1.6	1.6	82.3
	本县农村户口	280	17.4	17.7	100.0
	合计	1578	97.9	100.0	
缺失	99	34	2.1		
	合计	1612	100.0		

资料来源:中西部地区乡村小学教师生活与工作状况调查。

有学者认为户籍制度是导致乡村教师社会地位低下的重要原因,我们认为,需要对此细致分析。首先,户籍制度只是表面的,重要的是与户籍制度相联系的社会资源。其次,对乡村教师群体来说,影响他们社会地位的是制度藩篱、结构障碍，以及他们的边缘地位、夹层处境。他们中4/5的人已经拥有了城镇户口，他们这些人就是"城镇中的农村人""农村里的城镇人"。他们在两个不同的生活空间、文明空间、制度空间中穿梭，但直到职业生命结束前，在两边都无法落脚。当他们试图挣扎的时候，两端都会挤压他们——体制内给他们的待遇不高，但又约束他们从其他地方获得资源；市场不会承认他们在体制内所拥有的身份，这些身份无法在市场上变成可交换的资本。

所以，乡村教师是处于种种对立双方的夹缝中的，除了那些年龄较大，自始至终在农村生活的老教师之外，那些50岁以下的教师，对挤压的感受尤为明显。甚至可以说，乡村教师也有一颗"城镇化"而不得的心。访谈中一些老师谈到的他们购房和买车的经历，就是对这一问题的最好证明。

问：咱们教师在县城买房的多吗？

答：我统计了一下，在会泽买房的90%以上，就是三四个人没买房，但是买房的都是贷款。

问：会住吗？他们周末会住吗？

答：周末、星期天，如果学校放假，他就进去了，一周回去一次。

问：还贷有压力吗？一个月还多少？

答：压力大得要死，差不多2000块。然后他（老公）一个月过来要消费1000块。哎哟……

问：一个月过来消费是什么意思？

答：就是车，油嘛，开车这种消耗。

问：这么多！很远？

答：很远，我的一半拿来还房贷，他的一半拿来用在车上，剩下一点够生存。（会泽访谈1）

访谈案例给课题组传递出的信息是，尽管很多在乡村学校执教的老师在上班的路上需要花费几个小时，或者只能在周末到县城住一两天，但仍有许多教师宁愿承受沉重的房贷、车贷压力，也要在县城买房。他们不希望自己未来的老年生活在乡村中度过,也不希望他们的子女在农村接受教育。①

(三) 收入与家庭支出

1. 家庭收入

课题组统计了不同岗位教师的家庭年收入,正式编制的教师和特岗教师家庭的年收入,以 20001~40000 元为最多,分别占 54.0% 和 51.1%,代课教师的家庭年收入要低一些,多半不足 20000 元。

表 13 不同类型教师家庭去年总收入状况对比

单位:元,%

与学校关系		收入水平						合计
		2000~20000	20001~40000	40001~60000	60001~80000	80001~100000	100000以上	
正式编制	计数	172	603	279	58	4	1	1117
	与学校关系中的%	15.4	54.0	25.0	5.2	0.4	0.1	100.0
代课教师	计数	64	32	0	0	0	0	96
	与学校关系中的%	66.7	33.3	0.0	0.0	0.0	0.0	100.0
特岗教师	计数	27	48	13	5	0	1	94
	与学校关系中的%	28.7	51.1	13.8	5.3	0.0	1.1	100.0

---

① 虽然课题组调查的地区教育主管部门没有强制要求教师子女在本地本校就读,但湖南省永兴县 2013 年 9 月曾处理过这样一起事件。5 位一中教师的 4 个孩子在外地更好的中学读书,学校职代会于 2009 年依据《关于规范永兴一中教职工子女就学的规定》对这 5 位教师作出处罚,将其调往本县其他高中任教(收入每月会减少 2000 元)。学校的《规定》虽然以保障优秀生源为口号(教师子女学习成绩一般不错),但也有解释认为,如果教师不把自己的子女放在本校,那么就不能把精力完全放在学校的日常教学上,其他家长也会怀疑学校的教学质量。在课题组的访谈中,一位乡村代课老师坚持守在学校,除了热爱教育事业之外,校长也以"为了孩子"为由劝他将自己的孩子留在本校读书,他的三个孩子先后在自己的学校读书,且考上了大学。

续表

与学校关系		收入水平						合计
		2000~20000	20001~40000	40001~60000	60001~80000	80001~100000	100000以上	
其他	计数	17	24	0	1	0	0	42
	与学校关系中的%	40.5	57.1	0.0	2.4	0.0	0.0	100.0
合计	计数	280	707	292	64	4	2	1349
	与学校关系中的%	20.8	52.4	21.6	4.7	0.3	0.1	100.0

资料来源：中西部地区乡村小学教师生活与工作状况调查。

具体到不同地区，各地教师家庭总收入差别很大，最高的是云南会泽，达到42267.37元，湖北五峰次之，宁夏海原又次之，广西融水最低，只有25252.09元。见表14。

表14 不同省份被访教师去年家庭总收入分布

单位：元

省 份	统计量	统计值
广 西	均值	25252.09
	均值的标准误	1151.933
	众数	20000
云 南	均值	42267.37
	均值的标准误	779.09
	众数	30000
湖 北	均值	33838.17
	均值的标准误	760.726
	众数	30000
宁 夏	均值	32300.3
	均值的标准误	885.827
	众数	30000

资料来源：中西部地区乡村小学教师生活与工作状况调查。

工资收入低、经济待遇差是乡村教师普遍反映的问题,他们也赞同收入低是乡村留不住教师的原因。

问:那你觉得现在年轻教师越来越不愿意来当乡村教师,这种乡村教师流失的原因是什么?

答:工资、待遇。……关键是留不住人,就是因为工资低。

问:为什么乡村教师会大量流失?

答:流失的根本原因是待遇问题。如果你在这里待遇高,那老百姓也就不会存在瞧不起你的事情,那就是待遇起来了就不会了。

问:如果想要留住乡村教师的话就要提高待遇?

答:必须提高,要不肯定跑了。他也要为生计,年纪大的教师小孩生病了,他就没办法了。(融水访谈2)

2. 家庭支出

从平均值看,四县乡村教师的家庭支出要高于收入,在没有其他收入来源的前提下,这表明许多人借了较多的外债,这对他们造成巨大的经济压力。

表15 不同省份被访教师去年家庭总支出

单位:元

省 份	统计量	统计值
广 西	均值	28720.47
	均值的标准误	1402.178
	众数	20000
云 南	均值	48877.16
	均值的标准误	1165.952
	众数	50000
湖 北	均值	39674.55
	均值的标准误	1108.691
	众数	40000

续表

省　份	统计量	统计值
宁　夏	均值	37549.75
	均值的标准误	1369.168
	众数	30000

资料来源：中西部地区乡村小学教师生活与工作状况调查。

将家庭支出细化后，课题组发现，正式编制的教师、特岗教师和代课教师，基本上根据家庭的收入决定支出，其分布的众数基本重合。比例变化较大的是代课教师，尽管他们的家庭收入多在20000元以下，但他们的家庭支出在20001~40000元的比例较高。这也许说明，他们家庭的负债率相对要高一些。

表16　不同类型教师家庭去年总支出状况对比

单位：元，%

与学校关系		收入水平						合计
		2000~20000	20001~40000	40001~60000	60001~80000	80001~100000	100000以上	
正式编制	计数	156	497	308	93	41	22	1117
	与学校关系中的%	14.0	44.5	27.6	8.3	3.7	2.0	100.0
代课教师	计数	49	40	5	0	1	1	96
	与学校关系中的%	51.0	41.7	5.2	0.0	1.0	1.0	100.0
特岗教师	计数	29	40	17	2	3	3	94
	与学校关系中的%	30.9	42.6	18.1	2.1	3.2	3.2	100.0
其他	计数	8	27	4	2	1	0	42
	与学校关系中的%	19.0	64.3	9.5	4.8	2.4	0.0	100.0
合计	计数	242	604	334	97	46	26	1349
	与学校关系中的%	17.9	44.8	24.8	7.2	3.4	1.9	100.0

资料来源：中西部地区乡村小学教师生活与工作状况调查。

对于代课教师而言，他们家庭的支出较多，甚至有的家庭入不敷出，那么他们是如何度日的呢？（访谈一位离异的代课教师）

问：那您现在工资有多少？您家有几口人？

答：我家，包括我的父母，6个人。就只是一个月1000块钱，到春节的时候学校会给你几百块钱过年，这样。去年给了800块吧。

问：您平时抽烟喝酒吗？

答：抽，烟我抽，酒也喝，呵呵……

问：对对，就这个生活，在学校里吃饭啊，然后在学校里抽烟、喝酒啊，一个月能花费多少？

答：有四五百吧。

问：那家里呢？家里一个月得花销多少？

答：家里面比较少一点儿，可能有电费啊，还有那个油烟，这样啊，有时候买肉，是不是啊，最多是这样，150左右。

问：一家人还没您自己花得多？

答：因为我这里喝酒、抽烟啊比较多，是不是啊，呵呵……他们除了电费他们买什么？油烟这样，他们有时候买一些肉，久不久买斤白肉，就这样嘛。（融水访谈3）

这位代课教师之所以还能维持现在的生活水平，主要是因为他跟弟弟尚未完全分家，弟弟外出打工，水田全部交给他，打的谷子就归他了，弟弟只是每年回家的时候和他们一起吃。弟弟也会给父母一些钱，分担了他的养老重任。他的两个孩子还小，在上小学和初中，除了每月25元的生活费外，他们上学用的钱不多。平时的米、菜都是自己种的，这些不用花钱买。代课教师没有在城里安家的打算，也就没有还房贷的压力。不过，这种收支平衡很可能是暂时的，随着年龄增加，医疗费用可能增加；随着子女升学，教育支出也会增加。到时，这位代课教师很有可能陷入贫困的窘境。

3. 社会保险

教师群体能够享受到国家统一规定的社会保险，这是令人羡慕的待遇。根据课题组的调查，不同地区、身份的教师所能享受的保险的种类、报销的比例等差别较大。总体上看，在被调查的乡村教师中，有68.9%的人参加了社会保险，其余31.1%人尚未参加。分省区看，云南乡村教师参加社保的比例最高，这可能跟课题组所说的云南"清退"代课教师力度大有关系。宁夏海原教师参保比例最低，仅为53.3%。

具体到各地参加保险的种类，除了云南"五险一金"的比例达到50.3%，其余各地"三险一金"的比例要高一些外，宁夏海原乡村教师中没有参加任何社会保险的比例高达38.9%，融水和五峰也分别达到26.2%、26.1%，这意味着相当一部分教师的医疗费用将完全由自己承担，而且他们退休之后的养老金也没有着落。他们是彻头彻尾的"廉价劳动力"，其待遇可以说比农民工还要差。现在一些地区探讨将农民工纳入社保体制，这当然无可非议，但同时也不应忽视那些给学校和教育部门"打工"的乡村教师。具体数据见表17、表18、表19。

表17 被访教师是否参加了社会保险

单位：%

	是否参加社会保险	百分比	有效百分比	累计百分比
有效	是	64.7	68.9	68.9
	否	29.2	31.1	100.0
	合计	93.9	100.0	
缺失	99	6.1		
	合计	100.0		

资料来源：中西部地区乡村小学教师生活与工作状况调查。

表18　不同省份教师是否参加社会保险分布

单位：%

省　份	是否参加社会保险	百分比
广　西	是	65.6
	否	34.4
	合　计	100.0
云　南	是	90.3
	否	9.7
	合　计	100.0
湖　北	是	58.7
	否	41.3
	合　计	100.0
宁　夏	是	53.3
	否	46.7
	合　计	100.0

资料来源：中西部地区乡村小学教师生活与工作状况调查。

表19　不同省份被访教师参加社保类型分布

单位：%

省　份	是否参加社会保险	百分比
广　西	没有参加保险	26.2
	三险一金	48.6
	五险一金	25.1
	合　计	100.0
云　南	没有参加保险	3.2
	三险一金	46.5
	五险一金	50.3
	合　计	100.0
湖　北	没有参加保险	26.1
	三险一金	50.6
	五险一金	23.3
	合　计	100.0

续表

省　份	是否参加社会保险	百分比
宁　夏	没有参加保险	38.9
	三险一金	46.0
	五险一金	15.1
	合　计	100.0

资料来源：中西部地区乡村小学教师生活与工作状况调查。

4. 经济压力

通过前面的收支对比，课题组发现，作为边缘化的打工者，大部分乡村教师能够维持收支平衡就已经不错了。课题组通过访谈了解到乡村教师经济压力的原因主要有以下几个方面。

（1）赡养老人

在访谈中，教师们提出，单靠自己的工资无法赡养父母。若有兄弟姐妹，他们的压力还可能小一些。许多人是心有余而力不足，谈起此事，一些教师动情哽咽。

> 我是说，不是没有这份心而是没有这个力，我们这些人哈，刚好养活自己，不可能说给他们（太多）。就是说比那些打工的人，在各方面，给他们经济上的帮助确实没有。……老人是怎么的说呢？……（哽咽）我是姐弟二人，（姐姐）他们在外面打工。父母，毕竟年纪大了，还是希望身边有一个孩子，虽然我不能给他经济上的帮助，但能够照顾他的饮食起居，那也是一种安慰。赡养老人怎么说呢？作为教师也比较惭愧，反正自己生活也紧紧巴巴，对父母大人的孝敬不是很到位，反正每逢什么节日就表示一下。自己的生活都过不下去，怎么孝敬老人？条件好了就孝敬多一点，条件差了物质上就少一点，经常回家看他，就这样。（融水访谈4）

乡村教师为人师表，在孝敬老人方面，社会道德也会对他们有更高的要求，而他们经济能力有限，所能做的只是多陪陪父母而已。

（2）子女教育

子女教育支出体现在学费、住宿费、生活费等，很多老师买房或者想增加收入，就是为了子女的教育。当我们问到老师以后的打算时，受访老师说：

> 那肯定想出来还是想出来，就是以后面临着孩子升学那一些事，在这方面不可能有更多的经济实力来考虑这方面问题。想是想送到更好的学校，但是现实就不可能。尽力而为吧，在本乡来说还是可以的。（融水访谈5）

当问到他们为何在城里买房时，受访老师说：

> 应该是为娃娃准备吧，尽量走出去更好，走不出去呢，真正要待在农村生活呢，填饱肚子不成问题。在里面打个工啊，打工找工作好找一点，为他们下一代，我的娃娃的下一代，最起码始终教育要比农村要好一点，首先这样呢，是没有办法呢。（融水访谈5）

老师们在离学校四十多公里远的县城买房子，就是为了将自己的子女送到县城，让他们离开农村。县城的教育、工作都比农村要好，在农村虽然"填饱肚子不成问题"，但乡村教师还是相信好的教育会得到好的工作，也就有好的未来。他们自己工作在乡村，但希望自己的孩子，甚至是孙子，都能离开农村。为了这个目标，他们现在忍受巨大的还贷压力。

（3）改善住房条件

前面课题组提到购买商品房对乡村教师来说是很大的负担，根据课题组的调查，他们的居住条件仍然很差。从取暖和用水条件来看，享受集体供暖的仅为6.6%，宁夏海原一半多的乡村教师家庭不能用到自来水。

表20　被访教师住所冬天取暖方式

单位：%

	取暖方式	频次	百分比	有效百分比	累计百分比
有效	集中供暖	102	6.3	6.6	6.6
	自己烧煤取暖	752	46.7	48.3	54.9
	电炉或电暖气	333	20.7	21.4	76.3
	其他	370	23.0	23.8	100.0
	合　计	1557	96.7	100.0	
缺失		99	54	3.4	
	合　计		1611	100.0	

资料来源：中西部地区乡村小学教师生活与工作状况调查。

表21　不同省份教师住所是否有自来水状况对比

单位：%

省　份	是否有自来水	百分比
广　西	是	72.0
	否	28.0
	合计	100.0
云　南	是	63.3
	否	36.7
	合计	100.0
湖　北	是	76.3
	否	23.7
	合计	100.0
宁　夏	是	49.1
	否	50.9
	合计	100.0

资料来源：中西部地区乡村小学教师生活与工作状况调查。

据课题组的调查，四地乡村教师对住房非常不满意的比例高达59.7%，满意的仅为13.3%，许多教师都有改善居住条件的愿望。

如果改善居住条件，无论是购买，还是自建房屋，都将是一笔很大的花费。表22显示，住在学校宿舍的老师占26.5%，自购、自建房屋的比例合计为52.7%。前面提到了还贷的压力，但是即便不购买商品房，自建住房的花费也很高。

表22 被访教师住所来源情况

单位：%

	房屋类型	频次	百分比	有效百分比	累计百分比
有效	自建房屋	540	33.5	34.1	34.1
	自购房屋	295	18.3	18.6	52.7
	租房（全租或合租）	206	12.8	13.0	65.7
	学校分配住房	54	3.3	3.4	69.1
	学校宿舍	419	26.0	26.5	95.6
	其他	70	4.3	4.4	100.0
	合　计	1584	98.2	100.0	
缺失	99	29	1.8		
	合　计	1613	100.0		

资料来源：中西部地区乡村小学教师生活与工作状况调查。

(4) 健康医疗费用

当下医疗费用对大部分人来说都是极大的负担，乡村教师自然也不例外，不过访谈中调查组发现，他们似乎衰老得更快，也有一些职业病。

> 看病还是蛮厉害的，我觉得，现在我的身体好了不要紧，那以前我生病的时候，我到上海去治疗，那个背外债，出省啊就没办法，出省了这种治疗费用很高。（融水访谈6）

这位得病的老师，虽然享有医保，但也背负了外债。除了收入低之外，不合理的医疗保险制度，也在一定程度上增加了他们的医疗费用。例如，一些慢性病的治疗需要长期用药，而当地缺医少药，到地市级医院看病却受到报销额度的限制，甚至来回一次的交通费用都比要报销的药费高，一些老师只好自己花钱托人带药。对他们来说，医保报销靠不住。

(5) 人际交往成本

在农村社会，人际交往、红白喜事上的花费也很大，在一些少数民族地区节日又多，许多老师直言，这方面的支出占的比重最大。有位月工资不到 1500 元的教师，仅人情往来就占其收入的 2/3，另一位代课教师月工资仅为 1000 元，而他在红白喜事上的年花费也得 10000 元。

综上所述，乡村教师展示出独特的社会人口特征，他们是乡村社会中一个独特的职业群体。他们年龄偏大、有一定学历、收入偏低、家庭负担沉重。在这些社会人口特征背后所呈现出来的是，他们现在早已丧失了历史上曾经有过的经济、社会和政治地位，他们成为乡村社会中的边缘群体。我们认为，界定当下乡村社会中乡村教师地位的最为准确的概念就是"边缘化"。

四 系统排斥与乡村教师社会地位的边缘化

(一) 多方位的排斥

乡村教师所遭遇的排斥是多方位的。首先，改革开放以来我国将追求工业化、现代化和城市化以及经济高速增长作为发展目标，这种发展理念深刻地影响着教育改革的方方面面。在追求效率、质量和规模效益的思路的指引下，在强调"坚持教育为社会主义现代化建设服务，与生产劳动相结合，自觉地服从和服务于经济建设这个中心"的前提下，陆续出台的一系列教育体制改革措施，并没有提升乡村教师的社会地位和经济地位，反而将这个群体推到了社会边缘。1985 年《中共中央关于教育体制改革的决定》中明确指出：

> 要造就数以亿计的工业、农业、商业等各行各业有文化、懂技术、业务熟练的劳动者。要造就数以千万计的具有现代科学技术和经营管理知识，具有开拓能力的厂长、经理、工程师、农艺师、经济师、会计师、统计师和其他经

济、技术工作人员。还要造就数以千万计的能够适应现代科学文化发展和新技术革命要求的教育工作者、科学工作者、医务工作者、理论工作者、文化工作者、新闻和编辑出版工作者、法律工作者、外事工作者、军事工作者和各方面党政工作者。①

因此,"以培养人才为宗旨"的教育改革措施,导致大量的教育资源被用于培养人才的重点院校和大专院校,而用于义务教育特别是农村义务教育的资源相对减少。

其次,地方负责、分级管理的教育改革措施使农村特别是贫困地区教育边缘化,农村教师地位急剧下降。《决定》还指出:

> 实行九年制义务教育,实行基础教育由地方负责、分级管理的原则,是发展我国教育事业、改革我国教育体制的基础一环。

为了有步骤地实行九年制义务教育,中央政府在把管理基础教育的权限下放给地方政府的同时,也把筹措办学经费的负担卸在了地方各级政府的肩上。尤其是 20 世纪 90 年代中期国家实行分税制改革之后,县乡两级上缴的国家税的比例加大,这导致乡镇财政可支配的财力进一步萎缩,农村学校公用经费紧张,农村中小学教师工资普遍被拖欠。2003 年《国务院关于进一步加强农村教育工作的决定》又提出了"落实农村义务教育'以县为主'的管理体制",教师工资由乡镇上升到县级统筹,这较为有效地遏制了教师工资被拖欠的问题。但是相关研究表明,在一些县区,实行县级财政统筹之后,教师的平均工资反而有所下降。② 而根据我们的调查,2009 年一些地区实行绩效工资以后,某些教师的实际工资也有所下降。事实上,对于中西部贫困县来说,在勉强保障乡村教师工资发

---

① 《中共中央关于教育体制改革的决定》,1985 年 5 月 27 日。
② 赵爽:《农村教师工资现状调查与分析》,《上海教育科研》2004 年第 9 期。

放后,再没有多余的钱用于改善教学条件(如校舍改善和设备更新等),以及为乡村教师超额劳动提供应有的补偿。与农村学校不同,城市中小学的教学条件改善和教师工资发放都是由教育主管部门统筹安排,纳入预算管理,城市的义务教育支出完全由国家包揽。

再次,在提倡效益优先、以提高师资利用为重要目的的人事制度改革中,教师的身份出现了转化。虽然他们中的公办教师仍在体制内,甚至名义上还是"干部身份",拥有许多人梦寐以求的"铁饭碗"①,但教师与国家之间的关系,以及在国家面前,教师的身份都不同于往昔,他们俨然成为国家出资雇用的"普通劳动者",乡村教师仅是一种地位很低的职业。

最后,以强调效益规模为导向的、针对乡村学校的布局调整②以及以城市为重心的《国务院办公厅转发中央编办、教育部、财政部关于制定中小学教职工编制标准的意见的通知》进一步加剧了农村教育的边缘化和农村教师地位的边缘化。2001 年,《国务院关于基础教育改革与发展的决定》提出"因地制宜调整农村义务教育学校布局。按照小学就近入学、初中相对集中、优化教育资源配置的原则,合理规划和调整学校布局,农村小学和教学点要在方便学生就近入学的前提下适当合并"。很多地区特别是偏远地区出现了"撤点并校"、一刀切的局面,通过压缩乡村小学、教学点数量,来节省编制。2001 年 10 月 11 日,国务院颁布了《国务院办公厅转发中央编办、教育部、财政部关于制定中小学教职工编制标准意见的通知》,该文件规定,"中小学教职工编制根据高中、初中、小学等不同教育层次和城市县镇、农村等不同地域,按照学生数的一定比例核定"。新标准规定的师生比在城市为 1∶19,县镇为 1∶21,农村为 1∶23,这不仅没有实现城乡

---

① 新近出台的教师注册制度可能会让他们丢掉这个珍贵的"铁饭碗"。以校长性侵幼女以及教师体罚学生引发的社会关注为契机,以建立整治师德的长效机制为目的,2013 年"教育部将组织实施教师资格考试和定期注册试点,建立'国标、省考、县聘、校用'的教师准入和管理制度"。如果此项政策得以执行,那么定期注册的模式可能会根本上影响教师的引进、担当和退出。

② 2001 年发布的《国务院关于基础教育改革与发展的决定》。

教育公平，反而忽视农村学生、学校分散的实际状况，加剧了中西部农村小学教师严重短缺的问题，乡村学校的资源更加匮乏，乡村教师得不到应有的尊重和回报。

在我们看来，乡村教师之所以沦为边缘化的群体，向弱势的社会底层沉沦，主要是因为受到体制、市场、道德三方面的排斥。

（二）体制排斥

体制排斥主要是指乡村小学教师一方面难以获得国家给予的国家干部身份或事业单位专业技术人员编制；另一方面，在以行政权力等级为主导的资源配置体系中，他们仍属于体制内的弱势群体，乡村小学教师只能获得最低的保障。我们认为，城乡二元结构下的以城镇为中心的教师定编、定岗与评聘制度，和以县为主的教育财政模式是形成体制排斥的主要因素。此外，对教师的泰勒制管理制度也对他们起到巨大的排斥和压抑作用。

1. 岗位定编制：限制教师队伍并形成超编假象

教师编制不足，既影响代课教师的待遇，也限制了大规模引进年轻高学历教师补充师资力量的可能，最终必然影响偏远地区教育条件的改善。在我们进入的四个贫困县的乡村小学中，几乎所有的乡村中心小学、完小和教学点都存在教师"超编而又缺人"的矛盾现象，其中村完小和教学点的"超编而又缺人"现象更为严重，由此带来的另一问题是师资队伍老化，知识结构不合理。

（1）以县为主的教育财政模式是造成"超编假象"的重要原因

"编制"是一个极具神秘色彩的词语，是人事、财政、教育等多个政府部门联合核定的结果。但究其根源，与乡村教师编制直接相关的是教育财政部门。当下我国实行的是"以县为主、省级统筹、中央支持"的教育财政模式，这直接影响着乡村教师的规模和收入。

第一,"教师工资往往是一个地区财政支出的最大部分,各地普遍采取了以缩减教师编制为目标的多种措施以减轻地方财政压力",其采取的措施是"强制撤点并校"或"过度缩减教师编制",最终导致教师缺编。[①] 教师编制的规模,往往也是以地方政府的财力为限,而不是根据教育的实际需求。教育行政部门也受到财政部门的制约,以致越是贫困的地区,编制越紧张,"压编""占编""有编不补"现象严重,由此导致农村小学整体缺编。[②] 简言之,县财政有限,中西部地区、国家级贫困县尤其如此。

第二,县教育财政在城乡间的不合理分配。教育财政对县城小学、县城中学的投入要比乡村小学和乡村中学的投入多很多,这必然加剧乡村小学教师的缺编程度。

第三,县财政在教育体系和其他部门之间的不合理分配。"预算编制按人员经费、公用经费及专项经费分别进行。人员经费指的是用于公务人员个人的经费,包括他们的工资、福利经费和奖金。公用经费是用于保障政府及其附属部门的,如公立学校等日常运转的经费。专项经费通常与一些发展项目相关联,比如灌溉、农业改革及教育项目。在这三种预算经费中,人员经费得到优先考虑。"[③]

第四,在教育系统内部,教育行政部门与一线教师之间的分配不合理。县财政部门将经费分配到教育部门之后,教育部门优先安排的是管理人员、公务员或者办公经费的支出,之后才会投到教师或者学校。即便有编制,教育行政部门也可能会将经费先留给本部门。

以上说明,体制内的乡村教师既要与中央、省、县财政的部

---

① 贾勇宏:《布局调整后的教师缺编问题》,《新课程研究》2007年第6期。
② 韩小雨、庞丽娟、谢云丽:《中小学教师编制标准和编制管理制度研究——基于全国及部分省区现行相关政策的分析》,《教育发展研究》2010年第8期。
③ 韩小雨、庞丽娟、谢云丽:《中小学教师编制标准和编制管理制度研究——基于全国及部分省区现行相关政策的分析》,《教育发展研究》2010年第8期。

门进行博弈，也要与一县之内的其他系统、部门进行博弈，而乡村教师往往处于劣势。在教育系统内部，也有教育行政人员与教师之间的利益分配，即便在教师内部，也有城乡之间的差别、中小学之间的差别。乡村小学教师在体制内是最为弱势的群体。

（2）以城市为中心的编制核定标准是"超编假象"形成的原因之一

2001年《国务院办公厅转发中央编办、教育部、财政部关于制定中小学教职工编制标准意见的通知》规定，小学教师根据学生人数配备，其中的师生比在城市为1∶19，在县镇为1∶21，在农村为1∶23。这不仅没有体现城乡教育的公平，反而忽视了农村学生、学校分散的实际情况，农村教师编制紧张等问题。在中西部农村小学，教师短缺问题非常严重。

在对宁夏海原教育局人事股长的访谈中，我们感受到问题的严重性。当我们问起教师编制根据什么制定，有没有考虑到那些偏远教学点的问题时，股长告诉我们：

> 这个是自治区下达的，国家有规定。国家规定，农村是1∶23，到我们这里是1∶22，这个比例规定就没有想到那些教学点的问题，我们打报告、开座谈会、搞调研的时候，都谈过这个问题。我家那个地方，一到三年级任何任务都是你的，你自己做饭吃，一切都是你自己。农民出去打工，他们家在这里，娃娃就还要上学。你若把点停了，老百姓不答应了。如果按照这个编制说，我们还真不差多少个教师，但是，我们这里是点多面广，从数据上看是超编，而教师非常不够。尤其是那些地方（山区、川区）非常缺教师。（海原访谈20）

按照股长提供的资料（见表23），农村小学的教师编制数低于县城小学、农村高中和农村初中。在本该加强师资力量的农村小学，其教师数量被削减，规定农村小学的编制成为"超编"形成的又一主要原因。

表 23　海原县中学小学教职工核编标准对照表

分　类	中　央	自治区	县（拟定）
县城高中	1∶13	1∶13.5	1∶13.5
农村高中	1∶13.5	1∶13.5	1∶13.5
县城初中	1∶16	1∶15	1∶15
农村初中	1∶18	1∶15.5	1∶15.5
县城小学	1∶21	1∶21	1∶21
农村小学	1∶23	1∶22	1∶22

资料来源：中西部地区乡村小学教师生活与工作状况调查。

（3）挤占教师编制："在编不在岗"

乡村教师"在编不在岗"情况的产生有两种原因。一是教师的借调。乡村学校中不多的能干的年轻人，经常被乡镇政府或其他单位借调出去。这些教师占用学校的编制，却不在学校上课，这加剧了学校教师编制不足问题的严重性。二是挤占教师的编制人员却不在教学岗位服务。乡镇或其他政府机构中被裁汰的人员以获得教师编制的方式继续留岗。如乡镇中的教育组被撤销后，其原来的人员基本被保留下来。

根据我们的调查，乡村学校对教师的借调意见很大。

问：那最近这几年有没有老师往咱们这儿调？

答：也有，也有，每年都有一两个，但只是从其他学校调来而已，还有属于借调的也有。借调是编制不跟他走的，现在我们这儿缺人，就从你那儿借一个过来。像我们被借调得比较多了，我们学校借调到外面的12个，编制不跟他走，编制还在我们学校，人到其他学校去工作。像我们这儿的教师，去我们镇的中学。（融水访谈1）

这位校长反映的情况是，不仅政府借调，其他学校如中学，也会从小学中借调老师，虽然对借调的老师来说，这未尝不是一次机会，但对于学校和学生来说，则是重大的人才和人力损失。

2. 缺编对教育和教师的影响

（1）加重教师课余负担

编制不足直接影响到正常的教学，在岗的教师负担沉重，常常是一个教师"身兼数职"。尤其是随着乡村小学住宿制的推广，负责教学的一线教师，还要承担学生饮食起居、安全保卫等工作，工作量急剧增加。

看自修

问：晚上7：20到9：20是咱们的自修？

答：是自修，我们两个老师轮流。到9：20，学生还没有睡觉，还在操场玩，我们值夜班的老师负责学生七七八八的事情。自修就是在这儿住校的。（融水访谈2）

负责起居

问：老师一天都得盯着学生，晚上的时候怎么办？

答：晚上挨个宿舍要点名的，中午点名，早上要催他们起床，有的孩子小，都不能起床。（融水访谈3）

照顾健康

答：比如学生肚子疼，半夜三更，老师在睡觉，门卫在睡觉，门铃一响，有病的话去医院，喊我们在校的老师起来，这点家长很放心。

问：咱们离医院很近？

答：有，大概两三百米，镇医院。30、50，我们老师出，先垫钱。五六个学生感冒，我们先垫100、200，过两天学生好了，跟爸爸说："老师带我去医院了，给钱"，很自觉地就把钱给你了。家长说："感谢你们啊！"这点家长蛮好的。（融水访谈4）

兼职做电工

> 问：那您现在除了教他们课之外，还做电工，咱们学校的电是吧？
>
> 答：啊，电，电也是一个难题啊。有时候，你在上班的时候突然停电，突然一下子断电，你还得帮它找，甚至啊，有时候上面的灯灭了，你还要弄个梯子，比较高。有一个人问："老师，你没有恐高症吗？"其实也不害怕。……就是检查一下，电线啊，老化啊。还有，每个厕所、每个路灯，都要排查一下，安全呢。（融水访谈5）

除此之外，营养午餐的推广也加重了乡村教师，特别是教学点教师的负担。大一点儿的完小还可以建造专门的食堂，或者聘请工友给学生做饭，但教学点的老师只能自己负责买菜、买肉，给学生做饭。

乡村小学教师的收入相对于他们的工作量来说，实在是太少太少。

（2）影响素质教育

教师编制的不足，还使音乐、体育、美术、外语等专业教师的引进变得更加困难。美术、音乐、外语等课程在很多村完小和教学点根本无法开设，或迫不得已，由非专业教师兼任，学生的素质教育受到影响。一位学区校长谈到这个问题时说：

> 我们这里师资缺乏，所有老师都兼带其他课程。计算机课都是兼职老师，比如计算机老师兼带数学，去年我们分来一个美术老师还要兼带语文，我们没有专业体育老师和音乐老师。学校有一架电钢琴（捐的），但没老师会弹。在师资分配上，一般是先满足中学，之后是中心小学，再下来才是村小。今年六一我们排节目，根本排不出来，排得不像样子。现在提倡教育均衡发展，我现在咋觉得这个均衡怎么这么遥远，还是别跟我们谈均衡了。（海原访谈12）

(3) 代课教师处境更艰难

代课教师受编制不足问题的影响更大，他们所渴望的"同工同酬"很难实现。代课教师们收入比正式老师低得多。教育部门经常"忽略"与他们签订劳动合同，这些代课教师也大多没有养老、医疗等社会保险。据海原教育局负责人介绍，1984年民办教师工资是32.5元，公办教师是80多元。1985年民办教师工资涨到每月75元，公办教师的工资是每月123元。这两年尽管上调了代课老师的工资，但与正式老师相比，工资和福利相差得反而更大。他说："我们也知道代课老师工资低，教育局是花钱的地方，根本拿不出多少钱给代课老师。一个吃财政饭的贫困县，到处都需要钱，我们没钱给代课老师涨工资。"（海原访谈14）

为了弥补家用，很多代课教师除代课之外，还在休息日和假期出去打短工，他们经常干的活包括建房、筑路、伐木等。

3. 职称倾斜与评聘方式的不合理使乡村教师晋升艰难

职称与教师的收入直接关联，每一位正式编制的教师都非常关心职称晋升，尤其是那些辛辛苦苦工作了十几年和几十年的老师，职称对于他们来说还是一种社会认可、一种安慰。但是，现有的职称晋升规定让乡村小学教师处在十分不利的地位。在他们的晋升道路上充满体制设置的障碍，其中主要的表现为：职称指标向城市倾斜、评聘分开和定额分配。

(1) 职称倾斜政策伤害了农村一线教师

职称向城市学校倾斜的规定，让乡村小学教师获得职称晋升的机会远远少于县城中小学教师和乡村中学教师。这也是乡村小学留不住教师的重要原因，这种规定极大地伤害了乡村小学教师的尊严。

在教育局我们得到某贫困县教师晋升的分配比例。从这张表可以看到，全自治区高级职称的比例为10%，而区市一级学校的高级职称比例超过全区平均水平，但县一级学校的高级职称比例仅为市区一级的1/9。

表 24　自治区教师职称分配比例

分　类	高　级	中　级	初　级
区	2.5	3.5	4
市	1.5	3.5	5
县	0.5	3.5	6
全区的目标	1	3	6

资料来源：根据海原教育局资料整理。

对于这样不合理的规定，教育局的负责人这样告诉我们：

> 我们根据自治区的不合理，我们又造了一个不合理。全县高级、中级和初级的比例是 0.5∶3.5∶6，但是在银川市，就有 25% 的人能拿到（高级），到我们这就成了 5% 了，所以现在谁都想往银川走。本来应该有所倾向的，但政策是正好相反，恰恰就没有。有些空话一直在喊，对偏远教师、农村教师，工资待遇要（好好解决），但就是没有落实过。你看这个全区的总体目标还是 1∶3∶6。10% 的高级，30% 的中级，60% 初级。你看这个就已经不合理了，全区是 10% 的高级，他们往上涨了，这个就影响到我们了，他们占的是哪里的？占的就是我们农村的，就等于把我们县的高级和中级比例切出去了。如果是 10%，我们就合理了。

他接着说：

> 我说不合理，不合理，到我这里还是不合理，我想合理也做不到。比如这个 5%，如何分配？我举个例子说吧。这个 5%，在全县还得要均衡，我们还有重点学校，重点的非重点的，这是分类，我们还有分级（县里、乡里、村里）。到了乡里，就不可能 5%，实际还不到 3%。比如钟校长那里（指乡村中心校）就只有 3.5%。我们是被迫这么分的，根据现状，根据市区级别分的。（海原访谈 13）

因此，在乡村小学和教学点，教师晋升高级职称基本无望。那么乡村小学教师晋升中级职称是否比较容易呢？我们对关桥学区的访谈证实，即使是晋升中级职称，村小的教师也要比城市学校教师困难得多。钟校长说，农村老师与城市老师没有在一个水平线上，城市老师用十五六年就能评上一个中级职称（小高），农村老师要用二十多年才能评上。

问：这个差距为什么这么大？

答：指标嘛，指标不一样，到下边指标就变少。（钟校长指着一位老师说）我比他早毕业一年，我们俩在"高崖"（地名）待过，我后来调到县城，他一直在农村，我16年评上中级职称，那是1997年，他到了2003年才评上。我们一线的老师很少有机会，他就一直在这里教书。我用了16年，他用了22年。现在恐怕比以前更难评。我们全乡去年只给一个名额，按这个速度，袁老师这样的老教师，至少还要10年才能评上。

另一老师插话说：现在评职称就是奢侈，想都不要想。（海原某学区座谈会）

（2）职称评聘分开、定额分配限制教师向上流动

体制内的层层障碍，还表现在评聘分开和定额分配上。

评聘分开带来的结果就是，虽然对教师职务的评定较为宽松，但真正与教师收入挂钩的岗位则是限定的。评了高一级的职称，还必须有相应的岗位需求才能"得聘"，这无异于在职业评定、人事制度中设置了更多的门槛。教育行政部门认为这样做会激励教师，其实是将更多的类似"行政审批权"一样的人事评定权力集中在自己手中。游戏规则被不断修改，一两年之间，教师的职称评定标准、聘用规则就可能发生巨大的变化。这种做法实际上在教师内部人为地造成了更多的分层。

有的地方为了减轻职称评定后教师不"得聘"的怨言，直接将评聘合一，这样就简化为总额控制，即要是新老师想评定职

称，则需要老教师退出，空出这个指标，这就是"定额分配"。

> 职称那几年与工资不挂钩，评上高级呢，是不一定有工资的。挂钩的比例为45%，它是有个45%的，也就是有100个高级教师，有45个才能拿到工资。从今年以后，省里发了个文，以后有空岗才能补，越来越难了。（融水访谈6）

我们可以设想，在同一所学校里，因为职称评定规则的变动，会出现多少种身份不同的教师。从根本上来说，教师职称的评定受制于地方对教育的投入，也因为教育行政部门的权力本位而更加无望，由此产生各种潜规则、幕后交易，职称的评定成为腐败的温床。许多年轻教师感到缺乏"奔头"。制度的修改呈现出一种有利于"老人"，而不利于"新人"的趋势，老人老办法、新人新办法，受害的总是新人。每一梯队的人进入体制之后，总会为后来者设置新的、更多的障碍，如此循环，反复不已。所以，与其给职称评聘冠以各种炫目的称号，不如直言权力垄断、财力不足。乡村小学教师面临的体制排斥，就体现在他们无法影响体制内的衡量、评价标准，无法影响体制内的资源配置，当他们迫切想改变自身在体制内的底层地位时，却发现压在自己身上的制度性障碍已经越来越多。

4. 泰勒制的管理：将原本地位不高的乡村教师推向社会底层

在教育产业化政策之下，学校已经成为名符其实的"工厂"。教师的职业化、专业化，提升的仅仅是他们作为"劳动力"的使用价值。作为出资人的政府，作为代理人的学校领导，在"利润最大化"（考试成绩的高分）的目标下，开发作为人力资源的教师。由此，教师和政府之间变为类似于雇工和雇主之间的雇佣关系，教育已经成为行政延伸的场所。

（1）泰勒制与绩效工资

泰勒制是现代管理学的经典理论之一，其核心的思想是理性化、标准化，用最小的投入带来最大的产出。泰勒制以工时为基础，强调差别的计件工资制；将工资结构分为级别工资和绩效部分，这就是绩效工资的雏形。

在课题组看来，当下乡村教师的薪酬体系也越来越具有泰勒制的基本特点。2006年出台的《事业单位工作人员收入分配制度改革方案》确立了基本工资加绩效工资和特殊津贴的工资结构，旨在以绩效工资作激励，增强事业单位的活力。从2009年开始，对义务教育阶段的教师实行绩效工资，在工资结构中保留了以岗定薪的部分，也将原来的补贴津贴奖励纳入绩效管理。

但在绩效管理的执行中，却存在简化主义的倾向，教师被作为用金钱激励的劳动力，成为学校这个大工厂中有用的"生产工具"。在官本位下，他们虽然有职代会和工会，但不能参与学校的重大决策和日常管理，也不能参与制定影响自己前途命运的制度、规则。乡村小学教师逐渐变为专业的"教书匠"。

（2）被"工具化"的乡村小学教师

传统的单位制下，事业单位往往被塑造成人浮于事的形象，因低效率而饱受诟病。事实上，当种种改革落实到乡村教师身上的时候，他们被期望做一个全能的、不计成本的"教书匠"，他们成为承担改革成本的工具。而当他们不能满足雇主的要求时，他们就可能被抛弃，或者被视作无能、无用的工具。

以新教改为例

问：那像您有没有觉得这些年教材的变化特别大？

答：教材这方面，太大了，容量大，难度太大，老师上这个课比较难。因为在我们农村，这个学前教育跟不上。就像从一二年级来说，我们这个地方与我们会泽城比较，这个现实差距是相当大的。有的小孩从三岁多就上学前班，送进去，像我们这个地方呢，有一个学前班，七岁才让上，我们这里六岁都送不进去。对农村孩子来说这个教材容量太大、太难，很多不相关。

问：那像这种老师备课的压力是不是也越来越大？

答：备课的压力比较大，因为上边要求比较严格，他除了教书，关键是备课，我认为，除了教书，最大的压力还是备课，消耗的时间是最多的。别的单位，下班之后就比较轻松，我是下班之后，还得备课。实际上大多数人不喜欢教师这个行业，就是这些原因。一个是工资，再一个还占用上班之外的其他时间。老师这个是没有办法，特别是年龄大一点的时候，这个眼睛跟年轻人完全不能比。每天都要备课两到三个钟头。……好像在我们会泽是一个试点，50岁退休，现在网上讨论推迟退休年龄，特别是对我们老师这个……（融水访谈11）

课程改革就像是对产品质量提出了更高的要求，相应地，作为一线工人的教师也得适应新的产品要求。可是雇主却完全忽视了既有劳动力的体力、精力和知识结构，也忽视了那些原材料（孩子们）的可塑性、耐受性，只是一味地加码。劳动力除了在工厂里的劳动时间外，还要把休息的时间搭进去，自身的体力和精力透支，最后的结果是工作倦怠，力所不及，盼望提前退休了事。

（3）绩效工资的争议

劫贫济富

行政部门通过绩效工资调整工资结构，将工资在全校，甚至在全乡镇再分配，将原来利益不相干的教师、领导混在一块儿，实际上这样做将"大锅饭"变得更复杂了。设立绩效工资的初衷，或许是在保证教师工资待遇不变的情况下，让付出更多的人得到更多。而事实上，绩效工资制度是将原来工资中的一部分纳入浮动部分，或者计入绩效，不是扩大增量，而是分解存量。

我们在调查中发现：第一，由于工资的计算涉及复杂的人事、社保、税收规定，对许多教师来讲太过"专业"，因此许多教师并不清楚绩效工资是如何计算的。他们评价改革好坏的标准往往是跟以往的收入做对比。第二，由于具体的绩效标准是由各地自行制定的，有些地方把教师工资总额的30%纳入了再分配，这就使"大锅饭"变得更加复杂了。老师们在领取每学期的绩效工资之后，发现能够领到的工资反而减少了。往往只是担任领导职务的教师拿得多了，而其他人则拿得少了。这被教师们称为"劫贫济富"的政策。

劳动力贬值

绩效工资降低了教师社会地位，具体表现为两个方面。

第一，绩效工资实行后的结果是"劳动力贬值"，这与改革的初衷背道而驰。

> 学校要搞建设，公用经费根本不够用。你看上边的是绩效工资，所有的都是绩效工资，绩效工资这个是不变的，但是所有工作都要干，晚上值班，给学生做饭，负责学生安全等，而且还将原来的补贴都纳入绩效工资，变成了劳动。如果从金钱上来说，劳动力越来越贬值了。（融水访谈12）

第二，分配不均衡，有的教师工资减少，变相成为"劫贫济富"。

> 答：我现在到手的，每个月是2332，保险、公积金全部扣完。绩效工资每个月扣320。
> 问：绩效工资每个月还要扣320？为什么会这样呢？
> 答：不知道。这是我们不理解的地方。
> 问：实行绩效工资之后，收入比以前还少了？
> 答：少了，以前我们有13个月工资，现在没了，平均一下，每个月的工资还少了。我们有33年工龄，到手的2300多块钱，说实话，养自己还可以，或者还可以养一个人。养父母，养不了。养自己，还可以养一个孩子。（融水访谈13）

绩效工资改革再次说明，随着教学改革和学校管理事务的增加（如住宿制、营养餐等），教师工作量大幅度增加，但由于教师工资总量不变，相较于公务员的工资收入，大部分乡村小学教师的收入更低。

（三）市场排斥

乡村小学教师被边缘化，还在于他们从体制内向市场过渡、流动时缺乏资本和技术，他们成为市场条件下的弱者。对此可称为市场排斥。

1. 职业收入低于其他职业人员和打工者

据有关文献，"从1978～1992年全国各行业职工平均工资排位表可以看出，1978年和1979年，教育行业工资水平处在全国十二个行业的倒数第二位。进入80年代，随着国家对教育工作的重视，教育行业工资水平有所提高，其工资相对水平在1985年达到最高位置——第五位。但进入90年代教育行业工资相对水平又降到了倒数第三位。"[①]

根据访谈，我们大致比较出他们与其他一些打工者收入的差距。

日均工资比打零工的低

> 我们这儿随便请一个老人家过来帮忙，一天都得80块，按照我们的收入，我们老师一天还不到80，不能比的。小工包吃，每天80。主家叫他做什么就做什么，叫他搬石头就搬石头，叫他挖基础就挖基础，不是真正搞建筑的。建房子，讲究地面以上、地面以下，（小工）一般做地面以下的部分。他是主家自己请的散工。如果按建筑来说的话，那就不得了了，按平米来算的。我们这个村的书记今年造房子，每平米是170块。
>
> 我刚才说的，就是请一个六七十岁的，简简单单地过来帮我做一个工，也得80块。像年轻的，在我们这里，一天100块钱，他都不愿意做。街上很多年轻人出去一段时间之

[①] 黄淑华、陈幼华：《教师社会地位对师资队伍建设的影响》，《江西社会科学》2000年第5期。

后又回来了，他也是做这种，但是本地有他不做，为什么？因为本地工资低。他到外面做，工资最低180（元/天）。（五峰访谈1）

比建筑工程打工者工资低

现在出去打工基本以建筑为主，像到北京修铁路，就120（元/天），老板包他们来回的车费……（会泽访谈1）

比外出从事经济作物的种植、收割的打工者工资低

另外种那些种果树，承包下来，去海南的比较多，家庭式的，夫妻带小孩一块儿去，去海南种芭蕉，分成的。我有好几个比较亲、走得近一点儿的，他们夫妇两个跟人家到外面种芭蕉，承包下来，五五分成，一年回来，可以带90000块钱回家，是现金啊。你们看到一个新村，这些人有钱了自己造房子。有一些也是家庭式的，带小孩子的，收松脂。基本就是这几种。（会泽访谈2）

比专业养殖的收入低

上面的寨子有养羊的。有100以上的，有100以下的，养的头数不同。现在市场上羊的价格也比较高，他们收入也比较多。但是大的比较慢，一年出来，所以比较贵……

我们村里有一些养殖户，不光是代课老师比不上，连我们公聘老师也比不上。我跟个别老师谈，他们说在家搞种养的时间段不行，只能出去跟随别人。我们亲人在外地，我们跟他们打工一个月或一个半月的时间，只能这样。（五峰访谈2）

课题组在一些村子里访问过村干部，在他们看来，乡村小学教师如果只靠工资的话，他们的收入仅仅比单纯务农的高一点儿。就当下的收入来看，乡村教师确实属于低收入者。

2. 非白领、非蓝领的技能：竞争力低下

乡村小学教师职业收入水平低下，而且职业转换代价高昂。他们所掌握的知识和技能，在劳动力市场上并没有竞争优势。他们既不能与职业白领相比，也不能与出卖劳动力的蓝领相比，他们并没有什么优势。

（1）教师职业的路径依赖

乡村小学教师非常清楚自己的收入低，但当被问及是否打算更换职业时，一多半的人表示有过动摇的念头，但当再被问到是否从事过其他职业时，90%以上的人表示没有从事过其他职业，第一份职业就是教师的比例在80%以上。

表25 被访教师对教师职业是否有过动摇

单位：%

	是否有过动摇	百分比	有效百分比	累计百分比
有效	是	48.8	50.2	50.2
	否	48.4	49.8	100.0
	合计	97.2	100.0	
缺失	99	2.9		
	合计	100.0		

资料来源：中西部地区乡村小学教师生活与工作状况调查。

表26 不同省份教师是否从事过不同工作的状况对比

单位：%

省 份	是否从事过不同工作	百分比
广 西	没从事	94.4
	从 事	5.6
	合 计	100.0
云 南	没从事	97.1
	从 事	2.9
	合 计	100.0
湖 北	没从事	94.2
	从 事	5.8
	合 计	100.0

续表

省　份	是否从事过不同工作	百分比
宁　夏	没从事	95.8
	从　事	4.2
	合　计	100.0

资料来源：中西部地区乡村小学教师生活与工作状况调查。

通过对教师流动意愿、初职、更换职业的三个指标的分析，我们可以发现，尽管有一半左右的教师有过不再从教的念头，但是他们大多数人的第一份职业就是教师，而且还有更多的人从事教师工作之后，就没有再从事过其他职业。这说明教师群体对职业有特定的路径依赖。

路径依赖的因素

问：您有没有想过转行出去打工啊？

答：没有啊，现在老了不想出去，现在出去也什么都不懂，只有爱哪一行就干哪一行啊。

问：那如果说您现在年轻的话，你如果跟您弟弟一般大，您会选择当乡村教师还是出去打工啊？

答：以前我们做代课（教师）的，以前我们好多同事和我们（一样）做代课（教师）的，那时候刚刚打工，好多同事都出去了，不愿意做这个代课了，但是剩下我们这几个。不管怎么样，反正我们喜爱了，我们就把它，我们喜欢这行工作，是不是啊。我代表我心里这样讲，不管你出去打工赚钱多少，只要我想把这帮孩子教得更好，只有这个心，没有想别的什么发财啊。人家出去打工，一年赚了多少多少钱，不想这个，如果按照想的时候，那时候肯定已经出去了吧，那时候是1997、1998那时候，就出去了。好多同事那时候就出去打工，去赚钱呐，打工十几年呐，我们也不饿，现在，呵呵……（融水访谈7）

通过这段访谈，我们发现路径依赖的因素包括对职业的认同、热爱，也有职业习惯。随着年龄的增加，他们从事其他职业的想法也越来越模糊。如一位校长所言,教师工资虽然低,但一旦从事了这个行业,"也就认了"。

(2)教师缺乏市场技能

即便乡村小学教师真的出去打工,他们所能做的可能也只是出卖劳动力而已。他们所掌握的知识和技能缺乏"专有性",并非市场需要,无法带来可见的收益。

在四县调查中,我们遇到了"伐木的数学老师""修路的完小校长""工地的全科老师",还有夜里上山抓蝎子的"语文兼音乐老师"。他们利用假期或课后休息时间,在没有技术含量的体力劳动市场上打工挣钱,其中的辛苦难以言表。

(3)教师职业缺乏社会资本

社会资本指个人可以调动的社会关系和资源,个人凭借这些关系和资源实现向上的社会流动。乡村小学教师是否拥有一定的社会资本,并利用他人的资源来实现自己的向上流动呢?对乡村教师日常交往对象的调查,调查组对此问题给出了否定的答案。

表27 被访教师日常交往对象分布(排序1)

单位:%

	交往对象	百分比	有效百分比	累计百分比
有效	亲戚	78.5	81.5	81.5
	学生家长	9.1	9.4	90.9
	邻居	2.3	2.4	93.3
	学校教师	6.2	6.4	99.7
	以前的同学	0.1	0.1	99.8
	网友	0.1	0.1	99.9
	其他	0.1	0.1	100.0
	合 计	96.4	100.0	
缺失	99	3.7		
	合 计	100.0		

资料来源:中西部地区乡村小学教师生活与工作状况调查。

表28 被访教师日常交往对象（排序2）

单位：%

	交往对象	百分比	有效百分比	累计百分比
有效	亲戚	1.0	1.1	1.1
	学生家长	55.8	60.9	62.0
	邻居	19.4	21.2	83.2
	学校教师	13.5	14.7	97.9
	以前同学	1.8	2.0	99.9
	村干部	0.1	0.1	100.0
	其他	0.1	0.1	100.0
	合计	91.7	100.0	
缺失	99	8.4		
	合计	100.0		

资料来源：中西部地区乡村小学教师生活与工作状况调查。

表29 被访教师日常交往对象（排序3）

单位：%

	交往对象	百分比	有效百分比	累计百分比
有效	亲戚	0.4	0.5	0.5
	学生家长	0.9	1.0	1.5
	邻居	37.8	43.2	44.7
	学校老师	35.4	40.5	85.2
	以前同学	9.6	11.0	96.2
	村干部	1.3	1.5	97.7
	乡镇干部	0.4	0.4	98.1
	企业家	0.6	0.6	98.7
	网友	0.7	0.8	99.5
	其他	0.4	0.4	100.0
	合计	87.5	100.0	
缺失	99	12.6		
	合计	100.0		

资料来源：中西部地区乡村小学教师生活与工作状况调查。

通过对乡村小学教师日常交往对象的排序，我们发现，交往较多的分别是亲戚、学生家长、学校老师和邻居。乡村教师交往对象呈现出三个特点。

第一，乡村小学教师交往具有同质化的特点。

学界有关于是"强关系"还是"弱关系"有助于增加个体社会资本的争论，但无论哪种关系，关系的双方应该有较大的地位差异，拥有不同的资源。可是具体到乡村小学教师，他们的交往对象在社会资源上与自己趋同，他们同处于社会底层。

以学生家长为例。这些贫困地区的学生家长多外出打工，有一个班级有24名学生，有近20名的学生家长常年在外打工，他们仅仅是过年的时候才回家，平时跟教师交往的频次少、深度低。很难说这种交往有限的打工群体能给乡村小学教师带来什么资源。

第二，乡村小学教师交往具有职业化特征。

乡村小学教师交往的职业化特征包括两个方面，一是在学校这样的工作场所，跟同事交往多；二是与学生家长、学生、领导交往的时候，多数跟学校工作有关，即"公事"，私人的密切交往不多，职业化的交往在一定程度上不利于积累社会资本。

第三，乡村小学教师可求助的人不多。

衡量一个人的社会资本，很重要的维度是看，当他遇到困难时是否有数量较多的人可以提供帮助。根据我们的调查，受访教师认为自己遇到麻烦时可以依靠的人或组织的比例都不算高。

表30 被访教师对"如果遇到麻烦我有很多人可以依靠"的认知分布

单位：%

	认知分布	百分比	有效百分比	累计百分比
有效	很同意	14.7	15.8	15.8
	比较同意	17.6	19.0	34.8
	一般	27.8	29.9	64.7
	不太同意	18.5	19.9	84.6
	不同意	14.2	15.3	100.0
	合计	92.8	100.0	
缺失	99	7.2		
	合计	100.0		

资料来源：中西部地区乡村小学教师生活与工作状况调查。

表31 被访教师对"在我遇到困难时,我不能指望任何团体或
组织给我一些道义上的或精神上的支持"的认知分布

单位:%

	认知分布	百分比	有效百分比	累计百分比
有效	很 同 意	19.9	21.3	21.3
	比较同意	16.1	17.2	38.5
	一 般	22.3	23.8	62.3
	不太同意	16.6	17.8	80.1
	不 同 意	18.6	19.9	100.0
	合 计	93.5	100.0	
缺失	99	6.5		
	合 计	100.0		

资料来源:中西部地区乡村小学教师生活与工作状况调查。

(四) 道德排斥

除了制度排斥、市场排斥外,乡村小学教师还面临道德层面的排斥。所谓道德排斥,指人们对乡村小学教师道德、职业伦理的贬低,以及人们在主观意识上对乡村小学教师职业地位、社会地位的低度评价。

1. 舆论对乡村教师尊严的影响

社会舆论对乡村小学教师的报道和宣传,影响着人们对这个群体的主观印象。媒体往往抓住一些极端案例连续报道,使整个乡村教师群体被污名化。

(1) 被放大的极端事件

乡村小学教师引发的关注,与一些极端事件有很大的关系,其中最引人注目的便是被媒体频频报道的"性侵案",由此他们被形容为"衣冠禽兽""道貌岸然","校长"一词也变得另有深意。

同类事件中影响最大的,恐怕是海南校长开房案。"5月8日下午,6名小学女生被万宁市第二小学校长陈某鹏及市房管局一

职工带走开房,家长找到孩子后鉴定发现孩子下体均受不同程度伤害。昨天,海南省万宁市委宣传部通报称,陈某鹏与该市房管局职工冯某松因涉嫌猥亵未成年少女,已被警方刑事拘留。万宁市教育部门对陈某鹏作出免职决定。万宁警方称,6名女生没有被性侵。万宁市检察院已提前介入调查。"①

  诸如此类的事件,带来的是对乡村小学教师名誉的损害。在我们的调查中,一些与此类事件无关的教师承受了极大的心理压力。

不敢单独留下学生

  答:这种负面的影响,直接影响我们老师,真的是很多热情。

  问:媒体有时候会宣传这样一种观念?

  答:会有负面影响,直接损失的,可以说是我们祖国的下一代。老师不敢讲,不敢管学生的这种,损失的是孩子,这一代的孩子,有时候我们感到非常痛心,讲多了他也不听。

  问:老师们是想把课教好?

  答:是的,但是学生不买老师的账。我们想留下来,单独不行,中午他还要午休,不能耽误午休时间,放学时间不能留,如果留,会找你,那我们就没有时间,想补都没有时间,也不敢补,已经到了这个程度。比如五六个孩子同一个村的一块儿回去,你留一个,半路上出事情他会找你:你为什么留他现在才回来?出事情你要负责。所以,到时间,该走的走了。不懂的,补的话也就是课间几分钟的时间。影响到教学质量,跟我们以前80年代,那时候读书很单纯。(融水访谈5)

  此类事件带来的后果是,许多学校被动地将校园安全放在了第一位。这种做法被推向极端,就是在保证安全的巨大压力下,一些老师认为只要把安全做好,家长、领导不会因为孩子出事来

---

① http://native.cnr.cn/society/201305/t20130514_512575959.shtml。

找就可以了，教学的质量已经是其次的了。

安全是老师们的紧箍咒

问：除了安全，咱们工作中还有没有其他紧箍咒？

答：主要是安全，其他的没有。但是我们老师，安全最重要，只有一个孩子，你不管好不行。管好是重要的，但是样样动不动就找老师，不是办法，哪些是我们负责的，哪些不是我们负的，责任分明一些，我们好做。

问：那咱们老师除了经济困难，还有没有其他一些困难和压力？

答：安全的压力比较大。像我们有住宿的学生，半夜三更去医院，学校也不是封闭的，围墙都没有包好，想出去随时都可以出去，安全对老师的压力是最大的。甚至有些老师说，把安全抓好了，学习怎么样，就看他的接受能力了。确实如此，一旦出了安全问题，谁都难以去承担这个责任。教学质量这一块，老师都可以……包括家长，学得好不好，看得都不是太重，不出安全问题，家长就阿弥陀佛了。对我们老师来说，家长（给）的安全压力是最大的，工作压力都还可以，能够接受。（融水访谈6）

我们无法准确调查有多少乡村小学教师是"衣冠禽兽"，但极端事件经媒体报道放大之后，人们只会以更加苛刻和怀疑的眼光看待这些拿着微薄工资、承担着超负荷工作的群体。尤其是在信任缺乏的时代，极端事件只会让人们心中的那个"自我设想的预言"成为现实，只会加深人们的某种偏见。

（2）乡村小学教师群体被污名化

极端事件与媒体的发酵，使乡村小学教师群体被污名化，污名化具有长期的破坏性，不是短期内可以迅速消除的。它反映了某些强势群体对弱势群体的"贴标签"式的刻板印象，而弱势群体因为缺乏反驳的力量，无法为自己正名。作为边缘化的乡村小学教师也成为牺牲品。

社会学中，美国社会学家戈夫曼在《污名：受损身份管理札记》一书中对污名化进行专门的研究。在他看来，污名是个人在人际关系中"丢脸"的事，它与身体、性格、集团有关，其中决定污名的重要因素是"信息控制"。那些强势者、贴标签者常常以"演讲者"的身份出现，他们拿污名者的事侃侃而谈，甚至会曝光一些具体的人，以增加事情的可信度，或者找一些人现身说法，总之他们要标榜自己所掌握的信息是真实可靠、全面的。在戈夫曼看来，污名化在一定程度上区分了不同的社会群体，是有关身份的政治学。

在开放的社会中，或者是组织化程度较高的社会中，即便某类人群被污名化，但他们可以通过自己的方式抗争，为自己正名。然而，对于乡村小学教师而言，他们处于体制的底层，又遭遇市场的排斥，自身又没有专属的组织，对于铺天盖地的报道，他们已经完全被弥散掉了，毫无招架之力。

2. 乡村小学教师：无奈的职业

乡村小学教师不但个人人身、群体被道德、舆论所排斥，而且作为一类职业，其职业声望也越来越低，成为人人厌弃的职业。在一些人眼里，只有那些年龄大、水平低的人才会当乡村小学教师，只有那些在城里找不到工作的毕业生，才会到乡村中任教。

访谈中，乡村教师明显地感受到几十年来社会评价的降低，亲戚朋友们把他们看成"穷教书的"，学生家长把他们看成"保姆""看娃娃的"。

全职保姆

问：您做老师家里也挺支持，也受到高中老师的影响，也觉得老师受尊重，那么现在社会上对老师会有一些评价，您觉得前后有没有什么变化？

答：现在恐怕没有以前那么受尊重了，现在地位太低了，所以出去以后不是那么受尊重。有时候是埋怨我们，觉得送孩子给你们教了，你们就应该一切都管我的孩子，我们就像"全职保姆"一样,有这种感觉。不像以前,见了老师之后,"老师你好",现在见了你之后,谈不上尊重,现在老师跟老百姓一模一样。父母把孩子送过来就完成了,他没任务了,教孩子是老师的事情,好像那个幼儿园一样,好像要交钱,幼儿园交钱,你就给我管好,好像有这种味道。

问:是跟买卖或者交易一样吗?是不是也不能这么说?

答:也不能这么说,反正就是教我们的孩子是你们天经地义的事情,教不好说明老师不负责任,是这个意思。有时候我们去家访,找一些家长,家长有时候不配合,好怪,他觉得老师管孩子是老师的事情,好像孩子是我们(老师)的一样。(融水访谈7)

3. 乡村小学教师的职业认同

(1) 自身是有价值的

既然社会、家长对乡村小学教师的评价不高,那么具体到个人及职业评价时,他们的主观感受又是怎样的呢?也许他们承认教师这个职业的社会地位低,但具体到个人时,他们并不否认自己是有价值的。

表32 被访教师对"我认为自己是个有价值的人,至少与别人不相上下"的认知分布

单位:%

	认知分布	百分比	有效百分比	累计百分比
有效	很同意	34.2	36.2	36.2
	比较同意	27.6	29.2	65.4
	一般	24.2	25.6	91.0
	不太同意	5.7	6.0	97.0
	不同意	2.9	3.0	100.0
	合计	94.6	100.0	
缺失	99	5.3		
	合计	100.0		

资料来源:中西部地区乡村小学教师生活与工作状况调查。

（2）社会是无力改变的

尽管对自身价值是肯定的，但是乡村教师们也深深地感到改变自身处境是十分困难的。在乡村小学教师看来，社会的分化是十分显著的，甚至是固化的，而不管自己怎样努力，也无法改变自己的处境。

表33 被访教师对"现在社会两极分化，穷人越来越穷，富人越来越富"的认知分布

单位：%

	认知分布	百分比	有效百分比	累计百分比
有效	很 同 意	50.9	53.7	53.7
	比较同意	23.1	24.4	78.1
	一 般	8.2	8.6	86.7
	不太同意	6.8	7.2	93.9
	不 同 意	5.7	6.0	100.0
	合 计	94.7	100.0	
缺失	99	5.2		
	合 计	100.0		

资料来源：中西部地区乡村小学教师生活与工作状况调查。

表34 被访教师对"即使我再努力，也不会根本改变我现在的生活状况"的认知分布

单位：%

	认知分布	百分比	有效百分比	累计百分比
有效	很 同 意	33.0	34.8	34.8
	比较同意	20.0	21.1	55.9
	一 般	13.3	14.1	70.0
	不太同意	14.4	15.2	85.2
	不 同 意	14.0	14.8	100.0
	合 计	94.7	100.0	
缺失	99	5.3		
	合 计	100.0		

资料来源：中西部地区乡村小学教师生活与工作状况调查。

(3) 不鼓励子女从事教师职业

乡村小学教师对自己从事职业的评价,还可以通过一个重要的主观态度测量出来,即他们是否愿意自己的子女从事相同的职业。根据我们的访谈,乡村教师中有的明确反对,有的表示听从子女的意愿,但不主动引导、鼓励他们从事这份职业。前文我们讨论的乡村教师在县城买房子,把子女送到县城读书,让子女在农村外面找工作、安家,也印证了这一点。

问:那贺老师您的孩子您不让他们走教师这个路了?

答:这个我的观点倒是让他们自己选择。我也不存在……但是现在大部分老师真的不愿意让他们的孩子走教师这条路。

问:那您的内心是希望您的孩子教书还是不教书啊?

答:我的内心就是希望他自主选择,他来教书我也不会反对,也没有希望他们来,没有什么特别希望。你像老师这个薪水起码是固定的,教书在我们这个地方还是可以的。可是,你说孩子在外地读书,父母感觉到这个钱是不够用的。(融水访谈9)

(五) 乡村教师地位的彻底边缘化

我们认为,乡村教师的边缘化是总体性的。他们在物质财富、政治影响、社会声望,甚至赖以为生的文化资本方面,都受到体制、市场、道德三个方面的排斥,朝边缘流动,向底层沉沦。从日常生活空间看,乡村教师的边缘化还体现在他们的生活、消费、人际交往、精神追求与工作场所(学校)、学校所在社区的分离,在乡村环境中主动地或者被动地边缘化,乡村教师成为游走在城乡之间的边缘人。

1. 经济收入边缘化

从基本工资看,乡村小学教师的平均收入不仅低于城市小学教师的平均收入,甚至还低于全国平均收入水平。1993年颁布的《中华人民共和国教师法》规定教师的工资不低于或者高于国家公务员的工资。自2001年之后,确立了省级统筹、以县为主的教育财政体制,这促进了教师工资的按时足额发放,较为有效地遏制了工资被拖欠的问题。不过,相关研究表明,在一些县区,实行县级财政统筹之后,教师的平均工资反而有所下降。[①]而根据我们的调查,2009年一些地区实行绩效工资以后,某些教师的实际工资也有所下降。[②]其主要的原因在于县级财政负担加重,赤字增加,地方政府不得不将"地方化"政策加以改动。例如将原来工资中的一部分纳入浮动部分,或者计入绩效,不是扩大增量,而是分解存量。上级政府制定政策时有良好的初衷,并因此赢得了名声,但改革的成本由下级(主要是县级)政府买单,下级政府也不得不有所变通。结果便是教师的工资仍需更稳定和充足的财政保障。

2. 职业地位边缘化

从社会保障看,乡村教师的社会保障处于教师社会保障的边缘,乡村教师所需要的资金并不能得到切实保证。乡村教师的社会保障主要依赖学校和当地政府,是"统包"和"封闭"的。"一些地区的农村教师即使享受了基本的养老保险,但享受不到课时津贴、公费医疗和住房补贴,政策性调资也不到位或者没有。这种由学校统包的、社会化程度低的保障形式一方面加重了学校的财政负担,另一方面严重阻碍了教师队伍的流动和优化。"[③]小学生源的萎缩、学校的合并,直接导致一些乡村教师失业。工作的不确定性给他们带来了巨大的心理压力,这种压力在民办教师、代课教师中更为突出。这些对教师的社会保障提出了更高的要求。

乡村教师岗位缺乏吸引力,导致乡村小学师资短缺。年轻

---

① 赵爽:《农村教师工资现状调查与分析》,《上海教育科研》2004年第9期。
② 引自融水访谈资料。
③ 袁冬梅、刘子兰、刘建江:《农村教师社会保障的缺失与完善》,《教育与经济》2007年第2期。

教师、高学历教师、专业课教师缺乏，一直是困扰乡村小学教学质量的瓶颈。与之矛盾的是，我国师范类毕业生逐渐增多，师范生就业难，签约率低于普通高校毕业生，所谓"供大于求"①。师范类或者其他高校毕业生宁可在城市忍受高成本的生活，也不愿意到农村去从事教育工作，学者称之为"结构性失业"，职位的空缺与失业并存。《国家教育督导报告（2008）》指出"据中西部9个省（自治区）的学校数据统计，2006年，3万多所村小的班师比平均仅为1:1.3，4万多个教学点的班师比平均仅为1:1，均远低于全国小学1:1.9的平均配置水平。这些地区学校的教师严重不足，进不去、留不住问题突出。"②

教师工资低直接降低了教师岗位的吸引力，一些地区进不来新老师。在我们的调查中，一些小学近10年未曾补充过年轻教师。除了编制受限、有编不补和教育经费不足、农村教学条件艰苦等客观因素之外，还有高校毕业生并不会将乡村教师看作一个光彩的、有前途的职业等主观因素。高学历、重点高校的毕业生愿意到中西部农村任教的比例更低。③ 也就是说，在毕业生的就业取向中，乡村教师岗位已经被排在较低位置。

3. 社会声望边缘化

在社会科学领域，学者在用量表对职业类别赋职后，计算社

---

① 以甘肃省为例，根据"甘肃省高等教育规模扩展与劳动力市场衔接研究"课题组的调查，"截止到2007年6月中旬和2008年6月底，非师范生的签约率分别为43.5%和31.4%，而高校师范生的签约率仅为15.9%和21.3%"（龚丽华：《高校师范生就业难与西部农村教师短缺问题研究》，硕士学位论文，西北师范大学，2009，第1页）。

② 引自教育部网站：http://www.moe.edu.cn/publicfiles/business/htmlfiles/moe/moe_914/201001/81660.html。

③ 也有调查显示，高校毕业生的知识结构不适应小学课程，如文理分科、缺乏特长。他们的价值观念也与老教师不同，沟通起来存在较大问题，如在时间问题上，双方的态度就不太一致。我们在调查中也发现，一些非本科或者重点高校毕业的教师认为"学历不等于能力"，他们对应届高校毕业生的教学能力也有质疑。这意味着乡村学校招不到新老师，与高校毕业生本身以及我们的人才培养机制方面的问题也有关系。

会经济地位指数,以测量不同职业人群的社会声望(社会地位)[①],本报告无意重新计算各职业群体的职业声望或者社会经济地位,但根据以往的研究,小学教师在 81 种职业的职业声望中居于中间地位,小学教师在城市居民所做的排序上要高于农村居民所做的排序。[②] 不过,比小学教师声望低的职业多为体力劳动者,职业声望高的是权力部门或者收入高的行业的从业者,可以说主导职业声望的是权力、财富、知识,而小学教师则处于非体力劳动者的末端。

在调查中,乡村教师也多次跟我们反映其社会声望的下降,他们承受了来自家长、亲朋,甚至学生、政府等多方面的负面评价的压力,他们自我感叹沦为"保姆"的角色,而青年教师也倾向于被借调至政府部门或者考公务员。

五 解决之道

改善乡村小学教师的社会地位,涉及政府、公益组织、媒体、家长以及教师群体自身,需要各方集体努力。对于宏观的政策建议,例如政府增加财政投入、增加编制等,以往的研究已经多有论述。本报告更注重社会公益组织介入的可行性。

(一)大力推进乡村教师本土化

我们提出乡村小学教师的本土化,而不是吸引优秀人才到乡村任教、补充师资队伍或者稳定教师队伍,这是基于乡村小学教师边

[①] 像 Treiman, Grasmick 早在 20 世纪 70 年代就进行职业声望的比较研究。参见 Treiman, Donald J. 1976. "A Standard Occupational Prestige Scale for Use with Historical Data." *Journal of Interdisciplinary History* 7: 283-304,以及 Grasmick, H. G. 1976. "The Occupational Prestige Structure: A Multidimensional Scaling Approach." *The Sociological Quarterly*, Vol. 17。社会经济地位指数(socio-economic index),以收入代表经济地位,教育代表社会地位,SEI 代表综合社会地位。

[②] 参见李春玲《当代中国社会的声望分层——职业声望与社会经济地位指数测量》,《社会学研究》2005 年第 2 期。不过,我们认为对职业声望、社会声望的测量的前提是社会各行业者都遵循各自的伦理规范、法律规则,否则在一个潜规则盛行的社会中,声望的高低往往充满矛盾。

缘化的社会地位和打工者的身份来说的。

1. 稳定教师队伍不同于吸引优秀人才到乡村任教

稳定教师队伍意味着对现在在岗的教师重点扶持，特别是其中的两类群体，一是最弱势的乡村小学教师：村完小、教学点的教师和代课教师，他们很多人可能因为贫穷而转换职业；二是比较强势的年轻的教师和骨干教师，他们作为优秀人才，可能被其他部门借调、流向教学条件更好的学校或者放弃教师职业。稳定他们，对于教育公平有巨大的作用。

吸引优秀人才到乡村任教，着眼点则放在即将毕业的大学生身上，如同现在的特岗教师一样。

2. 乡村小学教师的本土化是稳定、补充师资力量的核心举措

乡村小学教师作为边缘化的群体，处在城乡的夹缝之中。我们将乡村小学教师分为两类，一是有编制的公办教师，二是代课教师。对于有编制的公办教师而言，他们的最终目标是要实现自己的城镇化，至少也要保证自己退休后能够在县城生活，或者子女能够在县城成家立业，他们努力在县城买车买房。他们的生活、工作场所是分裂的，仿佛在城乡之间摆渡的船一样。他们占乡村教师群体的81.5%，所以我们称当下的乡村教育为"城镇人教农村娃"。对于代课教师而言，他们在农村有房、有田，其生活、工作的场所都在农村，他们是农村的永久居民。

这两类划分所表明的趋势是，有编制的公办教师，无论在岗的，还是招聘的，如特岗教师，都是农村社区的过客。农村社区只是一种工作场所，他们注定要离开乡村。如果这些有知识、有文化的人不能留在农村，农村社区的衰败将是不可避免的后果。现实是，大学毕业生就业难，这已经充分说明城镇化对知识群体的容纳能力是有限的，对于那些农村出身的大学生来说，他们只是简单地将农村的资源（如学费）带到了城市，是农村社区衰落的助手。

所以，我们主张，教师队伍的建设，应当避免单纯地在增加编制上下功夫，更重要的是将乡村小学师资力量的稳定、补充与乡村社区的建设联系在一起。

(二)改善教育财政管理体系、提高政府对乡村教师的投入，乃是遏止乡村教师边缘化的根本保证

要重新考量"以县为主、省级统筹、中央支持"的现行教育财政体系，依据不同地区县级财政能力，重新划分中央、地方承担机制。中西部一些贫困农村地区县级财政能力极度薄弱，让这些地区负担一部分教育财政势必会造成教育投入不足、教师福利待遇差等问题。因此，国家应根据不同地区县级财政的能力重新定位承担制度，适当提升主要负责的政府级别，将地方教育财政体制改为"以市为主"，甚至"以省为主"，通过转移支付，加大乡村教育支持力度，实现教育均衡。

现行地方教育财政体系的另一个弊端是，政府将有限的地方教育财政更多地投向城镇中小学教育，对乡村教育的倾斜力度不够，对村级不完全小学和教学点的投入甚少，甚至任其荒废。因此，地方教育行政部门应采取更为积极的措施，切实提高在乡村小学任教教师的工资福利待遇，完善到乡村学校任教教师的激励机制，在逐步实现教师工资"同县域同待遇"的基础上，通过补贴、奖励等形式，保证在乡村小学任教的教师收入高于地方教师平均工资，稳定现有乡村教师队伍，吸引更多较高水平的教师到乡村学校任教。

(三)社会力量的介入是缓解乡村教师边缘化的积极推动力

我们认为，缓解当前乡村教师面临的边缘化困境，全面提升乡村教师的地位，单纯依靠政府的力量是行不通的，应当发挥社会的力量，实现政府和社会力量的双重介入，积极推动、缓解当前乡村教师面临的种种困难。

应当指出，多年来，公益组织在乡村教育工作的重点，多半集中在乡村学校的硬件设施方面，校舍、教学设施等取得了非常

显著的改善。课题组认为，今后公益组织应当在继续开展乡村学校硬件建设的同时，将主要精力逐步转移到推进乡村学校软件方面的建设，乡村教师队伍建设乃是重中之重。

对于公益组织来说，以下工作领域是公益组织介入的巨大空间。

1. 师资补充：定向培养全科教师

针对乡村小学教师本土化这一目标，可以在高中阶段就选拔一些志愿回家乡任教的农村学生，由当地教育部门与对口的师范院校签订协议，做定向培养。这些接受定向培养的学生的培养经费主要由地方教育部门承担，社会公益组织按比例投入一定的配套资金，在学费、生活费、奖学金、交通费等方面给予一定的资助。

在培养目标上，定向生的培养，不能按照一般师范本科生、专科生的方式培养。要结合农村教育的实际，主要解决乡村专业教师不足的问题。培养目标定在全科教师，音、体、美、语、数、外的全能型教师。

2. 稳定队伍：设立奖励基金，推动建立多元化的评价体系

社会公益组织利用社会捐赠资源，与地方教育部门、学校合作，设立奖励基金，对优秀乡村教师给予较高额度的奖励。应当注重这种奖励的长期效应，将其纳入地方教育当局对教师的评价体系。特别是对那些职称晋升受限的中青年教师给予奖励，帮助他们开阔上升空间。

3. 公益组织可以资助建立乡村教师定期外出观摩学习的制度

以往对农村教育的资助更多的是集中在学校的硬件上，而对提升教师自身能力的关注不多。

公益组织应建立相应的资助体系，为农村一线教师提供到名校观摩交流的学习机会，帮助他们解决路费和学习期间的住宿费用。我们的调查发现，这是乡村教师最认同的一种培训方式。在他们看来，通过与名校教师的交流，他们开阔了眼界，在观摩中学习体会了新的教学方法，身临其境地感受到名校教师与学生之间的交流与互动方式,这种培训方式对提升能力最有帮助。

4. 公益组织参与解决具体乡村教师的实际问题

公益组织可以根据乡村教师特别关心的子女、家庭问题,设立资助项目。这种资助远比直接给予现金补助更能得到乡村教师的认同。具体措施如:

(1) 关心教师生活,建立爱心厨房

在调查中我们了解到,农村学校教师的工作非常辛苦。他们一般早上不到 7 点就到学校,下午 6 点以后才能离开。而且很多寄宿制学校的教师平时就住在学校,一日三餐都要自己解决。公益组织可以仿照资助学生营养午餐的做法,建立教师爱心厨房,让乡村小学教师,特别是村完小和教学点的一线教师能够吃上热饭。

(2) 为教师子女设立专项助学金

为国家教育事业付出很多的乡村教师的子女理应得到社会的关注和关爱。很多教师子女在完成九年制义务教育进入高中和大学后就受到"上不起学"的困扰。那些孩子高考后到外地就学的乡村教师,处于极度的焦虑之中。

对于乡村教师子女的资助应该考虑两方面问题:一是子女的学费和所在城市的消费水平。对于上高中的子女应该考虑其学费和日常生活费的问题,而对于上大学的子女,因他们能向国家贷款,所以公益组织应重点考虑补贴他们的日常生活费用。二是教师的收入情况。对于那些常年在乡村学校的一线教师应给予重点帮助,除了考虑他们的工资和工作年限外,应该区别对待正式编制的教师和代课教师,对代课老师的子女应该给予更多的资助。

(3) 公益组织可以为一线教师增加艰边补贴和为代课教师购买三险一金或五险一金

代课教师工资收入低,且无法得到应有的医疗保险和养老保障。公益组织可以设立公益项目,资助代课教师购买三险一金和五险一金,缓解其经济负担和心理压力。

为一线教师提供艰边补贴应该考虑三个方面的因素。一是对常年工作在教学点、初小和完小的乡村教师，应该按照他们工作的条件给予艰边补贴。① 应该按学校的位置，如山区、川区和平原，设定不同的补贴标准，对于一线教师的补贴额度应该增加。二是对于那些工作多年而职称仍为初级职称的教师，除了按工作条件发放艰边补贴外，还应使其实际收入至少不低于县城中级职称小学教师的工资。三是对于代课教师应增加他们的艰边补贴费用，特别是那些连续工作五年以上和十年以上的代课教师，他们的工资收入加艰边补贴的总和应不低于初级职称的农村正式教师的工资。

（执笔人：沈原、亓昕、姚晓迅、魏文一）

---

① 教师工资中有艰边补贴一项，但补贴额度较小，而且对工作条件艰苦的教师无更多的补贴。

第二部分　分报告

分报告一
宁夏海原县乡村小学教师调查报告

农村教育和农村孩子的成长都离不开乡村小学教师,他们是普及农村教育的骨干力量,而且对乡村社会建设有积极的影响。乡村教师曾是受到人们尊重,并享有较高社会地位的群体。但是近些年来,他们的地位急剧下降,已经沦为社会的边缘人。收入低、工作负担重,而且得不到应有的尊重,以致有一定学历的年轻人都不愿意做乡村教师,只要有机会,现有的乡村教师就会转入其他职业谋生和发展。乡村学校留不住人,也招不到人,师资匮乏、结构老化。我们在贫困地区调查时,感觉问题更为严重。

为了了解贫困地区乡村小学教师真实的生活和工作状况,探寻应对上述问题的解决策略,中国青少年发展基金会组织了对中西部贫困地区乡村小学教师的调查,在西北地区,我们选择了国家级贫困县:宁夏海原县作为调查的试点地区。

一 海原县的基本情况与调查方法

(一)海原县的基本情况

海原县位于宁夏南部,东与原州区相连,南与西吉县接壤,西邻甘肃靖远、会宁两县,北邻沙坡头区、中宁县、同心县,是集干旱山区、革命老区、回族聚居区为一体的农业人口大县。这里常年干旱少雨,风大沙多,生态十分脆弱,是宁夏最干旱的县之一。海原境内共有面积6463平方公里,人口46万人。其下辖17个乡镇,1175个自然村。2012年全县财政收入8581万元,城镇居民人均收入14867元,农民人均收入仅4225元,因自然条件差,资源匮乏,经济发展落后,多年来这里一直是国家重点扶贫县。

海原县共有小学219所,小学生55331人,小学教师3026人,其中公办教师2622人,代课教师404人。在各类学校中,乡镇中心小学18所,学生4290人,教师741人;村级小学201所,学生37889人,教师1274人;教学点109所,学生1827人,教师109人。从这些按学校分类的数据中可以看出,海原县有90%的学生在村级小学和教学点上学[1],而且,村级小学和教学点的教师总数也占到全部教师数量的65%。[2] 因此,海原县大多数教师是乡村教师,他们承担着全县90%小学生和学前班孩子的教育工作。简而言之,无论从自然条件、经济状况以及学校和教师的分类结构来看,海原县都是一个非常典型的贫困地区的乡村小学教师的调查点。

(二) 调查方法及学校的选择过程

这次调查采取了问卷调查与访谈相结合的方式。问卷包括:乡村教师的个人及家庭基本情况、工作状况、生活状况、居住状况、社会交往、对专业发展与晋升的需求、职业的认同与自我评价等多项内容。对乡村教师的访谈框架与问卷基本一致。较大规模的问卷调查能够告诉我们某些现象是否普遍、整体状况如何,问卷结果较具有代表性。不过,对很多问题的深入了解主要还是通过访谈获得的。此外,我们还设计了开放式的问卷用于了解全县乡村小学教师的总体情况和各完小和教学点的情况。对县教育局负责人、各学区校长和完小校长,我们也进行了访谈。我们期

---

[1] 按各类别学校的学生人数计算:(37889 + 1827)/(4290 + 37889 + 1827)× 100% = 90.3%。

[2] 乡村教师比例:(1274 + 109)/(741 + 1274 + 109)×100% =65%。

望能全方位地理解乡村教师的现实处境，与相关的制度、法规和教学环境之间的关系。

按照事先我们商定的工作方案：参加问卷调查的教师应分布在至少三个乡镇。在每个乡镇，参加调查的教师应来自至少一个乡镇中心校，以及合理数量的村中心校、村小和教学点。而后面三种类型学校的教师应占全乡参加调查的教师数量的一半以上。在海原县如何选择学校？这是我们必须首先解决的一个问题，因为只有选定学校才能确定被访教师。海原川大沟深，很多学校十分偏远，我们必须考虑时间、交通和人力等方面的限制。我们发现，在海原县城小学按一小、二小、三小命名，农村学校都归属于各个学区。学区是按乡和地理位置划分的。学区内绝大多数的学校都是乡村小学或教学点。因而我们先选定学区，学区确定后学校就好选定了。在海原我们选择了三个学区，海城镇学区、西安镇学区和关桥学区。海城镇学区、西安镇学区和关桥学区各有一个中心校，而其他都是村级小学。从地理位置看，海城镇学区离县城较近，西安镇学区虽离县城较远，但交通还比较便利。关桥学区最远，位于县城的北边。三个学区中既有汉族老师也有回族老师，不过关桥学区的绝大部分老师都是回族。我们将问卷调查的范围锁定为三个学区的所有老师，访谈对象也是三个学区的老师。

对比三个学区的中心校，我们可以初步感受到三个学校教师工作环境的差别。海城镇学区的中心校条件比较好，教室和办公室非常宽敞，学校有自来水，而且已经看不到平房。西安镇学区位于县城的西北部，在该学区的中心校我们看到，教室在刚建成不久的大楼里，部分老师的办公室还在平房里。中心校没有自来水，饮用水都是水窖中的水，可想而知其下属的乡村学校的条件都不会太好。在西安镇中心校，我们看到了学校为老师准备的宿舍，全部是平房。已婚老师有单独的一间平房，房间面积不过十三四平方米，一张大床再加上两个柜子，老师的书桌都快顶到门口了。宿舍里面还有水缸、冬季取暖的炉子等生活必备品。可以想象一家三口在这样的宿舍里生活，一定会非常拥挤。关桥学区距县城最远，其所辖的村级学校和教学点非常分散，条件十分艰苦。据学区校长说，学区要召集老师们开会都很不容易，很多学校和教学点太偏远，往返路途就差不多耗去一天的时间。我们到那里的时候正赶上下大雨，很多通往村级学校的公路被水淹没，行人和车辆都过不去，交通状况令人担忧。

我们进入的时间正好是学生们考完试、老师们集中到中心校批改卷子的阶段。① 因此在三个中心校我们见到了各村级学校的校长和各个年级的老师。既有正式老师，也有特岗老师，但是代课老师较少。我们的访谈是在各学区的中心校分别进行的，校长为我们打开办公室，让我们单独对教师进行访谈。我们选择访谈对象时兼顾了老师的年龄、性别和类型。对于代课老师的情况，我们是在进入海原的第四天下午，专门到关桥学区的两位代课老师家里拜访时了解到的。仅从他们的屋舍看，就知道他们过得远不如他们的那些邻居。其中一位代课老师还住在土坯房中。那几天的大雨浇漏了代课老师家的房子，房屋成为危房，随时都可能倒塌。无奈，周边没有可以安置老师一家的屋舍，我们的代课老师就只能住在危房里，雨夜不能入睡，随时防范房屋意外坍塌。两位代课老师的生活都很艰难。

我们访谈共21人次，包括完小校长、学区校长、一般老师和县教育局的负责人。同时，还收回开放式调查问卷13份。其中1份是由县教育局负责人填写，其余是由完小校长和学区校长填写。开放式问卷主要调查县的总体情况和学校的整体情况。

我们的问卷是在2013年6月底由宁夏回族自治区青基会发到海原县，又通过县团委等相关部门的大力协助发到三个学区并回收上来的。在海原地区我们共发放问卷500份，回收问卷332份，填答质量较好。

---

① 2013年7月8日至7月11日。

二 乡村小学教师的基本状况

我们问卷调查的结果显示,海原被访教师中,28.6%的人来自中心校,70%的人来自村完小,教学点和复式教学点的各占1.1%和0.2%。这与我们调查的总体情况十分接近。①

(一) 性别、年龄和婚姻状况

由问卷可以得知,海原男性教师占总数的56.2%,女性占43.8%,男性小学教师略多于女性小学教师,这一比例与我们在中西部地区乡村小学调查的性别构成基本一致。② 海原男性教师的平均年龄是43.90岁,女性是34.37岁,男教师年龄大,而且男女教师的平均年龄相差较大。从整体上看,海原教师的平均年龄为39.98岁,与其他三县的数据对比来看,除了云南乡村小学教师平均年龄为36岁外,其他三省的乡村小学教师的平均年龄都为40岁或40岁以上,乡村小学教师的年龄老化问题较为普遍。见表1。

从分段的年龄结构上看,海原中年教师居多。35岁及以下的教师的比例为38.8%,36岁至49岁的教师占41.1%,50岁及以上的占20.1%。在35岁以下的教师中,30岁及以下的仅占18.2%,31岁至35岁的占20.6%。青年教师偏少是海原乡村教师的特点。

表1 不同省份被访教师平均年龄

单位:岁

省 份	统计量	统计值
广西融水	均 值	43.58
	标准差	8.94
云南会泽	均 值	36.05
	标准差	8.23

---

① 我们在宁夏海原、广西融水、云南会泽和湖北五峰四县调查的均值为:20.3%、77.4%、2.0%、0.2%。
② 中西部地区乡村小学教师调查汇总显示,男性教师占56.5%,女性占43.5%。

续表

省　份	统计量	统计值
湖北五峰	均　值	44.01
	标准差	7.63371
宁夏海原	均　值	39.98
	标准差	9.98

资料来源：中西部地区乡村小学教师生活与工作状况调查。

海原的乡村教师中，未婚占 10.2%，已婚占 88.0%，离婚和丧偶比例很低，各占 0.9%。婚姻状态比较稳定，但是未婚比例比较高。

（二）教师的来源、类型、学历和职称构成

海原乡村小学教师中，本省人的比例超过 98%，省外进入海原做乡村小学教师的人非常少。如果将地域范围再缩小，教师为海原县人的比例为 92.8%，本省外县的比例为 7.2%，但教师为本村人的比例仅占 39%。显然，海原的大部分老师都是本县人，本省外县的教师很少，来自外省份的教师就更少。

海原大部分教师是大专毕业，这一比例占 59.1%，本科学历的仅占 18.2%。中专高职、技校和高中学历的占 20.4%。海原教师学历不算高（见表 2）。从毕业的学校类型来看，84.2% 的教师是师范类学校毕业，而其他教师是非师范类学校毕业。

被访教师中，有 77.3% 是正式老师，11.7% 是特岗教师，9.8% 是代课教师，另有其他人员占 1.2%。从教师的职称结构来看，具有中级职称的占 34.8%（小学高级和中学一级），初级职称的占 48.6%（小学一级、二级、三级、中学二级、三级），副高仅占 0.5%（中学高级），另有 15% 的教师没有职称。总体上看，乡村小学教师职称等级很低，从较老的年龄构成看，几乎一半的老师仅仅是初级职称，中级职称的比例略高于 1/3。高级职称对乡村小学教师来说几乎就是一种奢望。职称直接与教师的待遇挂钩，职称上不去，教师的待遇也难有较大的改善，直接的后果是教师的经济地位下降,教师对自己职业的认同受到影响。

表2 海原乡村小学教师的学历

单位:%

学历状况	有效百分比	累计百分比
初中	1.4	1.4
中专或高职、技校	15.9	17.3
高中	4.5	21.8
大专	59.1	80.9
本科	18.2	99.1
其他	0.9	100.0
合　计	100.0	

资料来源:中西部地区乡村小学教师生活与工作状况调查。

表3 海原乡村小学教师职称状况

单位:%

职称状况	有效百分比	累计百分比
无　职　称	15.0	15.0
小学高级教师	33.6	48.6
小学一级教师	34.6	83.2
小学二级教师	2.3	85.5
小学三级教师	0.2	85.7
中学高级教师	0.5	86.2
中学一级教师	1.2	87.4
中学二级教师	11.3	98.7
中学三级教师	0.2	98.9
其　　他	1.2	100.0
合　　计	100.0	

资料来源:中西部地区乡村小学教师生活与工作状况调查。

(三) 教师的户籍及家庭状况

1. 教师及配偶的户籍、就业状况

海原大部分的乡村小学教师都是城市户口,但其配偶为农村户口的比例较高。教师为本县城镇户口的占72.9%,外县城镇户口的占6.7%。教师为本县农村户口的占19.4%,外县农村户口的占 0.9%。教师中农村户口的比例较高,超过总数的 1/5。

相较于教师本人 79.6% 的城市户口比例,其配偶为城镇户口的比例明显较低,仅 55.2%,而为本县农村户口的比例高达 43.3%。如果加上外县农村户口的比例,那么约 45% 的教师配偶都是农村户口。这些教师家庭被当地人称为"单职工户",这在海原的其他职业中也存在,即家庭一方在事业单位工作,另一方务农。但是,其他职业中是否有这么高比例的"单职工户"呢?这很值得去对比分析。见表 4、表 5。

表 4 海原小学教师的户口类型

单位:%

户口类型	有效百分比	累计百分比
本县城镇户口	72.9	72.9
外县城镇户口	6.7	79.6
外县农村户口	0.9	80.5
本县农村户口	19.4	100.0
合计	100.0	

资料来源:中西部地区乡村小学教师生活与工作状况调查。

表 5 教师配偶的户口类型

单位:%

户口类型	有效百分比	累计百分比
本县城镇户口	50.3	50.3
外县城镇户口	4.9	55.2
外县农村户口	1.5	56.7
本县农村户口	43.3	100.0
合计	100.0	

资料来源:中西部地区乡村小学教师生活与工作状况调查。

由表 6 可以看到,教师配偶中务农或做家务的占 37%,外出打工的非常少,仅占 3.3%,这与男性教师居多而其配偶是女性这一现状非常有关。除此之外,我们还可以看到,配偶也是教师的占 30.3%,即教师中,夫妻同为教师的双职工家庭占教师家庭总数的 30.3%。另外,有 18% 的教师配偶在其他事业或企业单位工作。

表6　教师配偶的就业状况

单位：%

就业状况	有效百分比	累计百分比
务农或做家务	37.0	37.0
本省市打工	2.8	39.8
外省市打工	0.5	40.3
学生或幼儿	0.5	40.8
离职退休人员	2.4	43.2
行政事业单位职工	14.2	57.4
企事业单位职工	3.8	61.2
本校教师或职工	16.6	77.8
外校教师或职工	13.7	91.5
其他	8.5	100.0
合计	100.0	

资料来源：中西部地区乡村小学教师生活与工作状况调查。

2. 教师家庭拥有的孩子数

由于回族居多，按计划生育政策回族家庭可以生育2个孩子。从表7看到，教师家庭拥有2个子女的比例最高，占45.1%，拥有1个孩子的家庭占39.7%，另有10.5%的家庭有3个子女。实际上有13.2%的家庭有3个及以上的子女。

表7　教师拥有的孩子数

单位：%

孩子数量	有效百分比	累计百分比
0	1.9	1.9
1	39.7	41.6
2	45.1	86.7
3	10.5	97.2
4	1.9	99.1
5	0.3	99.4
6	0.5	100.0
合计	100.0	

资料来源：中西部地区乡村小学教师生活与工作状况调查。

（四）教师家庭代际流动的特征

根据代际流动理论，父代的职业和教育程度对子代的教育程度和职业选择有直接的影响。无论什么社会地位的家庭，父代都期待子代超过自己向社会上层流动。但是实证研究显示，家庭的社会地位具有传承的特征，即父代受教育程度较高，子代的受教育程度也较高，父代的家庭社会地位较高，子代的家庭社会地位也较高。那么乡村小学教师的父代的受教育程度如何？他们的职业地位又如何？这与教师的受教育程度和职业选择是否存在某种内在的联系？

1. 乡村小学教师父亲和母亲的受教育程度

由表8父亲的受教育程度可以看出，在各类教师父亲受教育程度中，没上过学的比例最高，占28.7%，其次是小学文化程度，占27.4%，初中毕业的仅占17%，受过大专、本科教育的就更少，仅占8%。

表8　小学教师父亲的受教育程度

单位：%

受教育程度	有效百分比	累计百分比
没上过学	28.7	28.7
小学	27.4	56.1
初中	17.0	73.1
中专、职高、技校	14.8	87.9
高中	4.0	91.9
大专	6.7	98.6
本科	1.3	100.0
合　计	100.0	

资料来源：中西部地区乡村小学教师生活与工作状况调查。

母亲的受教育程度低于父亲。尽管分布与父亲类似，而且随着"受教育程度"的提高各项比例急剧下降，但是没上过学的母亲人数超过一半（占58%），远高于父亲中的这一比例。母亲中没上过学和小学毕业的共占84.5%，即绝大部分教师的母亲是小学及以下受教育程度。乡村小学教师父母亲的受教育程度都不高，母亲的受教育程度非常低。见表9。

表9　小学教师母亲的受教育程度

单位：%

受教育程度	有效百分比	累计百分比
没上过学	58.0	58.0
小　　学	26.5	84.5
初　　中	10.1	94.6
高　　中	3.8	98.4
大　　专	1.7	100.0
合　　计	100.0	

资料来源：中西部地区乡村小学教师生活与工作状况调查。

2. 教师父母的职业特征

职业与受教育程度密切关联，很多职业都将受教育程度设定为职业进入的门槛。由表10和表11可以看到，64.4%的教师父亲务农或做家务，有85.4%的母亲从事这项工作。与母亲的职业相比，父亲中尚有27.2%的人是离职退休人员或在企事业单位或在学校工作，而母亲中仅5.4%的人是离退休人员或有正式的工作。在父母亲的职业分布中，父亲也当教师的比例为5.3%，而母亲仅为0.5%。

从父母亲的受教育程度和父母的职业分布可以看出，乡村小学教师的受教育程度远高于他们的父母，从代际流动的角度看，他们的社会地位和职业地位，相较于他们的父母也有较大的提升。但是，这些乡村小学教师父母的经济地位和社会地位都非常低、非常边缘化，在这样一个注重金钱、注重关系的社会里，其父代所拥有的社会资本基本不可能为乡村小学教师们带来所谓的"机会和资源"，因此，乡村小学教师难以凭借父代的资源向上流动。

表10　父亲的职业

单位：%

职业类型	有效百分比	累计百分比
务农或做家务	64.4	64.4
本省市打工	1.6	66.0
外省市打工	1.1	67.1

续表

职业类型	有效百分比	累计百分比
离职退休人员	16.0	83.1
行政事业单位职工	4.3	87.4
企事业单位职工	1.6	89.0
本校教师或职工	1.6	90.6
外校教师或职工	3.7	94.3
其他	5.9	100.0
合　计	100.0	

资料来源：中西部地区乡村小学教师生活与工作状况调查。

表 11　母亲职业特征

单位：%

职业类型	有效百分比	累计百分比
务农或做家务	85.4	85.4
本省市打工	0.5	85.9
外省市打工	1.0	86.9
离职退休人员	3.9	90.8
行政事业单位职工	0.5	91.3
企事业单位职工	0.5	91.8
本校教师或职工	0.5	92.3
其他	7.8	100.0
合　计	100.0	

资料来源：中西部地区乡村小学教师生活与工作状况调查。

三　居住与生活

（一）房屋的类型、来源及取暖方式

从教师的住房类型看（见表 12），宁夏海原的乡村小学教师中有超过半数的住在平房内，住楼房的比例在四个调查点中是最低的，不到教师总数的 1/3。而且因为干旱（很多地方饮用窖水）或房屋为平房，一半的教师家中无自来水，这个比例也是四个调查点中最高的（见表 13）。

表 12　各地区教师住房类型

单位：%

省　份	楼房	平房	其他	合计
广西融水	54.3	29.2	16.5	100.0
云南会泽	41.4	50.2	8.4	100.0
湖北五峰	48.2	41.8	10.0	100.0
宁夏海原	32.4	59.3	8.3	100.0

资料来源：中西部地区乡村小学教师生活与工作状况调查。

表 13　家中是否有自来水

单位：%

省　份	是	否	合计
广西融水	72.0	28.0	100.0
云南会泽	63.3	36.7	100.0
湖北五峰	76.3	23.7	100.0
宁夏海原	49.1	50.9	100.0

资料来源：中西部地区乡村小学教师生活与工作状况调查。

从住房来源看（见表14），教师自建住房的比例高达46.8%，而且海原教师自建住房的比例高于四个调查点的平均值。其次是自购房和住学校宿舍的比例，均约占22%。学校几乎不分配住房。在海原我们了解到，很多教师的自建住房的方式是先购买一块宅基地，之后在上面建平房，也有教师是在自家的宅基地上翻盖房屋。购房对大多数乡村小学教师来说是难以承受的，即便是贷款，现有的收入也难以支撑每月的还款和利息。

表 14　教师的房屋来源

单位：%

	自建房屋	自购房屋	租房（全租或合租）	学校分配住房	学校宿舍	其他	合计
四个调查点的平均状况	34.1	18.6	13.0	3.4	26.5	4.4	100.0
海原的状况	46.8	22.3	6.4	0.9	21.6	2.0	100.0

资料来源：中西部地区乡村小学教师生活与工作状况调查。

从取暖方式看，海原的教师家中以燃煤取暖为主，很少有家庭享受集中供暖。由于海原地处西北，每年的取暖期要好几个月，用电取暖对于教师来说成本太高，所以一般教师是不会用电取暖的。实际上，海原还有很多老师用柴草取暖，如树枝、麦秸、玉米秆等，这些取暖方式都是我们到了老师家中才了解到的（见表15）。

表15　不同省份被访教师家中冬天取暖方式状况对比

单位：%

省　　份	集中供暖	自己烧煤取暖	电炉或电暖气	其他	合计
广西融水	12.3	24.3	10.6	52.8	100.0
云南会泽	0.4	49.4	43.9	6.3	100.0
湖北五峰	4.9	36.6	16.4	42.2	100.0
宁夏海原	12.4	71.4	4.5	11.7	100.0

资料来源：中西部地区乡村小学教师生活与工作状况调查。

（二）居住状况

由上面的"住房类型"可以知道，大部分教师都住在平房，而且教师的住房来源和房屋类型非常不同，我们无法用人均面积这样的指标来测量教师们的居住质量。不过我们可以用教师是否与家人居住来了解教师的居住现状。家人一般指丈夫或妻子、孩子和父母。大部分教师都与家人同住，这一比例高达84.3%，但也有15.7%的教师只能自己住或与同事住在学校，这些教师中既有未婚者也有已婚者，主要原因是家离学校较远平时没办法回家。

表16　教师与家人同住分布

单位：%

是否与家人同住	有效百分比	累计百分比
是	84.3	84.3
否	15.7	100.0
合　计	100.0	

资料来源：中西部地区乡村小学教师生活与工作状况调查。

表17显示，85.2%的教师是与子女同住。这表明中年老师居多，他们的子女还在上中小学，需要家人的陪伴。另有45.1%的教师是与父母住在一起，三代人共同居住的家庭在教师中超过1/3。我们一般都会认为教师的父母需要他们的照顾和陪伴，但据我们了解，很多家庭都是父母在照顾教师们的子女。老师们每天在校时间超过8个小时，有些老师路途还很远，根本无法每天回家，子女只好由父母照顾。也有一些老师是因自己无房而住在父母家，这也是与父母同住的原因。

表17 教师是否与子女同住

单位：%

是否与子女同住	有效百分比	累计百分比
是	85.2	85.2
否	14.8	100.0
合 计	100.0	

资料来源：中西部地区乡村小学教师生活与工作状况调查。

表18 教师是否与父母同住

单位：%

是否与父母同住	有效百分比	累计百分比
是	45.1	45.1
否	54.9	100.0
合 计	100.0	

资料来源：中西部地区乡村小学教师生活与工作状况调查。

在海原县我们还发现教师两地分居的情况非常严重，这对教师的工作和生活都有很大影响。有28.9%的教师属于这种状况：平时自己住或者带着孩子住（有些就住学校宿舍），只有到节假日小家庭才能团圆（见表19）。而且很多两地分居的教师，其配偶也是教师，很少有对方是在政府机关工作的情况。由于教师夫妻分属不同的县或学区，调动十分困难。不止一位老师说过，夫妻分居是因为对方"没本事、没关系"，如果"他"或"她"是警察或公务员，事情就好办了。在张湾小学我们遇到一位年近40岁的女老师,她说自己曾带着两个年幼的孩子过了好些年,尝遍了各种艰辛。直到孩子们上学后她才有机会调到离丈夫近一点的农村小学。"两个大人三个家",这是两地分居教师家庭的常态,即教师夫妻平时在学校各有自己的宿舍,而只能把年幼的孩子放在父母家里,一到周末夫妻都奔向父母家,周日下午又各自匆忙返回学校。有时候学校工作忙,夫妻要隔两三个星期才能团聚。在西安镇我们遇到了一位特岗老师,他正为如何照顾将要生产的妻子而发愁。妻子是另外一个县的乡村小学老师,而双方父母家都距他们各自的学校很远,妻子和孩子只能暂时住在一方的父母家,作为丈夫的他很难照顾到自己的妻子和孩子。在关桥学区,有一位30多岁的男老师,独自一人带着一个年仅4岁的儿子,每次上课时他都不得不把孩子锁在宿舍里。而妻子在很远的另一个县里做老师,每周只能回来一次。据这位老师讲,跨县调动牵涉很多问题,他妻子的调动非常困难。对于年轻的老师,夫妻两地分居对他们的生活和工作影响很大,他们希望尽快解决这个问题。

表19 教师与配偶两地分居状况

单位:%

是否两地分居	有效百分比	累计百分比
是	28.9	28.9
否	71.1	100.0
合　计	100.0	

资料来源:中西部地区乡村小学教师生活与工作状况调查。

(三) 收入、支出及生活压力的来源

经济收入水平决定了教师一家的生活状况和生活质量,同时也决定这一职业的社会地位。在同其他职业的对比中,收入的多少会影响教师的职业声望、教师本人对职业的认同,以及教师这份职业对年轻人的吸引力。在四个贫困县我们就教师的年收入、年支出、工资水平、教师对自己收入的感受以及与其他职业的对比做了较为全面的调查。

1. 教师的工资收入和家庭日常收支情况

从四个调查点的问卷结果中我们可以了解乡村小学教师的工资水平。由表20可知，宁夏海原教师的人均基本工资是2048元、众数是2000元，在四个调查点中处于中等水平。据我们了解，在扣除三险一金后，正式教师的工资一般不会低于2000元，而代课教师，无论是县里聘用、学区聘用还是完小自己聘用，在无三险一金的条件下，其工资最高不超过800元，最低的仅为600元。海原并非一个物价水平较低的地区，这里由于干旱缺水，不仅物产贫乏，而且因交通不便，运费昂贵，许多食品和生活用品的价格高于银川，最明显的是蔬菜和牛羊肉的价格均高于银川这样的省会城市。可以想到，以这样的工资水平，教师们实在是难以维持生活。

表20 被访教师每月基本工资收入情况

单位：元

统计量	广西融水	云南会泽	湖北五峰	宁夏海原	总　计
均　值	1313.61	2472.14	1522.72	2047.76	1946.21
众　数	1000	3000	1800	2000	3000

资料来源：中西部地区乡村小学教师生活与工作状况调查。

为了更具体地了解海原乡村教师的收入状况，我们从调查点上取得了某个乡村学区的135位教师的工资表（表中不包括代课教师的工资）。在应发项中，包括教师的职务岗位工资、基础性绩效工资、奖励性绩效工资、艰边津贴、独生子女费、薪级工资、教龄津贴，这些项目中薪资工资和教龄津贴与工作年限、授课年限挂钩，而职务岗位工资、基础绩效工资和奖励性绩效工资以及艰边津贴均与教师的职称高低有密切关系。

对该学区教师工资表计算后得出，在未扣除三险一金和其他款项之前，教师工资的应发项，最低为2920元，最高为5976元。由计算而得，应发项在4000元以内的人数占

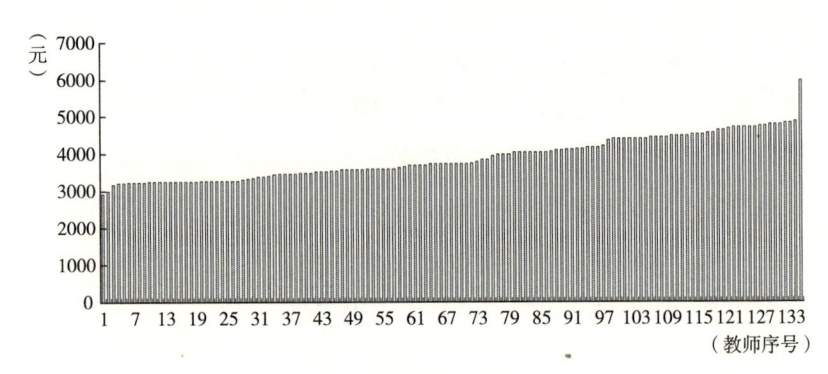

图1 教师工资应发项

52.44%，在4000元至5000元的人数占46.42%，应发项在5000元以上的仅占1.14%（如图1所示）。

教师实际工资，是在扣除所得税、养老保险、住房贷款、失业保险、住房公积金和医疗保险后，所能拿到的数额。图2给出了教师实际工资的分布。这个学区教师每月实际拿到的工资，最低为497元，最高为4888元。由计算而得，实际工资在2000元以下的教师人数占4.16%，工资在2000元以上3000元以下的占29.33%，工资在3000元以上4000元以下的占59.4%，工资在4000元以上5000元以下的仅占7.11%。教师工资普遍较低，在4000元以下的比例高达92.9%。而且51%的教师工资在3200元以下，68%的教师工资在3500元以下，工资接近4000元的比例为20%（3700元至3900元）。教师每月就靠这些工资生活，除了工资外，老师们没有其他收入来源，如课时补贴或年终奖金等。这是海原某学区正式教师工资的情况，而在这个工资分布中，不包括那些代课教师的工资，如果将代课教师的工资列入，教师的工资分布将非常分散，低工资比例将会增加，平均工资水平更低。据我们了解，这个学区代课教师的最高工资是每月800元，最低仅600元。他们所在的学校基本上都是那些正式教师很少的偏远的教学点，每名代课教师几乎都是全科教师。工作任务重，工资低，所在地的物价与银川相同甚至更高，可想而知，那里老师的生活是多么艰苦。

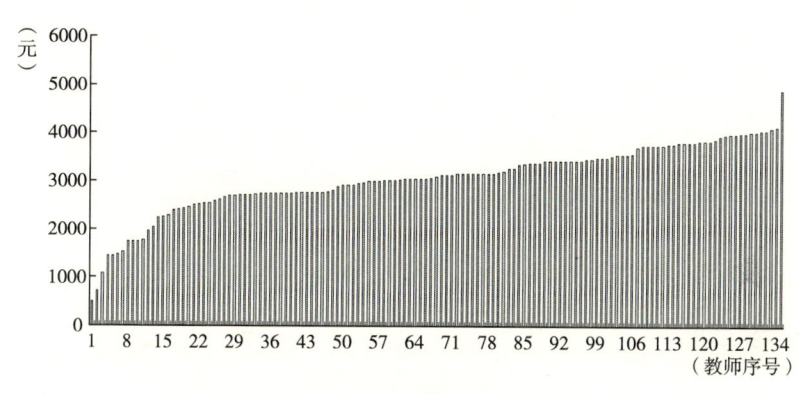

图 2　教师实际工资

我们从全年教师家庭的收支状况来看教师们的生活状况。由"教师去年家庭总收入"与"教师去年家庭总支出"对比来看（见表 21、表 22），海原教师家庭收入均值为 32300 元、众数是 30000 元，而支出是均值 37550 元、众数是 30000 元。这表明，一般教师家庭年收入低于年支出，收支不平，他们需要向亲友借钱过日子。另有部分家庭是挣多少花多少，每年没有结余。收不抵支和年终没有结余都表明乡村小学教师生活状况非常拮据。从年收入表中我们还看到，教师的工资收入在家庭收入中占很高的比例，教师全年工资占家庭全年收入的 76.08%[①]，这说明大多数教师家庭的收入主要靠教师每月挣的工资，而且其配偶和其他来源的收入非常少。这也从另一方面印证了乡村小学教师们过着十分清贫的生活。

表 21　被访教师去年家庭总收入情况

单位：元

统计量	广西融水	云南会泽	湖北五峰	宁夏海原	总　计
均　值	25252.09	42267.37	33838.17	32300.30	35041.54
众　数	20000	30000	30000	30000	30000

资料来源：中西部地区乡村小学教师生活与工作状况调查。

---

① 以教师月平均工资乘以 12 个月，再除以教师家庭全年的平均收入就可以得到这个值。

表 22　被访教师去年家庭总支出情况

单位：元

统计量	广西融水	云南会泽	湖北五峰	宁夏海原	总　计
均　值	28720.47	48877.16	39674.55	37549.75	41973.25
众　数	20000	50000	40000	30000	30000

资料来源：中西部地区乡村小学教师生活与工作状况调查。

2. 教师对自己收入的主观感受

在我们与老师们接触的过程中发现，他们经常会将自己的收入与在机关、公司和其他事业单位工作的同学的收入做比较，很多教师对自己的收入非常不满意，那么有多大比例的教师认为自己的收入比较低呢？这种状况是否较为普遍呢？以下是由问卷调查所得到的信息。由表23可以看出，在被访的海原教师中，几乎没有人认为自己的收入比本县公务员高（该比例小于0.5%），认为自己的收入与公务员相差不多的仅占6%，而认为自己的收入低于公务员工资的占40.2%，认为自己的收入比公务员工资低很多的占43.8%。显然，超过80%的乡村教师认为，自己的收入低于公务员的工资。

表 23　海原被访教师与本县公务员收入对比的主观感受

单位：%

高很多	稍高一些	差不多	稍低些	低很多	不知道	合　计
0.2	0.2	6.0	40.2	43.8	9.5	100.0

资料来源：中西部地区乡村小学教师生活与工作状况调查。

我们还调查了海原县教师与其他职业人员收入相比较的主观感受（见表24）。我们也可以看到，海原的被访教师中有11.6%的人认为自己的收入与其他职业人员的收入相差不大，但是另有约81%（36%与44.5%之和）的教师认为自己的收入低于其他职业人员的收入。显然，从职业对比上看，大多数乡村小学教师对自己的收入不满意，他们中的大多数人认为，教师这一职业的收入低于其他职业的收入，乡村小学教师只能属于边缘的职业。

表24　海原被访教师与其他职业人员收入相比较的主观感受

单位：%

高很多	稍高一些	差不多	稍低些	低很多	不知道	合　计
0.2	0.9	11.6	36.0	44.5	6.6	100.0

资料来源：中西部地区乡村小学教师生活与工作状况调查。

3. 乡村教师家庭经济压力的来源：收入低家人无保障

由表25可知，96.7%的乡村老师承认自己有家庭经济方面的压力，可见这种状况非常普遍。从产生经济压力的原因来看，有工资太低、子女上学、配偶失业、家人看病和买房等。我们对排在第一位的原因计算比例可得，子女上学、家人看病和买房的比例居于前三位，分别是27.4%、24.5%和21.3%（见表26）。同样，对排在第二位的原因计算比例可得，买房、家人看病和子女上学依旧位居前三位，分别是38.9%、24.1%和17.3%（见表27）。尽管顺序发生了改变，但产生经济压力的前三位原因没有变。

表25　有家庭经济压力的分布

单位：%

是否有经济压力	有效百分比	累计百分比
是	96.7	96.7
否	3.3	100.0
合　计	100.0	

资料来源：中西部地区乡村小学教师生活与工作状况调查。

表26　排第一位的家庭经济压力产生原因

单位：%

经济压力产生的原因	有效百分比	累计百分比
工资收入太低	5.4	5.4
配偶失业	18.8	24.2
子女上学花费	27.4	51.6
家人看病费用	24.5	76.1

续表

经济压力产生的原因	有效百分比	累计百分比
买房费用	21.3	97.4
租房费用	1.6	99.0
其他	0.9	100.0
合　计	100.0	

资料来源：中西部地区乡村小学教师生活与工作状况调查。

表27　排第二位的家庭经济压力产生原因

单位：%

经济压力产生的原因	有效百分比	累计百分比
工资收入太低	2.7	2.7
配偶失业	2.3	5.0
子女上学花费	17.3	22.3
家人看病费用	24.1	46.4
买房费用	38.9	85.3
租房费用	4.9	90.2
其他	9.8	100.0
合　计	100.0	

资料来源：中西部地区乡村小学教师生活与工作状况调查。

子女上学、家人看病和买房都是教师家庭日常生活中的大事，这些问题对乡村老师是巨大挑战。值得重视的是"子女上学"和"家人看病"已经成为教师第一大经济压力的来源，而且有50.6%的教师日常感受到这种压力。很明显，教师的低收入已经影响到他们子女的上学。我们在海原听到不止一个老师谈起子女上学的事。孩子在报考大学的时候，老师首先考虑的不是孩子自己感兴趣的专业或者热门专业，而是考虑哪个专业和学校的费用比较低，哪个学校有定向工作分配。他们会选择费用低的学校和专业。很多师范类学校不仅可以减免学费甚至还能有一些补贴，因此，很多乡村教师的孩子会上师范类的学校，专业也多与师资培养有关，很多孩子甚至读的是定向师范生专业，他们考虑的是如何在家庭经济不宽裕的条件下能够上大学。那些定向培养的师范生，基本上是回到边远的城市或地区工作。家庭条件稍好的孩子是不会选择这样的学校和专业的。

教师收入低,仅仅是一个方面,教师家人无任何保障是导致他们感受生活拮据的另一重要因素。如表28、表29和表30所示,81%的教师父亲无任何福利,有三险一金的教师父亲仅占8.9%。87.4%的教师母亲也无任何福利,有三险一金的比例不足2%。由表30可以看到,男教师的配偶中无任何福利的占74.8%,有三险一金的占13.6%。女老师的配偶中无任何福利的占45.7%,有三险一金的占40.7%。若将男老师和女老师配偶中无三险一金的人数合并可以发现,教师配偶中无三险一金的比例达62%,有三险一金或五险一金的比例仅占29.3%。也就是说,教师家中一旦父母生病或配偶生病,其看病的费用均要由教师家庭自己承担。家人看病的花费给教师带来沉重的负担,一位女老师告诉我,她的兄弟姐妹都是农业户口没有正式工作,她父亲和母亲几次大病的手术费用基本都由她负担,对于她这样双职工的教师家庭,这些支出真不是一笔小数目,几乎耗尽了家底,而对于那些单职工户而言,这简直无法想象。

表28 父亲社会福利

单位:%

福利状况	有效百分比	累计百分比
无任何福利	81.0	81.0
三险一金	8.9	89.9
五险一金	0.6	90.5
不知道	9.5	100.0
合计	100.0	

资料来源:中西部地区乡村小学教师生活与工作状况调查。

表29 母亲社会福利

单位:%

福利状况	有效百分比	累计百分比
无任何福利	87.4	87.4
三险一金	1.7	89.1

续表

福利状况	有效百分比	累计百分比
五险一金	0.6	89.7
不知道	10.3	100.0
合计	100.0	

资料来源：中西部地区乡村小学教师生活与工作状况调查。

表30 被访者性别与配偶的社会福利

单位：%

被访者性别		配偶社会福利				合计
		无任何福利	三险一金	五险一金	不知道	
男	被访者性别中的%	74.8	13.6	1.9	9.7	100.0
	占总数的%	41.8	7.6	1.1	5.4	56.0
女	被访者性别中的%	45.7	40.7	6.2	7.4	100.0
	占总数的%	20.1	17.9	2.7	3.3	44.0
被访者性别中的%		62.0	25.5	3.8	8.7	100.0
占总数的%		62.0	25.5	3.8	8.7	100.0

资料来源：中西部地区乡村小学教师生活与工作状况调查。

四 工作与流动

从我们调查所掌握的信息来看，有28.6%的教师在中心校任教，有70.0%的教师在村完小任教，另有1.3%的教师任教于教学点和复式教学点（见表31）。教师中，77%的老师是正式编制，12%的教师是代课教师，特岗教师的比例占10%，代课教师的人数多于特岗教师的人数。

表31 学校类型

单位：%

学校类型	有效百分比	累计百分比
中心校	28.6	28.6
村完小	70.0	98.6

续表

学校类型	有效百分比	累计百分比
教 学 点	1.1	99.7
复式教学点	0.2	100.0
合 计	100.0	

资料来源：中西部地区乡村小学教师生活与工作状况调查。

（一）工作环境与工作量

1. 学校类型与工作环境

乡村教师所在的学校类型和学校位置与他们日常的工作内容密切相关。从学校位置看，66.4%的学校在村里，仅33.6%的学校在乡镇。村里学校的条件较差，特别在海原，很多学校都没有自来水，村里的学校完全使用窖水，而且村里的学校冬季没有取暖设备。可以说，大多数教师的工作条件都比较差，除了教课外，还要照顾学生在校时的日常生活（见表32）。

表32 学校位置的分布

单位：%

位置分布	有效百分比	累计百分比
村 里	66.4	66.4
乡 镇	33.6	100.0
合 计	100.0	

资料来源：中西部地区乡村小学教师生活与工作状况调查。

从学校类型看，36.7%的学校是寄宿制学校，这类学校的学生平时住在学校，只有周末才回家。在寄宿制学校，教师们的责任更大、工作更加繁重。除了日常教学外，学生们的饮食起居都成为教师们的工作内容，教师扮演着老师和家长的双重角色。

表33 寄宿制的学校比例

单位：%

是否寄宿制	有效百分比	累计百分比
是	36.7	36.7
否	63.3	100.0
合 计	100.0	

资料来源：中西部地区乡村小学教师生活与工作状况调查。

2. 教师的工作量

我们调查了老师们的每周课时、课外辅导学生的时间和担任班主任情况。教师平均周课时是21节，也就是每天上课4到5节，一天至少有半天时间是在上课。除了上课外，96.2%的教师课后还要辅导学生。从表34可以看出，每名教师辅导学生的平均时间是每周11课时，即课后，每天还要抽出2至3课时辅导学生。这样计算下来，每名教师一天仅上课和辅导学生就多达6至7课时。除了上课外，教师们基本都担任班主任，70.7%的教师担任1个班的班主任，3.7%的教师担任2个或3个及以上班的班主任。上课、辅导加之担任班主任，85%的教师感到工作量很大和较大，从表34我们也看到，虽然大都是农村小学，但班级规模较大，都在40人左右。一些教学点尽管没有这么多学生，但因基本上只有1或2名教师，教师要负责学生的所有课程、辅导、日常安全和营养午餐等，因此，教师并不会因学生数量的减少而感到轻松。见表34、35、36、37。

表34 教师工作量状况

统计量	班级数量	每个班级人数	担任班主任班级数量	每周课时	课外辅导时间
均 值	2.47	41.46	1.79	20.71	10.56
中 值	1.00	40.00	2.00	20.00	6.00

资料来源：中西部地区乡村小学教师生活与工作状况调查。

表35 担任班主任班级数量分布

单位：%

班级数量	有效百分比	累计百分比
0个	25.7	25.7
1个	70.7	96.4
2个	2.7	99.1
3个及以上	1.0	100.0
合计	100.0	

资料来源：中西部地区乡村小学教师生活与工作状况调查。

表36 是否花时间辅导学生

单位：%

是否辅导学生	有效百分比	累计百分比
是	96.2	96.2
否	3.8	100.0
合计	100.0	

资料来源：中西部地区乡村小学教师生活与工作状况调查。

表37 教师对工作量的感受

单位：%

对工作量的感受	有效百分比	累计百分比
很大	37.5	37.5
较大	47.5	85.0
适中	13.9	98.9
较轻松	0.5	99.4
很轻松	0.2	99.6
不知道	0.5	100.0
合计	100.0	

资料来源：中西部地区乡村小学教师生活与工作状况调查。

除此之外，很多老师都和我们谈起"学生营养午餐"给他们增加的负担。

老师们说：

让老师成为保姆了,学校是管教育的地方,吃饭本身是家庭的责任。每天除了教学外,还要负责学生们的营养午餐,上面真不知道做饭那个艰难啊。营养午餐真是把人闹透了!(海原访谈2)

校长们也反映营养午餐对学校日常工作造成的影响和给他们工作带来的压力。

校长说:

让我校长现在搞着做饭呢,哎呀,气死我了。我去年就没抓教学嘛,一直闹营养午餐,头疼得很。现在我们老师常说,检查的就是除了教学没人查,啥都有人查。教学真没人查,教学就是你校长的事。查安全,查小孩子接种证,卫生局也跑到这……以前那个畜牧局不来嘛,有了营养午餐以后畜牧局就来了,他检查那个牛肉是不是通过检疫的,不过那个我是欢迎的,只要是吃出问题了,是你的责任不是我的责任,不然那牛肉吃出问题就是我的责任,老师体会不到,他们来了我非常欢迎,检疫好,不过就是事情太多。

就说营养午餐,我们这里本来就缺水,学校的窖水不够,还要从县城运水,水费啊、运费啊、电费啊、碳费啊,就是一大笔开支。老师们忙不过来,很多学校要雇大师傅做营养午餐,钱少了人家不干,每年雇人做饭这也是一笔不小的开支。

还有对于有些孩子,像原子湾那个地方,中午回不去,回不去在学校吃顿饭挺好,你解决这些孩子就行。咱们中国就是一刀切嘛,有些孩子家里挺富裕的,几个煤老板的小子,人家就不吃你学校那4块钱的饭,我们老师还要硬让人家吃。(海原访谈3)

营养午餐也让原本经费紧张的学区财政更加吃紧,学生的午餐费是由教育部门统一划拨,但配套的费用由每个学区自己解决。我们从会计那里了解到,某学区每年用于营养午餐的配套费用为:运水7万元,电费4万元,运煤4万元,全年合计约15万元。

备课、上课、批改作业、课后辅导,再加上对营养午餐的管理等,老师们要负责学生在校时的方方面面,从白天忙碌到黑天,这是老师们的工作常态,教师们的工作量和工作压力不可能不大。当我们问起家人是否支持他们的工作时,85%的老师回答说家人支持他们的工作,但有15%的教师回答家人并不希望他们这样忙碌。

(二) 教师的职业流动:从乡村进入县城

1. 教师的任职年限状况

老师们从事教师职业的平均年限为18年,从教最短的1年,最长的42年。从按1间隔的分布图来看,除了不满1年、13年和20年的教师比例超过5%外,其余各任教年限的比例都在1%到5%到波动,变化很小(如图3)。若将任教时间按5年分组(如表39所示),可以看出随着任教时间的增加,比例逐渐降低。在任教30年以内,每5年一组的分布基本在11%至17%。计算后可知,任教10年以内的教师占27.6%,任教11至20年的教师占32%,任教21至30年的教师占26.3%。可以看出,大多数教师的任教时间不超过20年(任教时间20年以内的占59.6%,20年以上的占40.5%)。

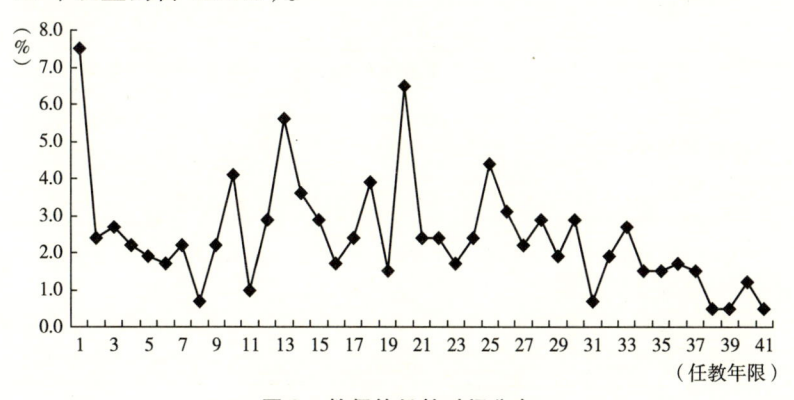

图3 教师的任教时间分布

表 38　从教时间

单位：年

统计量	极小值	极大值	均值	标准差
从事教师职业的时间	1	42	18.08	10.755
在本校工作的时间	0	40	9.91	9.295

资料来源：中西部地区乡村小学教师生活与工作状况调查。

表 39　任教时间分布

单位：%

5年以内	6~10年	11~15年	16~20年	21~25年	26~30年	31~35年	36~40年	42年
16.7	10.9	16.0	16.0	13.3	13.0	8.3	5.4	0.5

资料来源：中西部地区乡村小学教师生活与工作状况调查。

2. 初职与工作转换状况

从第一份工作分布可以看到，82.9%的教师第一份工作就是教师，也有的第一份工作是务农，但仅占教师总量的8.9%。其他做企业职员、去工厂打工等所占比例非常小。可见大多数老师的第一份工作便是教师，没有其他工作经历（见表40）。而且从教师从事不同工作的数量还可以看出，绝大多数教师（95.8%）没有从事过其他工作（见表41）。

表 40　第一份工作分布

单位：%

工作分布	有效百分比	累计百分比
务农	8.9	8.9
做生意	0.5	9.4
参军	0.7	10.1
企业职员	2.6	12.7
工厂打工	3.1	15.8
教师	82.9	98.7
其他	1.4	100.0
合　计	100.0	

资料来源：中西部地区乡村小学教师生活与工作状况调查。

表 41　从事不同工作的数量

单位：%

是否从事过不同工作	有效百分比	累计百分比
没从事	95.8	95.8
从　事	4.2	100.0
合　计	100.0	

资料来源：中西部地区乡村小学教师生活与工作状况调查。

从教师获取工作的渠道来看，毕业分配进入教师职业的人数占 37.1%，民办转公办的占 18.6%，特岗教师占 18.6%，代课教师占 17.9%。这份数据传递出这样一个信息：无论原来的身份是学生还是农民，大多数老师是由学校分配或大学毕业后通过特岗教师的考试而获得目前的工作的，即由学生变成教师；即便原来的身份是农民或者现在身份仍是农民，但其职业已经是教师，如民办转公办教师和代课教师。所以，进入教师职业的群体基本就是这两类人，大学毕业的学生和民办教师（见表 42）。

表 42　获取工作的渠道分布

单位：%

渠道分布	有效百分比	累计百分比
民办教师转公办	18.6	18.6
特岗教师	18.6	37.2
学校招聘	4.2	41.4
代课教师	17.9	59.3
毕业分配	37.1	96.4
其他	3.5	100.0
合　计	100.0	

资料来源：中西部地区乡村小学教师生活与工作状况调查。

那么这类人群为何选择教师这个职业呢？从表 43、表 44 "选择教师职业的第一主要原因" 和 "第二主要原因" 分布中可以看到，在第一主要原因的分布中，62% 的人是因为个人理想和个人兴趣，仅有 14.1% 的人和 12.2% 的人是迫于无奈或者追求稳定而选择这一职业（见表43）。在第二主要原因的分布中，因个人兴趣和个人理想的仍占据第一位，达37.8%，而因遵从家人意愿做老师的占25.6%，追求工作稳定做老师的占23.1%。在我们询问"是否对从事的职业有过动摇"时，62.4%的人回答"没有"。可以看出，乡村教师这个群体热爱自己的职业，他们选择了符合个人理想和兴趣的职业，并愿意付诸行动。

表43　选择教师职业的第一主要原因

单位：%

原　因	有效百分比	累计百分比
个人理想	49.8	49.8
个人兴趣	12.2	62.0
家人意愿	8.0	70.0
追求稳定	12.2	82.2
工作体面，受人尊敬	2.1	84.3
迫于无奈，只能找到这一工作	14.1	98.4
其他	1.6	100.0
合　计	100.0	

资料来源：中西部地区乡村小学教师生活与工作状况调查。

表44　选择教师职业的第二主要原因

单位：%

原　因	有效百分比	累计百分比
个人理想	2.5	2.5
个人兴趣	35.3	37.8
家人意愿	25.6	63.4
追求稳定	23.1	86.5
工作体面，受人尊敬	6.3	92.8
迫于无奈，只能找到这一工作	5.5	98.3
其他	1.7	100.0
合　计	100.0	

资料来源：中西部地区乡村小学教师生活与工作状况调查。

3. 换校原因与流动方向

老师们在自己任职的学校能否安心工作？对自己的学校是不是满意？他们试图离开自己学校的原因是什么？对此我们在问卷中设计了"是否考虑换学校""换学校的原因"和"希望转到哪个行政区域的学校"等问题。由表45看到，教师中有53.4%的人可能会或一定会换学校，这个比例非常高，超过了一半。而确定不会或可能不会换学校、无所谓、没有想过这个问题的教师占46.5%，显然，有相当多的老师不能在现在的学校安心工作。

表45 是否考虑换个学校

单位：%

原因	有效百分比	累计百分比
没想过这个问题	23.9	23.9
一定会	21.0	44.9
可能会	32.4	77.3
无所谓	7.4	84.7
可能不会	3.6	88.3
不会	11.6	100.0
合计	100.0	

资料来源：中西部地区乡村小学教师生活与工作状况调查。

原因是什么？由表46可知，43.9%的教师是因为"交通不便，离家太远"，还有因为"学校硬件条件太差"（15%）、"工作量太大"（12.3%）和"寻求事业上更好的发展"（9.9%）而想换学校，但因"交通不便，离家太远"想换学校的老师人数最多。老师是因不能照顾家里的孩子和老人而想换到离家较近的学校，而并未将学校条件、个人工作压力和个人发展作为第一因素考虑。"离家远照顾不上自己的亲人"是老师们最苦恼的事。访谈中我们了解到，一对家住县城附近、在关桥学区村小任教的老师，每天天不亮就起身，为80多岁的老父亲和两个10岁、7岁的孩子准备早饭、午饭和晚饭，每天下午忙完学校的工作后，还要接在学校上晚自习的孩子回家。每天到家都是晚上九十点钟，天天如此。老人和孩子们对这样的生活状况非常不满,而让80多岁的老父亲接送孩子上下学,夫妻俩又十分不放心。还有他们根本无暇辅导自己孩子的功课,他们非常担心自己的孩子以后能不能考上一个好的中学。他们说,自己苦点无所谓了,但因常年不能照顾自己家的老人和孩子,每天都过得非常焦虑。而且孩子也经常埋怨妈妈:人家的孩子都有爸爸妈妈管着,我们作业不会了连找你都找不到……

表46 换学校的第一主要原因

单位:%

原因	百分比
学校硬件条件太差	15.0
交通不便,离家太远	43.9
工作量太大	12.3
晋升机会少	0.4
报酬低,福利待遇差	6.3
缺乏进修机会	4.3
寻求事业上更好的发展	9.9
解决婚姻问题	2.0
其他	5.9
合计	100.0

资料来源:中西部地区乡村小学教师生活与工作状况调查。

在换学校的第二主要原因中,因"工作量太大""报酬低,福利待遇差"而想换学校的老师各占20.6%和20%。其次,因"交通不便,离家太远"和"寻求事业上更好的发展"而想换学校的老师各占18.9%和14.4%。很显然,教师们的劳动付出与他们的回报不相符,这在乡村教师中已经成为共识。再加上工作忙难以照顾孩子和老人,在目前的学校又没有好的发展机会,因而,无论是在家庭,还是在事业(实现职业梦想)方面,他们都面临非常现实而棘手的问题,这些难题不解决,乡村教师难以在乡村学校安心工作,精英教师们最终必定会流失。

表47 换学校的第二主要原因

单位:%

原因	百分比
学校硬件条件太差	6.1
交通不便，离家太远	18.9
工作量太大	20.6
晋升机会少	8.9
报酬低，福利待遇差	20.0
缺乏进修机会	7.8
寻求事业上更好的发展	14.4
解决婚姻问题	2.2
其他	1.1
合计	100.0

资料来源：中西部地区乡村小学教师生活与工作状况调查。

从希望转到行政区域的学校来看（见表48），超过一半的教师希望去县（市）的学校，这些学校相较于乡村学校，学校条件会好很多，而且教师们一旦从农村学校进入县市的学校，最受益的是老师们的子女，其次才是教师本人。在县市的学校上学，子女们能得到更正规的教育，他们进入大学的机会增加，前途更明朗，这对普通教师家庭非常重要。"可以奉献自己，但不能苦了娃娃。"访谈中，老师经常流露出对子女的这种关爱，他们甘愿为孩子做铺路石。学校条件好，教师的工作环境改善了，待遇提高了，机会多了，老师们何乐而不为！所以进入县城学校几乎是所有乡村教师的期望。

表48 希望转到行政区域的学校

单位:%

行政区域	百分比
农村	14.7
乡镇	14.3
县（市）	54.3

续表

行政区域	百分比
地级市	3.9
省会城市	4.3
不知道	8.5
合 计	100.0

资料来源：中西部地区乡村小学教师生活与工作状况调查。

4. 流动途径：招考或组织调动

教师们如何实现转校呢？由表49可知，50.6%的老师认为是通过组织调动，有29.5%的老师认为是通过招聘会，仅这两项之和就占了80.1%。

表49 实现转校方式

单位：%

转校方式	百分比
组织调配	50.6
提升学历后转校	11.0
参加招聘会	29.5
通过亲朋好友帮忙	4.6
其他	4.2
合 计	100.0

资料来源：中西部地区乡村小学教师生活与工作状况调查。

最近调查组通过电话与数名海原老师访谈了解到，今年秋天海原成立县第五小学，很多优秀的乡村教师都参加了招聘考试。一位30多岁、六年级的数学老师告诉我，他们很多老师都参加了招聘考试，竞争非常激烈。他因为成绩差了点没能进入新成立的学校，但仅他们一个学区就走了20名骨干教师，都是年富力强、年龄不满40岁的一线教师。

通过组织调动离开乡村学校也是老师们向上流动的重要方式，而且这种方式从20世纪80年代初期就已经开始。乡村学校是组织选拔精英的蓄水池，无论哪个行政部门，还是乡里或县里的哪个学校，只要缺人，都会从基层抽调最好的老师，特别是那些教学有方、表现突出的中青年教师。我们访谈过一位教过16年书的民办教师，他从贫困山区走到了现在教育部门的行政岗位。他告诉我们：1975年初中毕业后就在当地的初小当民办老师，1987年通过自己的努力考上了正式教师，后来从初小去了村级完小。

> 那时是考试制，每年都有全乡的质量检测，全乡几十个教学点、完小的考试中，我完小的学生一定能得奖，平均成绩在全乡是前三名，不是第一就是第二。我的学生单科成绩最低的也是第三名，我啥都教，语文、数学、体育、唱歌，给娃娃们教。我在完小一直是教师，也没有当过校长。因为我比较踏实，还有学生成绩好，到1991年，我到了乡中心学校，待了两年。1993年，我还当了扫盲专干，还当过全乡的会计。1998年我当了学区的校长，四年后我进了教育局做行政工作。我是1989年通过函授拿到的中专学历，2000年我也是通过函授拿到大专学历……（海原访谈1）

这是一位老教师的流动轨迹，从他的个人经历中我们看到，教师地位的变迁与教师的业绩和组织选拔人才的方式有极为密切的关系。而这样的教师正好是乡村中最应该留住的精英教师。但是对于教师本人，这种调动是对他个人能力和贡献的一种肯定和褒奖。随着教师工作的调动，他的家人随他进入了县城，他的子女获得了更好的发展。

（三）换行与职业认同

1. 教师们是否会转行

我们一直有一个疑问，那些较年轻的、学历较高或感觉自己能力没有得到充分发挥的老师是否考虑过不再从事教师这个职业。对此，我们专门设计了这类问题："如果可能，你是否会考虑转行？""转行的原因是什么？""转行后希望从事什么职业？""如果可能，您更愿意转校还是转行？"等问题。对于这类题的回答能够让我们看到乡村教师对自己职业的认同程度和刺激他们转行的原因。

从表50可以看到，"一定会"和"可能会"转行的教师占45.2%，明确自己"不会"和"可能不会"转行的教师占37.7%，其他教师对此问题没做明确的答复。为什么教师们想转行？在转行排位第一的原因中（见表51），回答"想体验其他职业，丰富人生经历"的教师占40.2%，其次是"追求更高经济收入"，占24.4%。从转行排位第二的原因中（见表52），我们发现"追求更高的经济收入"比例最高，占28.1%，想"提高社会地位"的占23.7%。转行既是因为对现在职业的倦怠，也是因为有追求更好的经济收入并提高自己的社会地位的需求。教师清楚地知道，自己职业的社会地位不高，经济收入相对较少。

表50 如果可能会转行

单位：%

分 类	百分比
一定会	17.1
可能会	28.1
无所谓	11.2
可能不会	11.7
不会	26.0
不清楚	6.0
合计	100.0

资料来源：中西部地区乡村小学教师生活与工作状况调查。

表51 转行原因一

单位：%

原 因	百分比
本来就不喜欢教师这个职业，当初入行是出于无奈	6.4
厌倦了教师这个行业	9.8
想体验其他职业，丰富人生经历	40.2
自己不适合这个职业，担心误人子弟	5.1
提高社会地位	12.4
追求更高的经济收入	24.4
其他	1.7
合计	100.0

资料来源：中西部地区乡村小学教师生活与工作状况调查。

表 52　转行原因二

单位：%

原因	百分比
本来就不喜欢教师这个职业，当初入行是出于无奈	2.9
厌倦了教师这个行业	13.7
想体验其他职业，丰富人生经历	19.4
自己不适合这个职业，担心误人子弟	6.5
提高社会地位	23.7
追求更高的经济收入	28.1
其他	5.8
合　计	100.0

资料来源：中西部地区乡村小学教师生活与工作状况调查。

从转行后希望从事的职业来看（见表53），希望去党政机关事业单位的占55%，超过半数。其次是，希望做专业人员和自由职业者，各占14.7%和11.9%，其余均不足10%。在教师的眼中"党政机关事业单位"是较为理想的工作单位，至少社会地位高于教师。用老师自己的话说：

> 家里有人在机关工作还是好，有啥事都可以找找关系，办事容易。让老师去办事，啥事都得求人，老师要啥没啥，在农村你就是个穷教书的！（海原访谈1）

表 53　转行后希望从事的职业

单位：%

分类	百分比
党政机关事业单位	55.0
企业单位职员	5.5
专业人员	14.7
私营企业主	7.8
自由职业者	11.9
务农	0.9
外出打工	1.4
其他	2.8
合　计	100.0

资料来源：中西部地区乡村小学教师生活与工作状况调查。

对于"如果既可以转行又可以转校,你会选择哪个?"这个问题,从表54可以看出,希望转行的达到57%,而希望转校的仅占31%。这正好印证了我们的假设,教师不仅收入低,而且又缺少党政机关事业单位这类职业所占有的"资源"。在教师看来,在党政机关事业单位工作压力不那么大,收入相对较高,更主要的是那里的工作人员的社会地位高于教师,有权力,有关系,办事方便。因此,乡村教师们清楚地知道自己是一个非常边缘化的群体。

表54 转行与转校

单位:%

转行或转业	百分比
转 校	31.0
转 行	57.0
不清楚	11.6
其 他	0.4
合 计	100.0

资料来源:中西部地区乡村小学教师生活与工作状况调查。

2. 乡村教师的职业认同

老师们对自己的工作环境是不是满意?对自己的付出与收获是什么感受?工作是不是能带给他们满足感?

从表55可以看出,老师们对工作环境并不那么在意,仅26.7%的老师认为自己的工作环境不好,其他老师要么不同意,要么认为一般。对于"我不得已才从事现在的工作"的回答是,不同意这种说法的人占多数,是同意人数的3倍(占比各为53.3%和16.3%)。多数老师是自愿选择教师这份职业的。对于"我认为我的付出与收获相符"的问题,仅20.8%的教师表示同意,不同意这个说法的人数超过一半(57.7%),不置可否的教师人数也超过了20%。由此我们也看到大多数教师对自己的工资收入不满意,这项人数占77.3%。但是尽管如此,至少62.5%的老师认为"我生活中最大的满足感来自工作"。这就是乡村教师群体的特点,虽然收入少但热爱自己的工作,兢兢业业地为农村小学教育付出自己的精力，并能在日常的工作中收获快乐和满足。这里调查组引用一位老教师的作品来表达他们对自己职业的认同与热爱。

山乡有了村小教师，山乡就有了希望与梦想。村小的教师是土生土长的生命，一身普通的平价衣，没有西装革履。一双皮鞋上永远染满黄土，若不是出入教室，你很难将他们与村民分辨出来。村小教师很少被人冠以灵魂工程师的美名，连园丁的称谓也少见。村民们叫他"教书的"，为了不误孩子上课，他们很少到都市旅游，农家、学校是他们定点的轨迹。但他们把地球的另一端、把火星的秘密都让孩子们看清楚。走出大山的门，是他们为孩子们打开……村小教师耕耘三尺讲台，"死工资"已经很满意了，"回扣""奖金"这些潜规则他们一概不知，每次涨工资他们都感受到党的阳光的温暖。有人说他们进城里"走得慢，吃得面，住得店"。他们总是淡然一笑，好着呢，一月几千元，能过日子了。

黎明一临村庄，麻雀便叽叽喳喳有说有唱，原来山村教师的脚步声吵醒了它们，村小教师也在校园弹起了生命之歌，与山间麻雀合奏出了一曲美丽动听的山乡生命谣。（海原访谈4）

表55 乡村教师的职业认同

单位：%

职业认同	很同意	比较同意	一般	不太同意	不同意	合计
目前工作环境不好	10.0	16.7	45.3	13.7	14.4	100.0
我是不得已才从事现在的工作	10.9	15.4	20.5	16.7	36.6	100.0
我认为我的付出与收获相符	4.1	16.7	21.5	30.1	27.6	100.0
我觉得目前工作压力太大	38.0	24.0	30.1	4.0	4.0	100.0
我目前的工资收入不能让我满	56.4	20.9	18.0	2.5	2.2	100.0
我生活中最大的满足感来自工作	31.9	30.6	23.2	7.2	7.2	100.0

资料来源：中西部地区乡村小学教师生活与工作状况调查。

五 社会交往与自我认同

(一) 社会网络单一

1. 日常交往对象

我们用问卷的方式收集了乡村教师日常交往对象,从数据分析中可以发现乡村教师社会网络的特点。问卷要求被调查老师勾出除学生和家人之外的、九类交往对象中最主要的四类。这九类交往对象分别是:亲戚、学生家长、邻居、学校教师、以前的同学、村干部、乡镇干部、企业家和网友。

从表56可知,教师们交往最频繁的是与自己职业相同的学校老师(占26.6%),其次是亲戚(占22.9%),再其次是学生家长(占20%)。这三类占了教师交往对象的69.5%。除了这三类之外,与老师们交往再多一些的就是邻居和以前的同学,但所占比例较低,两者加起来也只占26.9%。我们发现,尽管是乡村教师,学校基本在农村,但老师们很少与村干部、乡镇干部们交往,也很少与网友交往,更不与企业家交往。乡村教师的交往群体非常有限,我们可以将这三类交往圈称为:同事网络、家庭网和因职业角色所产生的学生家长网。这样一种因血缘和职业圈所形成的网络,以及很少与拥有权力和经济资本的人交往的事实,导致乡村教师缺少社会资本和社会资源,这将对教师的自我定位和自我认同产生影响。

表56 教师日常交往分布

单位:%

交往对象	百分比
亲戚	22.9
学生家长	20.0
邻居	15.9
学校教师	26.6
以前的同学	11.0

续表

交往对象	百分比
村干部	1.4
乡镇干部	0.3
企业家	0.0
网友	1.0
其他	0.9
合　计	100.0

资料来源：中西部地区乡村小学教师生活与工作状况调查。

乡村教师之间的交往具有共济性的特点。在海原县的访谈中我们了解到，同一学校的老师们常常是几个人一起包车上下班，每学期如此。这样既保证了上班准时，又保证了个人安全。还有的老师在自己上课的时候会将自己年幼的孩子托付给同事帮忙照看。所以，乡村老师之间关系较为密切和融洽。

老师们从学生家长那里得到的是对自己付出的肯定。逢年过节，学生家长会主动请老师到家里吃饭，在水果收获的季节，孩子们还把家里的各种水果带给老师。有些毕业的孩子，每次放假回家都主动去看望老师。老师们在自己学生和家长那里获得了尊重和成功的感受。

2. 人际交往的主观感受

从表57，教师人际交往的主观感受来看，对于"我觉得没有人真正关心我"，很同意和比较同意的比例仅占25.2%，对于"只有少数几个人我可以与他们真正交谈"，很同意和比较同意的比例仅占39.1%，对于"我从未从我参与的集体活动中得到什么满足感"，很同意和比较同意的比例仅占17.4%，对于"我真的找不到一个愿意和我分享快乐和忧伤的人"，很同意和比较同意的比例仅占23.3%。这些数据表明，尽管乡村教师的交往群体比较单一，基本上是亲友圈和职业圈，但是从教师的主观感受上看，他们并不感到孤独、被遗弃或者缺少推心置腹的伙伴，而且从学校的集体活动或者集体生活中能够获得满足感，这是同事、家长和学生们带给他们的满足和快乐。

表57 教师人际交往的主观感受

单位：%

分类	我觉得没有人真正关心我	只有少数几个人我可以与他们真正交谈	我从未从我参与的集体活动中得到什么满足感	我真的找不到一个愿意和我分享快乐和忧伤的人
很同意	10.5	16.6	4.5	8.6
比较同意	14.7	22.5	12.9	14.7
一般	23.5	15.1	28.5	19.9
不太同意	19.1	19.3	24.1	21.6
不同意	32.3	26.5	30.0	35.3
合计	100.0	100.0	100.0	100.0

资料来源：中西部地区乡村小学教师生活与工作状况调查。

（二）教师的自我评价与对社会的认知

1. 乡村教师的自我定位

在明确知道社会地位和收入不如其他职业的情况下，教师们又是如何定位自己和评价自己的呢？问卷中我们设计了自我评价的量表让老师们填写。对于"我认为自己是个有价值的人，至少与别人不相上下"，很同意和比较同意的教师占了71.9%，仅有不到10%的教师表示不同意。对于"整体而言我对自己感到满意"，62.5%的教师表示同意，仅11.2%的教师表示不同意。对于"我觉得我有许多优点"，有63.1%的教师表示同意。对于"总的来说，我倾向于认为自己是一个失败者"，有63%的教师不同意，一般的占18.7%，同意者仅占18.3%。对于"我做事可以做得和大多数人一样好"，同意者占77.3%，不同意的仅占8.5%。对于"我觉得自己没有什么值得自豪的地方"，不同意的占53.1%，同意的占25.7%。从这些对个人的定位和自我评价中可以看出，乡村教师们自信、自尊，热爱自己的职业，并且肯定自己的能力和为乡村小学教育事业所作出的贡献，他们也因此而感到满足和自豪（见表58）。

表 58 教师的自我评价

单位：%

分 类	我认为自己是个有价值的人，至少与别人不相上下	整体而言我对自己感到满意	我觉得我有许多优点	总的来说，我倾向于认为自己是一个失败者	我做事可以做得和大多数人一样好	我觉得自己没有什么值得自豪的地方
很 同 意	41.0	29.7	30.1	8.3	43.0	9.8
比较同意	30.9	32.8	33.0	10.0	34.3	15.9
一 般	18.5	26.3	31.1	18.7	14.3	21.3
不太同意	5.8	7.8	4.8	28.5	6.3	24.0
不 同 意	3.8	3.4	1.0	34.5	2.2	29.1
合 计	100.0	100.0	100.0	100.0	100.0	100.0

资料来源：中西部地区乡村小学教师生活与工作状况调查。

2. 对社会的认知与价值取向

从对社会的认知来看，乡村教师对当今社会现状有明确的认识，如对"现在社会两极分化，穷人越来越穷，富人越来越富"的判断，68.7%的人表示同意，不同意的仅占20.7%。教师们对自己的处境也非常清楚，如对"即使我再努力，也不会根本改变我现在的生活状况"说法，就有49.5%的人赞同，不同意的仅占35.7%。

那么教师们是不是感觉被社会疏离？他们的价值取向又如何？对于"现今人们必须只为今天活着，明天就由它去吧"的说法，不同意者超过了半数（66.4%），同意者仅占19.2%。对于"如今人们已经不知道该指望谁了"，不同意的人数也超过了同意的人数（各为47%和33.5%）。对于"大多数人都不在乎别人的死活"的说法，52%的教师不同意，同意者仅占30.9%。由这些数据我们不难看出，尽管教师们被边缘化，而且知道单靠自身的努力不可能改变现状，但是他们不是冷漠的群体，他们并不因自己的边缘化而感觉被抛弃和疏离于这个社会，他们仍旧对生活、对社会、对未来充满信心。我们从教师们的价值取向方面可以进一步证实他们对人、对社会的态度。对于"除了健康以外，钱是最重要的"，同意者仅占23.9%，不同意者占58.5%。对于"善恶从来就没有绝对清楚的标准,善恶完全取决于当时的情况"说法,不同意的占 56.6%,同意者仅占 25%。对于"赚钱的方法无所谓对与错,只有难与易之分",不同意者占 73.4%,同意者仅占 14.6%。从中我们可以看到乡村教师的为人和做事原则:善恶分明、讲公德、不唯利是图,具备很高的修养(见表59)。

表 59 对社会的认知

单位:%

对社会的认知分类	很同意	比较同意	一般	不太同意	不同意	合计
给政府官员写信没用,因为他们通常对普通百姓的问题并不真正关心	30.4	24.0	21.3	11.0	13.2	100.0
现今人们必须只为今天活着,明天就由它去吧	10.0	9.2	14.4	28.7	37.7	100.0
如今人们已经不知道该指望谁了	16.6	16.9	19.6	18.6	28.4	100.0
除了健康以外,钱是最重要的	10.7	13.2	17.6	24.6	33.9	100.0
有时你不得不怀疑到底有什么事是值得去做的	9.0	25.9	28.0	18.8	18.3	100.0
赚钱的方法无所谓对与错,只有难与易之分	6.2	8.4	12.1	20.9	52.5	100.0
善恶从来就没有绝对清楚的标准,善恶完全取决于当时的情况	7.6	17.4	18.4	22.5	34.1	100.0
现在社会两极分化,穷人越来越穷,富人越来越富	45.3	23.4	10.7	12.7	8.0	100.0
即使我再努力,也不会根本改变我现在的生活状况	30.6	18.9	14.8	20.9	14.8	100.0
大多数人都不在乎别人的死活	13.0	17.9	17.2	22.3	29.7	100.0

资料来源:中西部地区乡村小学教师生活与工作状况调查。

六 教师对专业发展与晋升的需求

(一)培训状况:正式教师基本接受过培训而代课教师培训率低

老师们接受培训的状况如何?对此我们用问卷的方式了解教师是否接受过培训,接受培训的次数、级别、类型等。由表 60 可知,正式编制教师、代课教师和特岗教师接受培训的普及度有较大区别。在所有教师中，正式编制教师接受培训的比例达到92.2%，特岗教师由于入职时间较短，接受培训比例低于正式教师但也达到81%。只有代课教师接受培训的普及度最低，为57.8%。不过整体上超过一半的教师接受过培训。

表60 是否接受过师资培训

单位：%

教师类型	是否接受过相关培训		合计
	是	否	
正式编制	92.2	7.8	100.0
代课教师	57.8	42.2	100.0
特岗教师	81.0	19.0	100.0

资料来源：中西部地区乡村小学教师生活与工作状况调查。

从培训的行政级别看，54.9%的教师参加过乡一级的培训，83.3%的教师参加过县一级的培训，33.3%的教师参加过市一级的培训，仅20.6%的教师参加过省一级的培训。可见，乡村教师参加的基本上是县级单位组织的培训（见表61）。

表61 教师参加培训的级别分布

单位：%

级别	是	否	合计
乡级培训	54.9	45.1	100.0
县级培训	83.3	16.7	100.0
市级培训	33.3	66.7	100.0
省级培训	20.6	79.4	100.0

资料来源：中西部地区乡村小学教师生活与工作状况调查。

教师参加的培训既有教学方法的培训又有教学内容的培训，还有其他类型的培训。从构成上看[1]，52.7%是属于教学方法的培训，41.9%是属于教学内容的培训，5.4%是属于其他类型的

---

[1] 利用海原调查数据计算得出。

培训。在所接受的教学方法的培训中,案例教学占46.9%,讨论教学占45.8%,其他占7.3%。对于"所受培训对职称评定、教学水平的提高有无帮助?"这一问题,17.9%的人认为有很大帮助,59.5%的人认为有一定帮助,认为帮助不大和毫无帮助的占14.2%。可以说,这些培训对绝大多数教师提高教学水平和职称评定有帮助(见表62)。

表62 所受培训对职称评定、教学水平的提高有无帮助

单位:%

分 类	百分比
毫 无 帮 助	5.2
帮 助 不 大	9.0
说 不 清	8.4
有 一 定 帮 助	59.5
有 很 大 帮 助	17.9
合 计	100.0

资料来源:中西部地区乡村小学教师生活与工作状况调查。

(二) 教师专业发展的需求:提供机会晋升职称

老师们希望学校或政府为他们专业发展提供什么机会?他们将什么作为专业发展的标志?对于教师,专业发展的动力是来自教师个人还是来自学生?是什么促使他们期望在专业上有所提升?针对上述问题,调查组共列出七个方面供教师选择(见表63)。从教师们的选择来看,分布较为分散,各维度所占比例接近或略超过10%,最高比例达到20.9%。因此,教师认为各个方面都非常重要。从居前四位的选择来看,教师们认为"专业能力培养""进修业务或学习各方面知识""教学观摩"和"赴名校参观访问"是教师们提升专业能力的重要渠道,这些方面所占比例分别为:20.9%、20.2%、16.6%和14.2%。实际上这些方面是相互关联的,政府部门或学校应该首先从这四方面入手,满足乡村教师发展专业能力的需求。

表 63　希望学校或政府为您的专业发展提供哪些机会

单位：%

希望政府或学校提供的机会	百分比
提高学历	8.2
创造学习化环境	11.6
赴名校参观访问	14.2
进修业务或学习各方面知识	20.2
教学观摩	16.6
专业能力培养	20.9
合理的晋升机制和渠道	8.4
合　计	100.0

资料来源：中西部地区乡村小学教师生活与工作状况调查。

什么是教师专业能力提升与发展的标志呢？从排序第一的选择来看（见表64），39.2%的教师将学生获得良好的发展作为教师专业能力的标志。第二位是职务职称的提升，这部分教师所占比例为24.1%。第三位才是个人修养的完善（占比为14.4%）。尽管"提高学历""提高业务水平"也标志着教师们专业能力的发展，但是更多的教师是将学生的发展和个人在学校中的位置作为专业能力发展的标志。相较于较难衡量的"业务水平"和"个人修养"，以及难以实现的经济收入的增长，教师们更注重自己职称问题的解决，而且将取得更高的学历作为自己专业水平提高的标志。

表 64　您认为什么最能体现教师专业发展的进步与成功

单位：%

分　类	有效百分比	累计百分比
职务职称的提升	24.1	24.1
取得更高的学历	8.0	32.1
学生获得良好的发展	39.2	71.3
个人修养的完善	14.4	85.7
业务水平的提高	8.0	93.7
经济收入的提高	3.3	97.0
受到社会的更多尊重	2.8	100.0
合　计	100.0	

资料来源：中西部地区乡村小学教师生活与工作状况调查。

将"促进教师专业发展的主要动力"排序前三位的频数整合后发现（见表65），选择"更新知识，提高素质"的教师最多，占25.4%，其次是选择"使学生获得更好的发展"的教师，占22.7%，而选择"适应教育改革的新要求""更好地实现人生价值"和"追求更高收入"的教师也占相当大的比例。可以看出，教师将学生的发展、提升专业素质以及适应教改要求作为自己专业发展的动力，但同时我们必须注意还有11.5%的教师将"追求更高的收入"作为专业发展的动力，实际上这意味着"收入低"已经成为影响教师们专业发展的阻力。

表65 促进教师专业发展的主要动力

单位：%

分　类	百分比
更新知识，提高素质	25.4
使学生获得更好的发展	22.7
追求职务职称的提升	7.8
追求更高的收入	11.5
适应教育改革的新要求	19.8
更好地实现人生价值	12.8
合　计	100.0

资料来源：中西部地区乡村小学教师生活与工作状况调查。

七　职称：乡村教师上升的瓶颈

（一）现状：职称晋升缓慢

收入和职称是我们访谈中不能避免的话题。从上面的教师专业发展需求中我们也看到，除了追求"学生获得良好的发展"之外，教师们对"职务职称的提升"和"经济收入的提高"也格外关注。实际上，教师的工资收入与职称职务密切相关，在应发工资的七项中，至少四项（岗位职务工资、基础性绩效工资、奖励性绩效工资和艰边补贴）都与教师的职称关系密切。而且职称的晋升也是对乡村教师劳动付出的一种肯定,所以每每提起教师待遇问题时,几乎所有的老师都讲到自己在职称晋升时遭遇的问题。

1. 问卷所反映出的问题

问卷中我们设计了与晋升有关的三个问题,分别是:"在本校工作以来,是否获得过职称晋升的机会?""在您看来,近期内获得职称晋升的机会有多大?""从上一职称晋升到现在的职称您大约花了多长时间?"对于第一个问题,有72.2%的教师回答在本校没有获得过职称晋升的机会。而对于"您近期职称晋升机会有多大",回答不太可能的占27.1%,机会比较小和很小的占45.1%,不清楚的占24.7%,仅有3.1%的教师回答晋升机会比较大和很大(见表66)。从晋升所花时间分布来,58.5%的教师从上一职称进入目前的职称所花时间为六年及以上,17.6%的教师用了五年(见表67)。显然,大多数人在晋升职称上所花的时间都在五年以上。

表66 您近期职称晋升机会有多大

单位:%

分　类	有效百分比	累计百分比
不 清 楚	24.7	24.7
很　　小	24.0	48.7
比 较 小	21.1	69.8
不 太 可 能	27.1	96.9
比 较 大	2.9	99.8
很　　大	0.2	100.0
合　　计	100.0	

资料来源:中西部地区乡村小学教师生活与工作状况调查。

表67 职称晋升所花时间

单位:%

年　　数	有效百分比	累计百分比
一　　年	2.3	2.3
二　　年	3.1	5.4
三　　年	11.9	17.3

续表

年　　数	有效百分比	累计百分比
四　　年	6.5	23.8
五　　年	17.6	41.4
六年及以上	58.5	100.0
合　　计	100.0	

资料来源：中西部地区乡村小学教师生活与工作状况调查。

2. 海原某乡村学区教师的职称和入职时间分布

工作五年以上就可以晋升高一级的职称吗？每种职称晋升间隔有多久？晋升的条件是什么？问卷中没有更详细的资料来说明乡村教师的职称结构和各种职称教师的晋职时间等。为详尽了解乡村小学教师的职称晋升过程，我们用海原某个乡村学区提供给我们的资料来说明教师们的晋升问题。

按照教育局的最新规定，小学教师的职称分为三个等级：初级、中级和高级。初级职称分为11、12级两个档次，中级职称为8、9、10级三个档次，高级为5、6、7级三个档次。级别越高，工资越高，而且级别之间工资差距越大。另外，档次之间也有工资差距，只是差距较小而已。老师们正式参加工作后就是初级职称，特岗教师三年后转正成为正式教师后才有职称。从职称结构看，该学区拥有高级职称的教师仅2人，比例为1.42%，拥有中级职称的教师64人，比例为45.39%，而初级职称的教师共73人，比例为51.78%。拥有初级职称教师超过一半，乡村小学教师是以初级职称为主的教师群体。

表68　海原某乡村学区教师的职称结构

单位：%

职称级别	频数	比率	最晚入职时间	最早入职时间
高级（5级、6级、7级）	2	1.42	1981.07	1974.07
中级（8级、9级、10级）	64	45.39	1997.07	1972.07
初级（11级）	43	30.50	2001.04	1984.07
初级（12级）	30	21.28	2009.09	1993.07
13级	2	1.42	2009.09	1994.06

资料来源：中西部地区乡村小学教师生活与工作状况调查。

从教师的入职时间分布来看，高级、中级、初级 11 和初级 12 入职的时间相互重叠，即初级职称的教师中也有很多入职很早的教师，获高级职称的教师并不是入职最早的教师。在该学区，高级职称的教师只有两位，一位是 1981 年入职，另一位是 1974 年入职，他们的工作时间都超过 30 年，年龄过了 50 岁，其中一位可能年近 60 岁。中级职称教师的入职时间最早为 1972 年，最晚是 1997 年，入职时间相当分散，最早与最晚入职时间相差 25 年，可以算是两代人了。由图 4 我们可知，中级职称教师较为集中的入职年份为：1974 年（占 7.81%）、1980 年（占 12.5%）、1981 年（占 14.06%）和 1992 年（占 7.81%）。1970 年代入职的教师占 34.4%（从 1972 年至 1979 年），1980 年代入职的教师占 50%（从 1980 年至 1989 年），1990 年代入职的教师占 15.62%（从 1990 至 1997 年）。可以看出，中级职称的教师以 1970 和 1980 年代入职的教师为主。

初 11 级和初 12 级都是初级，但在工资上初 11 级高出初 12 级 100 元至 150 元。初 11 级教师的最早入职时间是 1984 年，最晚是 2001 年，跨度 17 年。初 11 级的教师，1980 年代入职的占

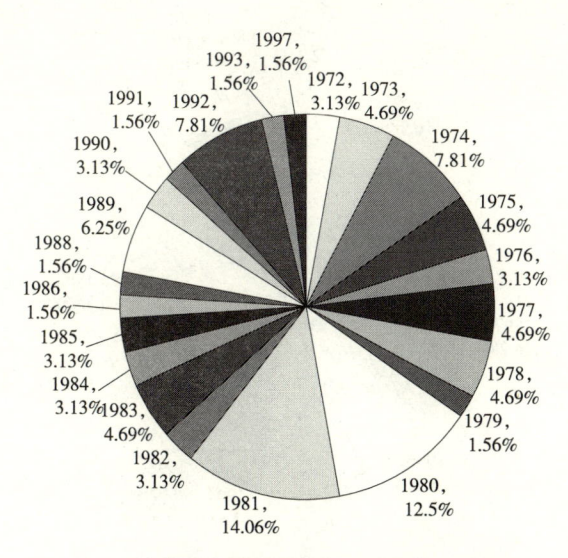

图 4 某学区中级职称教师入职年份分布图

9.30%（从 1984 年至 1989 年），1990 年代入职的占 88.37%，2000 年入职的仅占 2.33%（2001 年入职）。

初 12 级教师的最早入职时间是 1993 年，最晚为 2009 年。入职时间在 1990 年代者占 6%，其余的都是 2000 年以后入职的教师。入职人数最多的年份是 2001 年，占 46.67%，其次是 2003 年，占 23.33%。在这两个年份入职的教师共计为 70.00%。

综上所述，乡村小学教师中很少有人能得到高级职称，似乎中级职称已经是他们职称晋升的顶端。如果将 20 岁作为教师入职的最初年龄，从我们的调查时点往前推 30 年可以发现，1983 年及以前入职的中级职称的教师占 69%。也就是说，69% 的中级职称的老师已经 50 多岁了。按照现在的退休规定，再过五六年，将有一大批教师退休回家，这还不包括只拿到初级职称就已经到退休年龄的教师。

从初级职称的绝对人数和入职时间分布看，我们还发现，初级职称的教师绝对不是近几年才参加工作的教师，绝大部分老师已经工作了十几年、二十几年甚至近三十年（如图 5、图 6 所示）。这种状况说明，从初级晋升到中级对于小学教师非常困难，

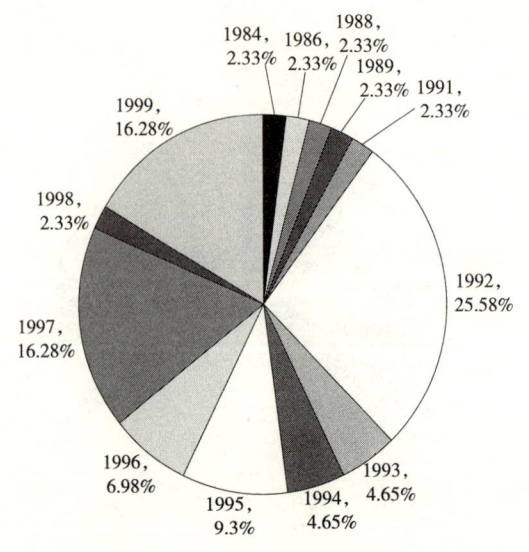

图 5　某学区初 11 级教师入职时间分布图

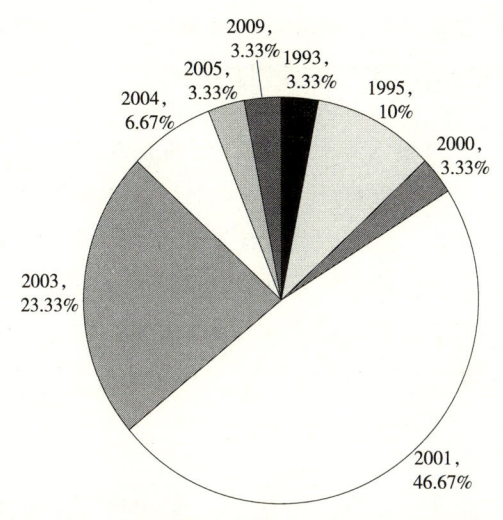

```
            2009,
            3.33%
       2005,  1993,
       3.33%  3.33%  1995,
  2004,              10%
  6.67%
                      2000,
                      3.33%

  2003,
  23.33%




                2001,
                46.67%
```

图 6　某学区初 12 级教师入职时间分布图

更不用说从中级晋升到高级。

（二）晋升瓶颈：考核标准与名额限制

1. 考核标准将低学历教师排斥在外

在晋升职称方面有统一的标准，一般来讲就是要综合衡量教师的能力、学历和工作年限。从初级晋升到中级对于乡村小学教师而言实在不容易做到，特别是对学历低的教师尤为艰难。晋升时要考核的具体指标有：学历、论文发表数量、是否获得过县级及以上优秀教师或者优秀共产党员等荣誉。按规定，在指定刊物上发表论文每篇可加 5 分，获得县级以上优秀教师荣誉并持有证书者，每次加 5 分，而学历分要按工作年限与不同权数相乘才能得到。学历的权重为：中专学历，权重为 1/15；大专学历，权重为 1/7，本科学历，权重为 1/5。工作 15 年的中专学历教师与工作 7 年大专学历的教师，以及工作 5 年的本科学历教师，获得相同的学历分 1 分。先不考虑发表论文和获得荣誉两项指标，仅学历一项，学历低的老教师将要付出 3 倍的时间才可能与本科毕业的教师竞争，即有 30 年教龄的中专教师与有 10 年教龄的本科学历教师都是 2 个学历分。学历固然重要，但这种给学历赋值的巨大落差，将很多年龄大、教龄长的教师排除在晋升条件之外。一位 2000 年左右入职的老师告诉调查组：

> 2001 年以前入职的教师，大部分人都是中专或大专学历，越是入职早的老师，学历越低。我那时读的师专学校现在已经属于另一院校，教育改革和院校合并，让很多原来的中专和大专学校变成了本科学校。尽管我工作后通过自学和函授也拿到了大专学历，但和近几年毕业的老师比，他们一毕业就是本科学历，在学历上我们就差人家一大截，我们都不在同一起跑线上。（海原访谈 1）

学历的差距还仅仅是一方面，这些 2000 年入职的初级职称的教师基本上是各乡村学校的骨干教师，带五六年级的课程、当班主任，还要为毕业班学生辅导功课等，他们很少能抽出时间琢磨和发表论文，而且很多乡村学校地处偏远，没有条件供教师在网上研读发表的论文，这方面他们不敌那些刚毕业不久的年轻教师。所以在论文发表上，他们也得不到高分数。

2. 名额有限让很多教师只能"望洋兴叹"

晋升指标不是下拨到每个学校，而是以各学区为单位下拨，分配的名额非常有限。一位老师告诉调查组：

> 我们全学区十七八个学校，老师 135 人，今年晋升（中级职称）的指标就 5 个，大家都是向学区申请，学区再按标准（按学历、按发表论文和获得荣誉的情况）给每个老师算分，排名后取了前 5 名。这次我们学校两个快 50 岁的老师都申请了，可是都没评上。我这样的老师，现在情况就是"前面有积压，后面有追兵"[①]，两头受挤，我们学历不高（大专），又没（发表）论文，10 年内根本不指望（晋升职称）。

---

① "前面有积压"是指那些学历低，如中专、大专的老教师，他们工作时间都在 20 年或将近 30 年，年龄在 40 岁以上。"后面有追兵"是指近 10 年内毕业的、具有本科学历的教师，年龄都在 33 岁以下。

(海原访谈2)。

据我们了解,该学区初级职称的老师一共75人,5个中级指标,实际晋升比例仅为6.7%。假如该学区2001年入职教师的学历都相同,其他条件也相同,按照每年5人的晋升速度,从2012年算起,解决所有2001年入职老师的职称问题,至少还要等12年。就是说在他们工作至少23年后,当他们40多岁时才可能晋升到中级职称。[①] 这还不包括出现年轻教师因本科学历或发表论文提前晋升而占据名额的情况(见表69)。

名额少,晋升缓慢,这种情况在乡村学校非常普遍。各个学区都积压了大量的工作了10年、20年甚至近30年初级职称的中年甚至老年教师。而这些教师为乡村的小学教育事业已经奉献了自己最好的时光,而且在教学岗位上都起着不可替代的作用。这样的晋升机制只会伤害这样一大批默默奉献的教师。

表69 2003年之前入职的教师初级职称分布

单位:%

入职年份	人数	累计人数	百分比	累计百分比
1984	1	1	1.45	1.45
1986	1	2	1.45	2.90
1988	1	3	1.45	4.35
1989	1	4	1.45	5.80
1991	1	5	1.45	7.25
1992	11	16	15.94	23.19
1993	3	19	4.35	27.54
1994	2	21	2.90	30.44
1995	7	28	10.14	40.58
1996	3	31	4.35	44.93

---

① 参见表69,到2001年入职的教师人数已经达62人,如果按入职顺序晋升,那么排在第60位的老师还要等12年才能晋升到中级职称。

续表

入职年份	人数	累计人数	百分比	累计百分比
1997	7	38	10.14	55.07
1998	1	39	1.45	56.52
1999	7	46	10.14	66.66
2000	1	47	1.45	68.11
2001	15	62	21.74	89.85
2003	7	69	10.14	100.00
合计	69		99.30	

资料来源：中西部地区乡村小学教师生活与工作状况调查。

八 结论与讨论

乡村小学教师是一个边缘化的群体。工作负担重、工资收入低、住房条件差、保障水平低以及晋升艰难等几乎是所有乡村小学教师目前所面临的状况。除此之外，代课教师还面临更加严重的问题：长期以来同工不同酬、无劳动合同、保障缺失，这个群体的日常生活陷入了一种贫困和更边缘化的境地。乡村小学教师的困境产生于我国特有的城乡二元结构，并且与改革开放以来国家的发展战略和发展方式有极为密切的关系。在强调"发展是硬道理"的思路下，三农问题成为长期以来难以解决的问题。这样的发展理念也深刻影响到农村的各项教育政策，影响到乡村教师的生存与发展。以规模、效益、资源整合、绩效为原则的诸项教育措施直接影响这个群体的生存环境。

（一）教育规模化导致乡村学校"虽超编但缺人"，教师权益受损

我国的城乡二元结构已经形成了乡村教育资源远不如城市，中西部贫困地区的教育发展远远落后于东部地区这一现状，而将规模效益思路引入教育改革，虽然降低了办学成本，但损害

了乡村教师的利益,并使农村教育发展严重滞后。

2001年出台的《国务院关于基础教育改革与发展的决定》中提出"按照优化教育资源配置的原则,因地制宜调整农村义务教育学校布局"。《决定》虽然没有提出强制"并校"的要求,但至少为很多地方降低办学成本,缩减乡村小学、教学点数量提供了政策依据。而且有些地方还采取"一刀切"的方式"撤点并校"。对乡村教师影响很大的另一项政策是2001年中央编办、财政部和教育部制定的中小学教师编制标准[①],新标准将之前的"按班级数量配备教师人数"修改为"按学生数量配备教师人数",并将师生比定为:城市1:19、县镇1:21、农村1:23。从该标准可以看出,每名农村教师负责的学生人数多于城市教师,仅从教师的工作量来说农村教师就大于城市和县城教师。该标准的制定未考虑农村学生、学校分散的实际情况,特别是中西部贫困地区人口居住分散、交通极为不便等具体问题。

"集中教育财力、提高师资利用率"是政府的办学原则,以"效益、规模"为本的办学思路是改革开放以来一贯的经济发展方式在教育领域中的延续。两项规定执行的后果是,乡村教师编制被压缩,在原本已经教师短缺的中西部地区,师资力量更加薄弱,乡村教师队伍难以得到补充和提高。我们在海原的许多乡村学校都看到了所谓的"虽超编但缺人"现象,音、体、美课没法开设,每位教师都必须成为全科教师,乡村教师的工作压力大、负担很重。

压缩编制、集中办教育的另一后果是:农村学校经费短缺,代课教师成为廉价劳动力。我们了解到,很多乡村学区教师编制少,初小、教学点多,为维持正常教学,不得不继续雇用代课教师,而代课教师的工资和日常费用不是由县或教育部门解决,而是由各个学区自己解决。学区的主要经费来源是九年制义务教育

---

① 2001年《国务院办公厅转发中央编办、教育部、财政部关于制定中小学教职工编制标准意见的通知》。

经费拨款，这笔款项是按学生人数由县教育局下拨的，一般用于学校日常办公费、营养午餐的水费、电费等，还有就是代课老师的工资。学区因资金有限，一般给代课老师的工资都比较低，在海原我们了解到代课老师的最高工资不超过 1000 元，最低仅 600 元。代课教师像正式教师一样授课，按时上下班，承担教师的责任，但是他们的工资还不到正式老师的一半。而且学区无力为他们办三险一金（或五险一金），也就不会与他们签劳动合同，他们的权益严重受损。

（二）绩效考核：教师成为打工者

2006 年出台的《事业单位工作人员收入分配制度改革方案》确立了基本工资加绩效工资和特殊津贴的工资结构，目的是以绩效工资作激励，增强事业单位的活力。2009 年对义务教育阶段的教师也实行绩效工资，在工资结构中保留了以岗定薪的部分，也将原来的补贴津贴奖励纳入绩效管理。据我们了解，乡村小学教师每年的奖励工资部分（绩效部分）并不是上级部门根据教师授课时数和工作量发放下来的，而是从每名教师的工资中统一扣除 200 元，年终再按工作量的多少将这部分钱发给教师。很多教师对此非常不满，他们在领取每学期的绩效工资之后，发现绩效工资不够扣除的部分，明显感觉自己的实际工资收入在减少。这样的再统筹和管理方式实际上损害了教师利益，并不能起到奖勤罚懒的作用。而且随着教学改革，教师工作量大幅度增加，教师成为学校的打工者，但是绩效工资总量不变，他们的收入并未增加，而且还相对减少了，教师们感受到的是自己的社会地位在不断下降。

（三）限定职称名额和标准：乡村教师向上流动十分艰难

一个社会地位被边缘化的群体，他们在机会和资源的获得上依旧处于弱势。我们仅从职称指标的定额分配上就可以看到这一点。

依据我们调查了解的情况,县教育部门在职称指标的结构和分配上都是向县城学校倾斜的。其结果是乡村小学教师获得职称晋升的机会远远少于县城中小学、乡村中学的教师。这也是乡村小学留不住教师的重要原因,这种晋升标准伤害了一大批乡村小学教师,尤其是那些辛辛苦苦工作了十几年和几十年的老师。因为职称对于他们是一种社会认可、一种安慰。

在教育局我们得到了教师晋升的分配比例。从这张表可以看到(表70),全自治区高级职称的比例为10%,而区市一级的学校,高级职称比例超过全区平均水平,但县一级学校的高级职称比例仅为市区一级的1/9。

表70 自治区教师职称分配比例

分类	高级	中级	初级
区	2.5	3.5	4
市	1.5	3.5	5
县	0.5	3.5	6
全区的目标	1	3	6

资料来源:中西部地区乡村小学教师生活与工作状况调查。

对于这样不合理的规定,教育局的负责人告诉我们:

> 我们根据自治区的不合理,我们又造了一个不合理。全县高级、中级和初级的比例是0.5:3.5:6,但是在银川市,就有25%的人能拿到(高级),到我们这就成了5%了,所以现在谁都想往银川走。本来应该有所倾向的,但政策是正好相反,恰恰就没有。有些空话一直在喊,对偏远教师、农村教师,工资待遇要(好好解决),但就没有给过任何落实。你看这个全区的总体目标还是1:3:6。10%的高级,30%的中级,60%初级。你看这个就已经不合理了,全区是10%的高级,他们往上涨了,这个就影响到我们了,他们占的是哪里的?占的就是我们农村的,就等于把我们县的高级和中级

比例切出去了。如果是10%，我们就合理了。

他接着说：

> 我说不合理，不合理，到我这里还是不合理，我想合理也做不到。比如这个5%，如何分配？我举个例子说吧。这个5%，在全县还得要有均衡，我们还有重点学校，重点的非重点的，这是分类，我们还有分级（县里、乡里、村里）。到了乡里，就不可能5%，实际还不到3%。比如钟校长那里（指一个农村学区）就只有3.5%。我们是被迫这么分的，根据现状，根据市区级别分的。（海原访谈3）。

因此，在乡村小学和教学点，教师晋升高级职称基本无望。那么乡村小学教师晋升中级职称是否比较容易呢？我们对关桥学区的调查证实，即使是晋升中级职称，村小的老师也要比城市老师困难。从上面的分析中我们了解到，一个学区就有75位教师在为5个中级职称指标焦虑，中级的晋升比例约为6.7%，而往年更低。据我们了解，该学区前一年仅有1个中级晋升指标，而县城学校的晋升指标是农村学校的三四倍。所以我们在访谈时老师会这样对我们说：

> 答：农村老师与城市老师没有在一个水平线上，城市老师十五六年就能评上一个中级职称（小高），农村老师要过20多年才能评上。
>
> 问：这个差距为什么这么大？
>
> 答：指标嘛，指标不一样，到下边指标就变少。（这时他指着一位老师说）我比他早毕业一年，我们俩在"高崖"（地名）待过，我后来调到县城，他一直在农村。我教了16年评上中级职称，那是1997年，他就一直在这里教书，到了2003年才评上。在农村，我们一线的老师很少有机会，我用了16年，他用了22年。现在恐怕比以前的

差距更大。我们全乡去年只给1个名额（中级职称），按这个速度，袁老师这样的老教师，至少还有10年才能评上。

另一位老师插话说：现在评职称就是奢侈，想都不要想。（关桥座谈会3）

边缘化的乡村小学教师，收入低，晋升职称又如此艰难，这样的职业如何能吸引现在的年轻人？

（四）如何解决乡村教师所面临的问题

尽快解决乡村教师所面临的问题是稳定农村教师队伍、保障农村教育事业发展的关键。应该改变现有的教育政策中以"规模、效益"发展教育的方式和理念，应重视农村教师的生存状况、工作环境和所面临的各种问题，应采取各种有效措施提升乡村小学教师的主体地位，提高他们的工资水平，解决他们待遇不公平的问题。社会公益组织应该采取分类的原则，积极介入对乡村小学教师的帮扶工作。分类原则应该考虑以下三点。

第一，按照学校所处的偏远程度，如山区、川区等，为乡村小学教师提供经济上和专业上的帮助。通过补贴等多种方式帮助他们解决生活困难，通过培训、观摩等多种渠道提升他们的专业能力。

第二，应该重视代课老师的生活保障问题，尤其应设法解决代课教师收入低的问题。对于一线单职工教师（配偶为农业户口）应区别对待，尤其是对配偶及父母均为农业户口的教师。

第三，成立乡村教师帮扶基金，帮助那些家庭困难的教师子女完成高中及大学阶段的教育。尤其要让他们的子女不因家庭经济原因而在专业选择上受到限制，帮助他们的子女获得更好的发展机会。

除此之外，应该促成相关部门增加对乡村教育的财政预算，提高对乡村教师的艰边补助和课时补助以及交通补助等。

　　总之,乡村教师的处境反映出农村教育的现状与问题,这个群体的问题如果不能得到合理的解决,将影响到农村孩子的教育和农村教育的发展,影响中国未来的人口素质和整个国民的素质。

(执笔人:亓昕)

分报告二
广西融水县乡村小学教师调查报告

在经历了频繁的政治运动之后，1977年，邓小平要求在党内营造出"尊重知识、尊重人才"的气氛，新时期知识分子的地位得到了肯定。教师既是知识的传播者，又是拥有知识的人才，无疑应当受到尊重。1980年，中共中央、国务院《关于普及小学教育若干问题的决定》强调"我们的教师，担负着传授科学文化知识、培养社会主义新人的光荣任务，理应受到全社会的尊敬"，同时要求"提高教师的社会地位，建设一支稳定、合格的教师队伍"。不过，《决定》也非常明确地指出了"小学教师平均工资居于全国各行业之末，中学教师是倒数第二，这是极不合理的。必须切实改革中小学教师工资制度，适当提高他们的工资待遇"。也就是说要把知识传承、尊重教师、提高教师工资待遇与建设教师队伍看作一个整体，加以推进。

那么，30多年来，作为教师中的独特群体，乡村小学教师的地位如何？他们是否能够安心地在自己的岗位上教书育人呢？2012年，《国务院关于加强教师队伍建设的意见》指出"当前我国教师队伍整体素质有待提高，队伍结构不尽合理，教师管理体制机制有待完善，农村教师职业吸引力亟待提升"。时至今日，乡村教师，尤其是乡村中的小学教师，尽管可以被称作"光辉"的职业，但显然不是"吸引人"的职业。

众所周知，乡村小学教师是农村义务教育的承担者，近年来，随着教学改革的深化、留守儿童的增多，乡村小学教师在孩子们的成长过程中扮演了极为重要的角色。然而，乡村小学教师也面临着年龄老化、收入偏低、地位低下等问题，以致有些地区出现了"青黄不接"的现象。

维护这支队伍的稳定、提升他们的教学能力以及吸引更多的优秀大学毕业生自愿到乡村执教，一直是中央和地方教育部门的重要任务。一轮轮的"国培"计划、高等函授、远程培训，是否真正提升了乡村小学教师的素质；"清退"代课教师、设置"特岗教师"、大学生支教等政策是否有效补充了师资队伍；绩效工资改革、边远地区补贴是否真正提高了乡村小学教师的工资收入；与体制内的公务员相比，乡村小学教师的地位是否有所不同；与普通打工者相比，乡村小学教师的经济地位又如何。带着诸多疑问，在课题组的安排下，2013年6月，我们前往广西融水县进行乡村小学教师状况调查。

融水苗族自治县位于广西壮族自治区北部，与融安、柳城、罗城、环江、从江等县相接，自2003年起归柳州市管辖，是广西唯一的苗族自治县，县政府位于融水镇。融水县下辖4镇16乡，总面积为4624平方公里，其中山地约占85.5%，境内有贝江、英洞河、杆洞河等河流，属柳江水系。人口近50万，有苗、瑶、侗、壮、汉、水等21个民族，其中苗族人口约占全县总人口的40%。

从经济发展状况看，融水被称作"九山半水半分田"，是贫困县，旱地多于水田，按农业人口算，人均耕地面积一亩半左右。林业资源丰富，以杉木、毛竹等用材林为主，以油茶、油桐、茶叶、果树等经济林为辅。矿产资源品种多，但富矿较少。[①]轻工业中制糖、竹木制品规模较大。建材工业中，水泥是支柱产业。在能源方面以水电开发为主，有麻石水电站。因此，在财政收支上，"融水苗族自治县经济基础薄弱，财政收入少，支出多"，自1952年建县至今，国家都有相应的资金补充地方财政，"平均占自治县财政支出的比例是：1953～1965年为32.7%；

---

① 锡、铜、蛇纹石开发规模较大，但矿山秩序曾一度出现混乱。

1966～1978年为59.3%；1979～1990年为36.25%；1991～2000年为36.79%；2001～2004年为73.12%"①，"2010年全县财政收入完成3.3亿元，同比增长44.3%，增收1亿元。一般预算新增上级转移支付6257万元，总财力达到13亿元，同比增长18%"②，预算外收入的比重高。2001年《国务院关于基础教育改革与发展的决定》提出"以县为主"的教育财政政策，融水教育的发展与财政补贴之间存在密切关系。③

2012年度，融水财政支出184128万元，其中教育财政支出为49612.7万元④，小学义务教育阶段的财政支出22337.7万元，全县共有小学333所，小学在校生38431名，教师1956名，其中代课教师尚有250名。乡镇中心校20所，村完小172所，教学点

---

① 《融水苗族自治县概况》编写组：《融水苗族自治县概况》，民族出版社，2009，第145页。
② 《融水县2011年政府工作报告》。
③ 作为贫困县，融水分别于2006年5月和2007年6月，通过了自治区和国家的"两基"验收。对融水县来说，对教育的投入与"两基"成果的巩固和提高密切相关，也必须通过行政手段加以监督考核。融水县"县领导还与各乡镇政府、学校签订了工作目标责任状"，"将义务教育巩固率达标工作列为乡镇领导绩效考核内容"，"县督查工作组对各乡（镇）'控辍保学'及巩固率达标工作情况进行全面督查"。参见融水县教育局《2011年教育工作总结》。
④ 例如，仅在教育基础建设方面，"十一五"期间，"全县通过多渠道集资及上级项目工程下拨资金投入教育基础建设共2.043亿元"。这些资金来自"两基"专项资金，国家二期义教及基础教育项目工程资金，"希望工程、区民委、财政厅、发改委、市教育局等专项资金和区内外支教资金"，"香港逸挥教育基金、福幼基金、广西李宁基金会、新加坡珊顿（海外）机构等团体及个人捐资"，"县本级财政从每年的转移支付经费和三税附加、教育费附加经费中安排资金"，并发动"群众捐资、投工、献料"。参见《融水苗族自治县"十二五"教育事业发展规划》。在"两免一补"方面，2011年，"全县义务教育阶段的在校中小学生54587名，全部获得国家免费提供教科书资助；发放国家免费提供教科书约107.5万册，折合总价约530万元，县财政负担地方教材约98.5万元；全部享受减免学杂费资助，共下达学校减免学费补助资金（学校公用经费）3734.92万元；22226名在校寄宿生全部享受生活费补助，补助标准提高到小学生750元/学年/人，初中生1000元/学年/人，特教学生1000元/学年/人，共发放寄宿生生活费补助资金1970.8万元，其中县本级自筹197万元。三项资金合计：6334.22万元"。参见融水县教育局《2011年教育工作总结》。

141个。乡镇及以下学校情况如表1所示。

表1　融水乡镇及以下小学概况

单位：人，所

学校类型	学校数	学生数	教师数
乡镇中心小学	20	10787	772
村级小学	172	24702	1266
教学点	141	2942	156

资料来源：中西部贫困地区乡村小学教师生活与工作状况调查。

就生师比看，乡镇中心小学平均为14∶1，村级小学平均为19.5∶1，教学点平均为16∶1，当然这样计算的生师比与实际情况有一定差距，表1中的教师人数包括非教学人员以及无编制的教师。不过，如果仅考察编制内的教师岗位，义务教育阶段农村小学学校教师仍是"超编"的。①

一　调查概况

（一）研究方法

本次调查采取问卷与结构性访谈相结合的方法，将融水县乡村小学教师作为调查对象。问卷和访谈提纲由课题组提供，事先我们在河北曲阳做过试调查，据此做了相应的调整。

通过问卷主要了解乡村小学教师的个人及家庭的基本情况，工作、居住、生活、收支、交往、社保状况以及流动的意愿。访谈是对上述问题的细化和深入，关注教师个人从教的历程、与亲朋好友和同事的关系，以及更具体地了解他们在生活和工作中遇到的困难。

对问卷的发放和访谈对象的选择，我们没有采取严格的随机

---

① 根据2001年《国务院办公厅转发中央编办、教育部、财政部关于制定中小学教职工编制标准意见的通知》，生师比在城市为19∶1，在县镇为21∶1，在农村为23∶1。当然，超编是表面的，实际情况是超编与缺人的状况并存。

抽样,而是根据研究目的,重点关注村小和教学点教师的状况,所以我们要求二者在问卷和访谈人数中各占70%。具体到融水县,在我们前往的8个乡镇中,除了和睦镇离县城较近(40分钟车程)外,其他都属于比较偏远、教育发展水平相对较低的乡。在有特岗教师的学校,我们还专门访谈了特岗教师。

(二)资料回收情况

我们在融水县共发放问卷482份,回收问卷372份,回收率是77%,其中有效问卷353份,无效问卷19份,有效问卷占回收问卷的95%。其中正式编制、代课教师及特岗教师的比例分别为73.7%、19.5%和5.6%。具体情况如下。

表2 问卷回收状况

单位:份

乡(镇)	发放问卷数量	回收有效问卷	回收无效问卷
白云乡	80	63	0
大浪乡	60	43	3
大年乡	40	27	4
四荣乡	33	30	2
红水乡	90	56	2
拱洞乡	100	59	8
良寨乡	30	26	0
和睦镇	49	49	0
合 计	482	353	19

资料来源:中西部贫困地区乡村小学教师生活与工作状况调查

我们举行小组访谈2次,个体访谈25人,包括县教育局主管领导、中心校、村小和教学点的校长和教师,以及村干部和外出打工者。

二 融水县乡村小学教师基本概况

(一)乡村小学教师的性别、年龄和婚姻状况

根据此次调查,融水乡村小学教师的平均年龄为43.58岁,

其中男性教师的平均年龄为46岁,女性教师的平均年龄为38.7岁,男性教师的平均年龄要大于女性。从总体上看,35岁以下的教师约占17.1%,36~49岁的教师约占54.3%,50岁以上的约占28.6%。而根据融水县教育局的统计,全县城乡小学教师中30岁及以下的230人,31~40岁的654人,41~50岁的680人,51~59岁的820人(占专任教师的35%)。

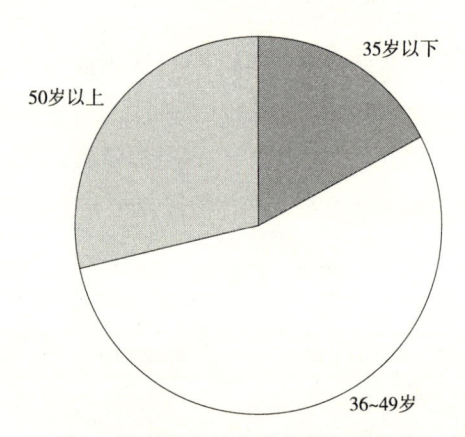

图1 融水县乡村小学教师年龄结构

资料来源:中西部贫困地区乡村小学教师生活与工作状况调查。

就婚姻状况看,已婚教师约占91.6%,未婚者约占6%,离婚丧偶者占2.4%。

(二) 乡村小学教师的户籍、学历及职称

1. 乡村小学教师的户籍与"本地化"

从地域上看,调查的乡村小学教师中,来自本省的占99.6%,来自本县的占96.8%,来自本村的为56.8%。如果以县为单位来看的话,当地人占了绝大部分,而且本村人比例高,这说明乡村小学的教育依赖当地的智力资源。教师多为本地人,这从教师的入职和调动上也可以看出。

首先,在教师职业的选择上,访谈中我们发现一直到2000年左右,中师毕业的师范生仍可以通过"分配"的方式进入小学

任教，这在一些中青年教师中较为普遍。[①] 50 岁以上的老年教师，很多是从社队时期就开始担任小学民办教师，那时候师资短缺，很多人初高中毕业后就回村任教，他们往往在不同的学校之间调动。年事稍高之后，乡镇也会考虑将他们调往离家较近的学校任教。

其次，在教师的调动上，教师的调动还是以"乡镇"为主，当然也有一些"能耐"大一些的，可以从乡村调往县城。在乡镇内部，调动的原因多是其他学校有教师退休，或者学生增多。在一些学校，老师们交饭费，也是一学期交一次，原因就是岗位的调动。

2. 乡村小学教师的学历与"向前进"

乡村小学教师的学历集中在两种类型，一是中专，二是大专。根据我们的访谈，中专主要是中师，大专既包括大专毕业的高校学生，也包括通过函授获得大专学历的中师学历的教师。在融水县，为了提高教师的文化水平，教育部门与柳州师范、桂林师范等高校合作，通过函授的方式，提升乡村小学教师的学历。本科学历的教师仍然偏少，这与大城市要求小学教师有本科学历，甚至研究生学历，仍有很大的差距。

表 3　乡村小学教师学历概况

单位：%

学　历	比　例
初中	0.4
中专或高职、技校	30.1
高中	0.8
大专	63.1
本科	5.6
合　计	100.0

资料来源：中西部贫困地区乡村小学教师生活与工作状况调查。

[①] 融水县还在教师进修学校开办了女师班，招收女性师范生，三年毕业后直接分配。这些学生中有些是专门从边远山区招收的。

不过，这样一项可以提高教师学历的培训，对于那些渴望从代课教师转为在编教师，家境又不是太好的人来说，却造成了不小的困难。近年来新的考评标准，要求教师有高学历，但有些代课教师即便通过培训获得了函授的专科学历，但无钱去领文凭，这使他们错过了转正的机会。① 所以，在"向前进"的时期里，有些代课教师却"落伍"了。

问：您当时读大专的时候是函授的大专吗？

答：是啊，函授大专。

问：到最后拿那个证的话还得交钱？

答：交钱。那个毕业，毕业交3900吧，要毕业证嘛，所以一直没有（拿到毕业证）。（融水访谈1）

有四五位老师一起去询问过证书的问题，但都被告知需要先补交费用。无奈之下，一些老师感慨"文凭不等于水平""学历低点就低点，反正学生能懂就可以了，与学历无关"。

这是一种自我安慰，也带有一些自嘲的意味，假如仅仅是因为无法交够3900元钱，就彻底影响那些从教近20年的代课教师的人生的话，"无钱""向前进"将极大地损害这些教师群体的权益。

3. 乡村小学教师的职称与不"得聘"

小学高级、一级、二级教师的比例分别为51.6%、39.6%、3.2%。不过，在调查中我们发现，一些学校对教师的职称采取"评聘分开""高评低聘"的办法，一些教师，尤其是年轻教师即便获得高级教师的职称，也不能"得聘"。

访谈中，一位老师向我们讲述，他在2008年就评上了高级职称，但是至今仍没有得到岗位的聘用，这与那些"得聘"的高级教师相比，每月工资相差300元。除此之外，为了获得更高级

---

① 自1980年代以来，融水县曾有几次大规模的民办教师和代课教师转正的考试和评定。

的职称，每次都要缴纳评定费用，这也是一笔不小的开支。

问：（申请高级职称）标准严格吗？比例有多大？

答：还是比较严格，大部分人不得，小部分人能得。

问：一个老师会不会申请好几次？

答：对，有的三次不得，有的四次不得，申请一次又要花几百块钱，三四百块钱。（融水访谈5）

所以，能不能评上，还得看"运气"，"运气好的一次就评上了"。

调查中，我们也了解到，工龄是参评的一个最基本的条件，当然也有破格获得高级职称的，而有此资格的人，按照文件的规定，"一是工作出色，二是贡献大"。工作出色主要指的是学生的考试成绩好；所谓贡献大，例如，上公开课、传授新的教学理念或者教学方法等。不过，绝大多数老师还是通过正常途径申请高级职称。

根据2011年人力资源和社会保障部、教育部《关于印发深化中小学教师职称制度改革扩大试点指导意见的通知》，"统一后的中小学教师职称（职务），与原中小学教师专业技术职务的对应关系是：原中学高级教师（含在小学中聘任的中学高级教师）对应高级教师；原中学一级教师和小学高级教师对应一级教师；原中学二级教师和小学一级教师对应二级教师；原中学三级教师和小学二级、三级教师对应三级教师"。也就是说，要把小学和中学教师的职称评定纳入统一序列。

目前，各地区正逐步调整小学教师的职称体系，如果此规定能够得到切实执行，那么小学教师获得高级职称的机会也将大大增加。不过，是否能够实现"评聘结合"，还有待观察。因为，地方政府仍然可以通过控制指标的方式，限定小学高级教师岗位的人数，而且从根本上看，小学高级教师岗位的人数也与地方的财政实力有直接关系，需要教育、人社、财政等部门的共同努力。

4. 乡村小学教师的从业资格与"量化考核"

根据我们的调查，融水乡村小学中超过97%的教师拥有教师资格证。对于教师从业资格的认证，2013年8月15日，教育部印发了《中小学教师资格考试暂行办法》和《中小学教师资格定期注册暂行办法》，规定中小学教师以五年为一周期进行定期注册。虽然《办法》的出台，旨在促进教师提升自身素质，完成教学任务，但是各地制定的年度考核标准并不相同。从中央到地方，再到学校，甚至是教研室、学科组，指标层层细化，量化分解。由此，也可能带来一些不良的后果。

第一，考核的内容应该由谁来制定，教师在其中有多大的发言权尚不明确。如果教师不能参与制定考核标准，那么年度考核就可能成为悬在教师头上的一把剑，成为堵在教师个人发展之路上的一座山，也可能成为摊派各种杂务的无底洞。尽管不会出现大部分老师不达标的情况，但是在小学住宿生增多、课程改革力度加大以及科研任务逐渐向小学渗透的背景下，许多教师需要加班加点地完成各项任务。

第二，主持或决定考核的权力不在教师手中。教学不同于工业生产的一个特点是，它具有长期性和较大的灵活性，企业中的流水线模式不适用于课堂，无法要求每一位老师千篇一律地教学或者完成相同的任务。

第三，定期注册制度和量化考核联系在一起之后，无疑给拥有考核权的行政部门或学校领导更大的权力，教师的职业生命就掌握在他们手中。如果说之前教育的"行政化"被更多地理解为党政部门对教育、教师、教学的"无理干预"，那么定期注册和量化考核则使"行政部门"拥有了"科学话语"。它通过严格的计算、打分，近乎客观的条条框框，让众多教师"哑口无言"。然而，这种"科学话语"的后果可能是陷入形式主义的灾难。以中小学教师的科研任务为例，如此的考核规定可能使他们卷入"学术腐败"，花钱发文章，而耽误正常的教学。

(三) 乡村小学教师的经济状况

自 20 世纪 90 年代后期以来，乡村小学教师的工资有了较大幅度的增长，但他们总体待遇偏低，各种福利保障有限，这是影响乡村小学教师社会地位和生活品质的重要原因，也是无法稳定教师队伍和吸引优秀人才的关键。

其实，长期以来，教师工资的调整就有一个明确的参照标准，即当地公务员的平均工资。《中华人民共和国教师法》规定"教师的平均工资水平应当不低于或者高于国家公务员的平均工资水平，并逐步提高"，并要求国务院制定具体的工资政策。2008 年人力资源与社会保障部、财政部、教育部又联合颁布了《关于义务教育学校实施绩效工资的指导意见》，要求自 2009 年开始在义务教育阶段学校实施绩效工资，绩效工资分为基础性绩效和奖励性绩效，同时跟奖励津贴补贴联系起来，并再次强调"义务教育教师规范后的津贴补贴平均水平，由县级以上人民政府人事、财政部门按照教师平均工资水平不低于当地公务员平均工资水平的原则确定。绩效工资总量随基本工资和学校所在县级行政区域公务员规范后津贴补贴的调整相应调整"。

不过，也有一些学者指出，乡村小学教师的工资并没有与公务员的工资等同，即便在一县之内，城乡教师之间还存在工资差别，同工不同酬。[①] 工资待遇低导致乡村小学教师被"边缘化"，他们既不能与体制内的公务员、中学教师和城市教师相比，也不能与外出打工者相比，处于体制和市场的夹缝中。乡村小学教师不可能将自己的文化资本进行转换投向市场，而公务员则可以将权力转化成某种"灰色收入"或"隐性收入"。

[①] 罗儒国、王珊珊：《中小学教师工资收入满意度调查与思考》，《现代教育管理》2011 年第 5 期。不过，本报告并不认为仅仅增加乡村小学教师的工资即可，而是认为在整体提高城乡中小学教师待遇的基础上，合理地向自然条件、生活条件、工作条件差的乡村小学倾斜，以免在教师群体内部制造新的不均衡，或者造成"会哭的孩子有奶吃"、被人"掺沙子"问题。

2012年,《国务院关于加强教师队伍建设的意见》进一步强调,"中小学教师队伍建设要以农村教师为重点,采取倾斜政策,切实增强农村教师职业吸引力,激励更多优秀人才到农村从教"。那么乡村小学教师的经济状况究竟如何?是否具备吸引力呢?对此问题的探讨,有助于反思《意见》提出的,到2020年"教师地位待遇不断提高,农村教师职业吸引力明显增强"的要求。

1. 乡村小学教师的家庭收入:夹缝求生

调查中,我们统计了乡村小学教师的家庭收入,家庭年收入在20000元以内的占44.4%,在20001~40000元的占47.6%,二者合计占92%。根据西南财经大学和央行公布的《中国家庭金融调查报告(2012)》,"家庭年均可支配收入均值是51569元,城市70876元,农村22278元"。即便我们把此次调查的乡村小学教师的家庭年收入看作可支配收入,也有近一半的乡村小学教师家庭收入低于农村家庭年均水平。

乡村小学教师的个人工资也并不高,平均为1313.61元。在问及与本县公务员工资的差距时,60.3%和19%的人回答为"低很多""稍低些"。与公务员待遇相差之大,影响了乡村中读书人的就业选择,也动摇了一些坚守岗位的教师的信心。

> 问:您有没有考虑过去其他学校,或者不做老师了?
> 答:有啊。像我们年纪差不多的,有能力的人,都不做老师了。有能力的,有关系的,他都不做老师了,去党政机关了。
> 问:像您如果有机会的话,还是想往党政机关转?
> 答:对,有机会也是这样子。(笑)就是现在,在这种职业的,都是没有关系,没有能力的。
> 问:咱们这里乡村老师比公务员的待遇还是差好多?
> 答:差得远。(融水访谈5)

两种岗位的职业声望就有很大的差别,党政机关是令人羡慕的去处，能够进去的，也是有能力、有关系的表现，而留在教师岗位上的，则是没有能力、没有关系的。二者一比，教师便自惭形秽。教书育人固然高尚，但也有些许的无奈和自嘲。同样是大学毕业，或者同样是一开始都在学校任教，但有的人发财了，有的人做官了，而没有机会的人还留在原地。仿佛人生竞争中的失败者才去做老师，教师这个职业已经被"污名化"，被社会甚至被老师自身都"贬低"了。

结合访谈我们发现，教师工资低，绝不是当下才出现的问题。在20世纪90年代，融水县乡村小学教师的工资就很低，而且一度连续几年停发工资，这极大地影响了当地百姓对教师岗位的看法，甚至教师的家人和教师本人都有些看不起自己。

问：像您做老师，您的孩子有没有受到影响，或者对老师有什么认识？

答：他们的认识就是，老师过去不发工资。1992年，三年不发工资。那个时候他们刚刚读中学。农村本来是做教师比较好的，但工资不发，你做这个干什么？学费又高，一个学期800到1000，每个月还得200块钱生活费。

问：三年不发工资，您是怎么给他们交学费和生活费的？

答：就是借，在家里养一些家禽，鸡、猪，虽然不值得几个，基本上一年养两头猪，够开学时候交学费。……肯定是没有钱，他觉得做老师没用。（融水访谈13）

这位老师1974年高中毕业之后就回乡做了教师，在那个时代，他坚信读书可以改变命运，不仅改变自己的命运，还可以改变山里孩子的命运。他从一名普通的山村民办教师做起，一开始工资仅有24元，1984年得以转正，但工资每月也仅有48元。在90年代，当他自己的孩子读中学的时候，他却不能从工资中拿出一分钱来给他们，不得不通过饲养有限的家禽来补贴家用。孩子对他做教师的印象就是发不出工资。

后来，当他告诫自己的孩子要好好读书时，孩子们则回答"读书有什么用！""行行出状元！"也许孩子们可以有更多的选择，不过，像父亲那样做一名乡村教师，毫无疑问已经被排除在选择之外了。

一位校长更是向我们讲述了在发不出工资的年代，一些教师甚至沦落到在校外的村镇上"混吃"的地步，无异于"乞食"。

问：还有您刚才说发不出工资是哪几年？

答：1996、1997年是最厉害的。那几年非常艰难，本地老师好一点儿，本地老师回家吃，外地老师没的吃。我这个学校，1995年开始的，有一个永乐的、姓李的老师，发不起工资，他不可能从家里带米过来的，米都没有，怎么办？只能到街上混，幸好那家伙跟街上的关系蛮好的，那种情况不讲了，过去了。（融水访谈16）

在这种情况下，一些老师不得不"下海""离队"。

我们从官方的表述中，也得到了证实。"1996~1999年，自治县财政处于十分困难时期，财政收入在6000万元~6500万元徘徊，而支出增长却迅猛，调整收入分配、深化国有企业改革、支持粮食流通体制改革和完善社会保障制度都增加了大量的财政支出，收支矛盾异常尖锐。财政收不抵支导致了部分上级专款被挤占、挪用，各项经济和事业的发展受到了很大的制约。到1999年末，全县累欠工资2392万元，财政赤字1287万元，再加上隐性赤字5375万元，实际赤字额高达6662万元，财政负债7320万元。"[①] 一直到2001年，融水才解决了欠发工资的问题，并补齐了欠账。

1999年之后乡村小学教师工资有所提高，原因是1999年、

[①] 《融水苗族自治县概况》编写组：《融水苗族自治县概况》，民族出版社，2009，第143页。1995年，融水的财政收入高达7189万元，但经历了这段困难时期后，2001年的财政收入为6708万元。

2001年,国家较大幅度地提高了事业单位的工资水平。以1999年为例,国务院转发了人事部、财政部关于调整机关事业单位工作人员工资标准和增加离退休人员离退休费等实施方案的通知,其中《关于调整事业单位工作人员工资标准的实施方案》中有专门针对中小学教师工资调整的规定,按照职务等级,执行16级工资标准,工资标准提高10%。

2. 乡村小学教师的家庭支出:五座大山

从统计上看,97.9%的被访者表示感受到了家庭经济压力。根据调查测算,融水乡村小学教师家庭支出平均为28720元,其中代课教师支出更是低于20000元。人情支出、住房、医疗、养老、教育是支出的重要内容,家庭负债也多是由此而生。其中人情往来是非常大的支出。

> 问:那您统计过去年亲戚来往花费了多少吗?
> 答:没统计哦,那也是蛮多,特别到年终的时候,钱不够用。
> 问:那红白喜事呢?
> 答:红白喜事也花得蛮多,一年也要五六千左右的样子,都是会有的。(融水访谈12)

其实,人情支出大不仅限于教师家庭,在当地有一定的普遍性,我们对一位养殖户的访问,也印证了类似的情况。

> 问:家里花销大的地方在哪儿呢?
> 答:礼仪花钱特别大。我们农民有礼仪,送礼啊,结婚啊,起房子啊,送礼,最多就是送礼,一家每年给别人送礼至少10000元以上。起房子,生孩子啊,嫁娶啊,结婚啊,等等,都要送红包啊。
> 问:咱们这儿这种事是不是特别多?
> 答:去世也要送。(融水访谈7)

住房费用也是乡村小学教师的重大支出。从住房来源看,自建房屋、学校宿舍、自购房屋、租房、学校分配住房的比例分别为49%、21.5%、13%、6.9%和1.6%。

在融水当地农村，修建楼房是比较普遍的做法，但花费较高。当地的风俗以及生产习惯是住房一层多为牲畜的畜栏及杂物存放区，二层为居住生活区，三层则为粮食的晾晒、存放区。新造一所房子的费用都在10万元以上。

问：那您家盖这样一座木头房子大概需要花费多少呢？
答：做大做小，像我家这样可能有10万左右。如果我们把这个木料算进里面一起，十几万。（融水访谈10）

有的教师在县城买房，周末才回县城住，平时住在学校的周转宿舍或者在附近租农民的房子。离县城越近的乡村，这种情况就越多。

问：（教师）在县城里买房？
答：在县城买房，早上来上课，中午在这里午休，晚上又回去。
问：42个老师里，现在买了房子的一共有多少？
答：这个哦，不统计哦。
问：大致，大致。
答：大致，好像都买完了吧。（融水访谈4）

这所乡镇中心校离县城约有40分钟的车程，有交通专线到县城，差不多半个小时一趟，所以很多教师选择在县城买房，往返比较方便，也不会影响日常的教学工作。

在融水，商品房每平方米3200元左右，在城里买房的老师还可以利用公积金贷款，但是对于那些住在农村，在农村宅基地或者道路两旁购买某块地皮盖房的老师来说，公积金虽然从工资中被扣除，但无法使用。究其原因，就在于所盖房屋无法获得房产证。

不能使用公积金，这虽然是一项金融或者法律上的规定，但其实它更凸显了乡村教师的"边缘化"或者"夹生层"地位。他们占有编制,属于国家的人,拥有城镇户口,在农村没有土地,这十分符合城市人的身份,但是他们主要的生活、工作的空间在乡村。他们既不是城市中的乡村派出人员,也不是乡村中的城市代理人,而是城乡之间的"通勤人员"。

所谓通勤,不仅指有些老师在城镇中买房,平时在村,周末回城,或者下午下课后回城,早上上课时到校,还指无形中的通勤。无形中的通勤,是指他们享受制度的便利,脱离了"泥土",但既不能过城市人的生活,也不能过农村人的日子。具体地说,比如当他们想在农村建房的时候,无法动用公积金;当他们想在农村参加卫生保健项目、享受专项体检时,因为没有参加新农合,又被排除在外。无形的通勤,更是深入到他们的意识中,事关他们的身份认同和价值认同。

子女教育也是一笔不小的开支。一位代课老师每月工资1000元,有两个孩子,分别读小学和高中,他们的生活费每月分别为200元和700元左右,与这位老师的工资基本相当。[①] 而她的家庭经济状况之所以没有出现太大的问题,是因为她的丈夫是一名乡镇干部,收入相对较高,而在供养老人方面他们的负担也不重,老人是退休干部,享有医疗保障。

除此之外,教师还有一些额外的摊派的经济负担,比如订杂志、报纸,尽管这对提高教学有一定的帮助,不过,他们也要订一些与教学无关的报纸,如《柳州日报》。

问:那不愿意的老师有没有采取一些行动,联名抗议(订报纸杂志)啊。

答:有一部分人也有这样的想法,但想是想,不过现在也都安于现状了,不想多一些操心的事情了,不想管了,很多时候都是敢怒不敢言了。

---

① 引自《融水县乡村小学教师访谈2》。

问：得花多少钱啊？

答：一年得 500 多元，现在订书也变味了，有的带着利益关系，订的书都不实用，不谈了，换个话题吧。（融水访谈 25）

敢怒不敢言的教师，谈到此事后，拒绝再谈论下去，但我们能明显感受到其中的强烈不满。作为读书人的教师，对书刊有一种本能的亲近感，如果是需要的或者喜欢的书刊，他们在能力范围之内，自然会订购。此处，毫无疑问的是，强制订购带有利益因素，订购无法成为教师个人的自由选择。[①] 与教学无关的报纸杂志花去了教师的一部分收入，但真正与教学有关的工具书、辅导书，也往往需要教师自己出钱购买。

问：新华字典是国家发的吧？

答：新华字典是，但是其他工具书，我们老师用自己的工资去买，买来搞教学。像我们以前学的东西又少，还要自己去翻书，按正式的来，不能模棱两可。不过，学生自己没有工具书，像这种大字典，学校就只有一两本。（融水访谈 13）

地方教育部门花了大量的精力做教师培训、传播新的教学理念，老师们也知道自己在教学方法上的落后和知识储备的不足，但当他们打算改变现状、付诸行动的时候，每一步都需要自己花钱，例如，买工具书、辅导书。也就是说，好的改革，政府只是负责启动，启动之后的实施，落实到学校、实践到课堂的时候，

[①] 2013 年 12 月，中宣部、国家新闻出版广电总局发出《关于严格规范党报党刊发行工作　严禁报刊违规发行的通知》，规定"禁止以党报党刊名义搭车发行或利用行政权力摊派发行其他报刊"。而查处的若干报纸杂志多与学校有关，例如山东《莱芜日报》在当地中学搞摊派发行；河南省西华县东夏镇采取直接克扣工资的方式强制该镇初中教师订阅《河南日报》《周口日报》和《河南教育》；湖北省南漳县长坪镇强制中小学教师订阅《襄阳日报》《农村新报》；十堰市独山县向农村中学教师摊派《十堰日报》《湖北教育》《十堰教育》。详见 http://news.china.com.cn/rollnews/news/live/2013-12/21/content_23987382.htm。

并无相关的后续资金予以支持。有心变革的老师，只能是自己掏钱。如此一来就陷入了一种屡屡出现的怪圈，上层的意志和动机是好的，但改革的成本往往由弱者承担。最后的结果是，上层觉得下层执行不力，自己出钱出力，却得不到认可和回报，下层觉得上层异想天开、瞎折腾。

3. 乡村小学教师的社会保险状况：依赖编制

在调查群体中，享有"五险一金""三险一金"的比例分别为25.1%、48.6%，仍有26.3%的乡村小学教师没有任何保险。老师们也非常清楚社会保险的重要性，甚至一些老师还购买了大病保险和其他的商业保险，如康宁保险等。

社会保险在不同身份的教师之间有明显差别，对于有正式编制的老师来说，他们并不担心养老问题，而且医疗费用可以报销。对于代课老师而言，养老费用和医疗费用是他们的巨大负担，他们非常清楚没有编制，甚至没有正式的劳动合同，就意味着他们随时可能被辞退，以后的养老费用和医疗费用都将靠自己。因此，一些代课教师向县教育和社保部门反映情况，急切想得到一份正式的劳动合同，但因种种理由被驳回，此事也就一再被拖延。

问：您到信访局上访？

答：医保更没有，失业保险都没有。

问：失业保险也没有？您去信访局那边跟他们说过吗？

答：去访赢了，也答应了。跟他们汇报情况，他们说领导说了，答应答应，答应没有下文，就是这样，口头答应就是没有下文。

问：除了信访局，您还去其他的一些，比方说人力保障啊，或者财政、教育部门，跟他们说说。

答：教育局也去过了。

问：去过了，他们怎么说？

答：只是说，你们去等啊，我们会解决你们困难的，他

们总是这样啊……（融水访谈1）

代课教师的保障问题在不同部门、学校之间来回"踢皮球"，虽然信访那边支持，但真正解决问题的教育局、人保部门采取了拖延的办法，只是给予口头上的承诺，态度虽然良好，但没有实际行动。至于最后能不能解决，代课教师既担忧，又抱有一丝希望，他们最渴望的是能有正式的文件出台，官方给予明确的说法，有具体的政策。

不过，通过访谈，我们也发现，代课老师对合同重视的真正原因是想去掉"代课教师"的身份，成为国家公办教师。所以，合同有没有签，什么时候签，倒还是次要的问题，关键在于他们要成为国家的人，得到国家的承认和明确的保障。

问：那您当代课老师有跟学校啊，乡里啊，或者县里签订劳动合同吗？

答：没有，那合同，久了，签与不签我也忘记了，按照情理来，每年都签，或者是十年签一次，这样，现在我都有点儿忘记了，以前可能签了吧。（融水访谈10）

与此相对，当我们问起一位有编制教师的养老问题时，他明确地告诉我们，这个问题他们不用考虑。对于乡村小学教师群体来说，能否得到社会保障，关键不在于合同，而在于身份，在于有没有编制。他们虽然领取很低的工资，但不像企业里的职工那样对合同的条款有明确的意识，他们更在乎的是确定的保障和可预期的未来。这里的确定和可预期，不是指现在的工资一定要达到多少，将来的退休金一定要多高，而是指"心理"层面的"确定性"，即现在和将来这些都是"确定的"。将来的生活能够在一个适度的水平，即他们退休后虽然不会太富裕，但也不会太贫穷。

国家所要做的是，给予教师这种安全感，有了这种安全感，至于工作量有多大，是否占用课外时间，是否实行绩效，他们并不太在乎。他们不会像企业的职工那般，出一份力拿一分钱，否则他们也不会在课外时间批改作业，辅导学生，照顾住宿学生的起居和安全。教师这份职业，是不能用明确的付出和收益来核算、衡量的。他们在心理上安定下来之后，完全践行一套自己的职业伦理，虽不能说是"无私奉献"，但为人师表、传道授业还是能够做到的。

现在改革的思路正好与此相反，改革者不相信教师的职业伦理能够调整这个群体，他们用管理公司员工的办法，以利益考核来激励、督促教师。改革者过分担心自己的承诺和赋予的安全感，会让教师不思进取。然而，利益导向的考评机制，将从根本上击垮教师的自尊心和荣誉感。拥有知识不是一种骄傲，读书明理不是做人的基本要求，将知识换作金钱，养家糊口才是最重要的。教师岗位被贬为谋生的一种职业，与其他职业毫无区别。然而，现代西方社会学却否定了这一点，例如法国社会学家涂尔干就明确强调了职业伦理的重要性，认为每个群体都有自己独特的伦理规范。一些改革者过分迷信资本的力量，将一切劳动和职业都抽象化，打碎它们之间"质"的差别，全部将其"量化"，即将不同行业都纳入统一的工资衡量体系，使每个职业对应着这把标尺的不同刻度。越能赚钱的岗位，其声望、地位也就越高，对社会的贡献也就越大，一切劳动的价值取决于赚取工资的多少。

此处，我们看到的是马克思对资本主义工厂和工资的"血淋淋"的描述，一切田园诗歌的浪漫想象都被资本席卷而去，所有职业都沦为资本的奴隶，人与人之间的差别，将不是个性的不同，而是工资的高低。工作的意义，不是取决于劳动者本身对工作的热爱和投入，而是取决于能换得多少钱，无论是体力劳动，还是脑力劳动，都要进入市场交易，简言之，得有人需要。

在过去，编制意味着进入计划体制，暂时不必跟市场接轨，但是改革者还是将市场经济的办法引进来，其后果是学校和教育既不能市场化，又不能保留原来的体制，身处其中的教师遭受到来自市场和体制的双重压制。比如,如果完全市场化,那么就应当允许老师在课外辅导学生,办辅导班。如果完全在体制内,那么就应该提高教师的待遇,不必老是强调"无私奉献"。

通过访谈,我们强烈地感受到,老师们不管是否有编制,都不会贪得无厌,他们仅仅渴望得到一份稳定的、有保障的工作。也许政策制定者,一开始就将教师的精神追求贬低了,以一种多劳多得、不劳动者不得食的心态对待教师,用金钱来防范和激励他们,结果正好相反,恰恰出现了改革者所担心的问题。因为教师们果然变得计较起来,不会再为自己分外的事付出,仅仅管好自己的"一亩三分地"。改革者见此情景后,反而佩服自己的先见之明,那么既然老师也是"唯利是图",就只能强化物质刺激。如此反复,机制将更加僵化,除了金钱,教育将毫无出路,而且最后是,即便有钱,教育也没有出路。

三 融水县乡村小学教师中存在的问题

根据调查和访谈,我们将详细说明乡村小学教师中存在的问题,既包括这个群体自身存在的问题,也包括他们在工作和生活中遇到的一些重大困难。

(一)师资不合理

撤点并校,中心校和村完小、教学点教学水平的差距,以及留守儿童难以照管等,使家长把孩子送往学校住宿。一些孩子刚读一年级便住校,教师人手明显不够。用一位老师的话来说,他们早上要负责给孩子们穿衣服,喊学生起床,晚上要看宿舍,做好保卫工作。教学改革后,村完小和教学点基本没有专业的音体美、外语、实践课教师,师资短缺问题非常严重。

1. 年龄老化

在融水县乡村小学中,40岁左右的老师就被视作年轻老师,40岁以下的老师比例低。一位学校的校长向我们介绍了教师的年龄结构。

> 问：咱们老师的平均年龄是多大？
> 答：45 到 48 岁，我们 5 个老师都 50 几岁了，很快就退休了。这几个年轻的，两个是 20 多岁，其他的都 40 多岁了。（融水访谈 16）

这两位 20 多岁的老师是刚刚补充过来的特岗教师，而在 5 年左右的时间内，将有 5 名老师退休。特岗老师有 3 年的服务期限，而期限一到，是去是留还是未知数。特岗教师在融水县是非常抢手的，教育局也尽可能把他们安排在条件较好的乡镇中心校，下面的村完小和教学点基本上没有年轻的特岗教师，而村完小和教学点的教师年龄老化问题更为严重。在访谈中，我们了解到，在一些教学点，因为没有新教师的补充，而不得不让退休之后的教师继续执教。

教师年龄趋向老化，很多学校更是连续 10 年没有补充年轻老师，乡村小学中普遍实行"隔代教育"。

> 50 多岁的老师，都是爷爷奶奶了，跟小孩子有代沟，用过去的方式教育孩子，孩子接受也难一点儿。一个人到了一定年纪之后，思维定式，要改变过来也很难。包括我们 45 岁的人，有时感到也有一些思维定式。（融水访谈 12）

很多留守儿童在家里也是由爷爷奶奶照管，由此出现的问题是，无论在学校，还是在家里，都是爷爷奶奶辈的人在教育孩子。年老的教师反映孩子们不像以前那么"好管"，这不仅是时代的变迁、思想观念的变化造成的，更是家庭造成的，像留守儿童的问题，作为学校的老师恐怕是有心无力。父母教育的缺失，是无法通过学校教育来弥补的，感情亲情，更是教师难以替代的。教师年龄老化与留守儿童增多，构成了教育的巨大难题。

2. 学科结构不合理

融水县教育局在回应师资结构时表示，"在乡镇中小学，美术、音乐、舞蹈、体育、信息专职教师非常少,音乐课由其他任课老师兼代,一节课教唱一首歌,没有乐器,不学乐理知识"。我们的访谈也印证了这一点。

> 问:您现在教什么课?
> 答:教数学。
> 问:除了数学,您还教什么课?
> 答:有啊,音乐、英语、体育、美术、科学、自然啊,都有。
> 问:您这个是包班制的吗?
> 答:不是,我还要上其他的班。比如我们会唱点儿歌的,会去教其他班。会点儿体育的,年轻的,会去教其他班。(融水访谈15)

虽然没有实行包班的教学方式,但是身兼数科的情况是很难保证专业课的教学质量的,所以,自教育局到村完小,都希望补充专业老师,但受制于编制,难以引进。结果,即便有捐助的计算机等现代化设备,也因为缺乏师资,课程难以开展。

在调查中,我们也发现,不仅是专业教师,即使是语文、数学老师,也往往因为教师的调动或离开而由其他教师兼任。

> 问:那您学汉语言文学的,现在教数学?
> 答:在这个地方,不一样啊,老师都一样,教导主任安排你上什么课你就上什么课,是这样。(融水访谈10)

教师授课没有班级、专业限制,同样也没有年级的限制,一些老师跨年级、专业授课的情况非常普遍。

> 问:那您教几个班啊?
> 答:我,六年级语文、实践、科学、美术、音乐、写字,还有五年级的美术、音乐、写字,还有一年级的音乐,三四年级的音乐课、美术课、写字课,还有学前班的手工

课。(融水访谈8)

在此,我们已经无法强求每位老师做到"术业有专攻"了,他们每周多达20节课(不加看管晚自修),兼课只会增加他们备课的难度。关于教师老龄化的问题,一位校长更是坦言,与担心教学质量相比,他更担心教师的身体健康,种种职业病困扰着年龄大的教师,如此高强度的教学工作,加上离家远,饮食不够合理,教师的身体能否承受很让人担心。

3. 撤点并校非万全之策

既然师资短缺,那么将老师和学生集中起来,不就解决问题了吗?2001年,《国务院关于基础教育改革与发展的决定》提出调整学校布局,就近入学,整合师资,以使有限的力量更能发挥规模优势。虽然《决定》没有强制要求各地撤点并校,但贫困地区,为了降低教育成本,强力推行撤点并校。因为地方政府要负担教育的大部分开支,是"以县为主"的教育财政,而1997年开始的税收改革和2001年开始的农村税费改革,使县乡财政收入出现困难,所以地方政府是有撤点并校的动力的。

撤点并校在融水县也曾大力推行过,不过近两年已经停止,教育部门要求维持现有的学校数量,不再减少,这又是为什么呢?

因为撤点并校的一些负面效果已经显现出来,如前文所说,改革的成本落在了弱势群体身上,这里的弱势群体主要是教师、学生和家长。对教师来说,因为学校合并之后,离家远,学校又无法提供宿舍和周转房,一些老师不得不"走教"。

问:你回融安远吗?
答:远倒是不远,我自己开车大概40分钟,我自己的工资也就刚够来回的油钱。(融水访谈12)

撤点并校无疑增加了一些老师的通勤成本,为了节省,这位老师不得不在自己姐姐家借宿,周末才回一次家。对于孩子和家长来说也是如此，山区的孩子上学辛苦，路途又比较艰险，一大早就从家里出发，甚至饿着肚子赶到学校。一些家长不放心，就安排孩子住校，住校的花费又落在这些收入不高的家长身上。此外，黑校车安全事故频发，也与孩子上学路程远有很大关系。于是儿童辍学率在一些地方有所提高。

自 2001 年开始，国家推行了"两免一补"的政策，2007 年教育部发布的《关于进一步做好农村义务教育经费保障机制改革有关工作的通知》突出强调了"一补"，要求做到"应补尽补"，确定覆盖范围。不过"一补"主要由县市财政负责，省级财政对贫困地区加以补助。

不过，教师并没有获得专项的补贴，绩效工资的推出也对各种补贴进行了限定，那么教师对撤点并校的利弊又该如何衡量呢？对于离校较远的教师，不仅有交通成本的负担，更重要的是，他们可能面临夫妻分居、疏远子女等问题，这不是金钱能够解决的。

（二）工资收入低

根据调查，我们大致得出的观点是，如果考察每个月的工资收入，乡村小学教师仅仅比单纯务农的农民高一点儿，他们的收入比外出打工者和公务员都要低。

在当地打零工，比如护林、砌房子，一天工资 100 元；做日工、小工，如果包吃，一天 80 元；包工造房子，每平方米 170 元；如果仅负责造地面以上的房子，一天 100 元，同样的工作在柳州，可能达到 180 元。

当地外出打工的人，主要在华北修铁路或者在广东做衣服。如果修铁路，每天 120 元，老板包他们来回的车费。铁路的工头，一年可以赚十几万。在广东的打工者主要从事服装加工工作，初中文化水平、勤快的熟练工，每月可以有 4000～5000 元的收入。不识字、年龄偏大点儿的女工，剪线头的活，每月也有 1000 多元的收入。此外，还有前往海南种芭蕉的，包工的话，一年能带 90000 元回家；去来宾包山种树、砍树的，每月也有 3000 元；收割松脂的人，每月收入也有 2000 元左右。

留在农村收入养羊、养猪的话，一年也有 20000 元的收入，不过，羊的数量不多，不是专业化养殖。其他的还有养鱼，种植椪柑，开小卖部、五金店等，都可以补贴家用。

那么每月收入多少才算是合理的呢？综合来看，大概 3000 元左右。不过，即便达不到这个数额，教师们也能安心工作，但重要的前提是，自己的子女要有一个好的未来，能够通过上学改变命运。乡村小学教师对自己的处境非常清楚，他们改变的可能性不大，希望都寄托在儿女身上，盼望他们的后代能有一个美好的未来，走出山区。正如一位老师所说：

> 说一句话，我们有的老师现在没有房子，买房子，子女读书，读大学一个月至少要 1000 块钱的生活费，没有 1000 块钱，他根本生活不了。像我这样的老师，扣除房贷，还剩一点点儿，怎么送我女儿读书？她今年读高二了，还有两年就要读大学，怎么办？做老师，想这么多，就为了自己的儿女啊，儿女读书都负担不了，怎么能安心工作啊？（融水访谈 12）

至于绩效工资，从调查来看，普通教师对此抱怨更多。绩效工资并不是财政的额外投入，而是从原有的工资中扣除 30% 作为绩效工资，根据考核标准，每学期发一次。绩效工资改革，并不是一个加增量的改革，而是动存量的改革。如果补发的绩效能够抵销扣除的额度，老师们也许能够坦然接受，但实际的情况是，将一个乡镇的绩效奖励弄到一个"盘子"里，再分割，担任行政领导职务的人获得了比扣除数额更多的绩效工资，而多出来的这部分，无疑是从其他老师那里补过来的，出现了所谓的"劫贫济富"的现象。年轻教师只有通过做班主任，才能拿回被扣除的 30%。相比改革前，一些教师的实际收入在绩效工资改革后，反而降低了。

绩效工资改革不仅动了教师的收入，而且影响了教师之间的关系。以班主任工作为例，以前没有绩效工资的时候，其他任课老师也会管理学生，事实上代替班主任行使一部分职责。但是现在，班主任工作更多的是由班主任一人承担，他也不好向其他老师开口，请他们替一次班，或者帮忙管理班级。此外，学校工作有很多的不确定性，某项临时任务究竟派谁去，由谁做，也往往令学校领导头痛，因为这些工作无法用绩效工资核算。简言之，绩效工资影响了学校领导与普通教师、年轻教师与年老教师、职称高的教师与职称低的教师的关系。

在我们的访谈中，几乎没有一位教师能够说清楚自己的工资包括哪几部分，他们关心的是每个月实际到手的是多少，很少关注过工资条。

问：那你们平时发工资的时候会有工资条吗？

答：没有工资条，有时管财务那个，把那个工资表打出来。

问：那你们工资都包括哪些部分啊？

答：那具体我没记得哦，像我刚才讲的2400就是实到手的。（融水访谈6）

我们询问一位村完小的校长是否拥有教龄津贴和教辅津贴时，他表示自己并不清楚，他还给我们提供过他的工资表，但他表示自己看不懂工资表，只记得每个月工资卡里发的钱是多少。

绩效工资的调查给我们的启示是，乡村小学教师很少关注自己的工资究竟包括哪几部分，他们在意的是改革前后到手的工资有没有增加。改革者设计一套"科学"的工资计算法则有其道理，但领工资的人对这套法则不感兴趣，甚至无法理解这套法则，他们关注的是一个总的结果。

既然如此，我们也就理解了一个悖论，关于收入分配的改革，为何总回到一个剪不断理还乱的起点。改革一开始决策者都有一系列较为明确的标准，他们理顺之前的各种收入来源，查清楚哪些是该发的,哪些是重复发的,什么补贴该留,什么该去。但在实际执行中,这种一一对应的关系并不是为每个人所知,人们最直观的感受是我的钱不够花,之前享受的福利没有了。所以,各种津贴和福利虽然已经被理顺,并且货币化了,但后来很可能以新的面貌出现。

要增加教师的收入,既要理顺存量,也要加大增量,前者是工资发放的合法性,后者是工资发放的合理性,二者必须兼备才可。

其实,对教师而言,除了纵向比较自己前后到手的工资外,他们还有两个重要的横向参照标准。第一是公务员的工资。《教师法》等一系列法规明确规定教师的平均工资水平应当不低于或者高于国家公务员的平均工资水平。第二是打工者的收入。乡村教师非常理解打工者的辛苦,不过当每月的工资比一般打工者都要低的时候,教师的职业地位也就下降了。

(三) 工作压力大

根据我们的调查,乡村小学教师工作压力大,这种压力不仅来自高密度的课程安排,更重要的来自课外,其中主要的是安全。安全是多方面的,放学之后的安全、假期的安全、看晚自修、晚上看宿舍、送住校的学生就医等。一些教师戏称自己成了孩子的"全职保姆"。

在乡村小学住校的学生多,教师就轮流看晚自修和宿舍,晚自修的时间一般在晚上7时20分到9时20分,晚自修之后,一些孩子还会在操场上玩耍。

答:我这里管得比较严,因为有住校生。每天安排6个老师上自修,然后我还每天安排两个老师巡夜,怕学生出问题啊,基本上等学生睡熟以后,晚上10点,那两个老师才休息。

问:6个老师看他们自修?

答:看他们自修,到熄灯。熄灯钟以后,有两个老师来

接班,巡夜,保证学生的安全。(融水访谈16)

教师所承受的是来自上级教育部门和家长的双重压力。

> 答:最大困难啊,我觉得呢,上级的压力。
> 问:上级的压力?
> 答:那不是啊,上级你要我们成绩哦。下面家长的压力大,家长呢现在感觉,他的小孩做不做作业,完不完成任务,现在年轻人都去打工了,剩下那小孩呢,全是给那爷爷奶奶带,或者是亲戚保管呢,所以我觉得上有上级的压力,下有家长的压力,这也叫作社会的压力。(融水访谈6)

一位校长则坦言,留守儿童这么多,在学校管理中,他只求孩子们能够平平安安,至于学习成绩,很多时候是有心无力。

2013年发生的几起小学生安全事件,经媒体报道之后,在社会上引起强烈关注,比如海南万宁小学校长开房案、老师抓掉学生头发案等。小学教师不仅文化水平低,而且道德水平低,诸多类似的负面标签贴在他们身上,由此带来的心理压力也非常大。一些教师甚至不敢管学生,因为其中的分寸不好拿捏,老师们很"怕事"。

> 答:现在老师很怕事,很怕事,怕什么呢?怕出安全问题,动不动就怕家长来找。现在电视播了,那个脱毛事件,学生上课不听,老师抓着头发,这样抓过来,后来头发掉了。媒体报道了,脱毛事件,老师怎么惩罚学生。这种负面的影响,直接影响我们老师,真的是很多热情。
> 问:媒体有时候会宣传这样一种观念。
> 答:会有负面影响,直接损失的,可以说是我们祖国的下一代。老师不敢讲,不敢管学生的这种,损失的是孩子,这一代的孩子,有时候我们感到非常痛心,讲多了他也不听。(融水访谈3)

极端事件经媒体报道之后,发酵放大,乡村小学教师更加被"污名化",而如何能使教师没有心理负担地从事教学,是迫在眉睫的问题。地方上一旦出现一起学生安全事故,其余的老师都会心有余悸,战战兢兢。现实的情况是,教师对学生的责任近乎一种无限责任,责任的归属在乡村小学教师身上是很模糊的。

(四)住房改善小

乡村小学教师的住房,可分为自建房、商品房、周转房、学校宿舍等。首先,乡村小学教师购买商品房,多是为了子女能够走出山区,也为了自己退休之后有更好的生活环境。其次,住在农村的乡村教师翻修、新建住房,这种自建房的花费也不少,但他们无法使用公积金。如果说商品房和自建房属于教师的个人需求,教师可以自己想办法解决,那么周转房和学校宿舍则是学校和政府应该提供的。

融水县教育局在《中小学教师队伍建设工作汇报》中坦言,在"两基"攻坚过程中,大部分的建设经费都用在了教学楼上,"随着新教学楼的落成,普遍将旧教室改为教师住房。这类房多数是建于20世纪六七十年代的瓦房,历经风侵雨蚀,大部分属于危房,超过使用年限,存在严重安全隐患"①。

调查中我们发现,有独立的周转房的教师比例很低,很多人挤在一套房子中的现象非常普遍。

> 这里住房很紧张,我们有家属的给一套房,没有家属的,三个老师一套房子。住房很紧张,有的老师就没地方住。三个老师,两个睡房间,一个睡大厅,没有办法。(融水访谈3)

甚至很多老师挤在破旧的临时宿舍中,根本谈不上周转房。

---

① 融水县教育局:《中小学教师队伍建设工作汇报》。

年轻老师的住房,像我们这里,每个晚上,六个老师在一个小小的房间里。在这里上自修,看学生啊。……那还是一个体育室。(融水访谈13)

"由于住房问题,这些学校的教师工作不安心,总想方设法调往条件稍好的学校去,严重影响了教职工队伍的稳定和教学质量的提高。"[1]

简言之,对于教师的自建房、周转房、宿舍缺少相应的财政和政策支持,为了解决上述问题,既需要专项的建设经费,也需要在金融、土地政策上开一些口子,例如组织教师集资建房;建立住房互助基金;允许学校出让一定的土地,由教师自己出资建住宅楼。

(五) 师资补充难

关于师资补充问题,下面从加法和减法两面去说,加法是说教师的引进,减法是说教师的流失。

1. 特岗教师:去留未定

2006年,教育部、财政部、人事部、中央编办联合下发了《关于实施农村义务教育阶段学校教师特设岗位计划的通知》,"特岗计划"实施对象为国家扶贫开发工作重点县、原"两基"攻坚县、边境县、少数民族自治县和少小民族县,随着计划的开展,更多的县区被纳入。政府将大学生就业难与老少边穷地区乡村小学教师师资短缺问题联系在一起,加以解决。特岗教师的工资主要由中央财政支付,三年服务期满留在当地学校任教的,保证有编有岗。《通知》也要求在"特岗计划"实施过程中,地方将不能再以其他方式补充新教师,并且在核定的总编制内招聘特岗教师。这就意味着特岗教师的引进并没有使地方突破既有编制的限定,而获得更多的指标,只是在一定程度上降低了人才引进的成本和提高了新进教师的学历。

---

[1] 融水县教育局:《中小学教师队伍建设工作汇报》。

2009年,《教育部关于进一步做好中小学教师补充工作的通知》,把"特岗计划"看作"教师队伍建设的重大制度创新和有效政策举措",并认为"计划的实施有力地缓解了农村地区教师紧缺和结构性矛盾,促进了农村学校面貌的变化,受到各地普遍欢迎"。

为了进一步提升特岗教师的学历,吸引和留住高校毕业生在农村学校任教,自2010年起,教育部又将"农村义务教育阶段学校教师特设岗位计划"与"农村学校教育硕士师资培养计划"结合起来,规定考核优秀并继续留校任教的特岗教师,可以申请免试攻读"硕师"。

具体到融水县,乡村小学新引进的教师,也基本上为特岗教师。该县自2009年开始招聘特岗教师,近几年的情况如下(截至2012年11月15日)。

表4 融水县招聘特岗教师人数情况表

单位:人

年 度	招聘人数	辞职人数	现在在岗人数
2009	63	24	39
2010	92	22	70
2011	49	9	40
2012	100	2	98
合 计	304	57	247

资料来源:融水县教育局。

融水县教育局和学校对特岗教师非常欢迎,在我们调查的时候,特岗教师的服务期限即将满三年,对于他们的去留,教育局和学校校长并没有太大的把握。不过,从近几年的情况看,2009年、2010年招聘的特岗教师中,许多人在服务期限内就辞职,比例达到38%、24%。

问:那特岗教师到最后就留咱们这儿了吗,还是……?

答:今年已经三年了,下个学期就转岗,那到时去什么地方,我们就不敢说了。按照国家的需要,如果我们这儿不需要，去其他乡镇，或者到县城，或者到其他单位去。这个我们不知道，因为他是特岗。

问：他愿意留下来吗？

答：如果他愿意留，他就留这里。如果他愿意去其他单位，他就调，去其他单位、其他学校。（融水访谈16）

特岗教师能否留在当地，一是取决于工资待遇。根据我们对特岗教师的访谈，本科生每月工资在2200元左右，专科生2000元。以一位在村完小担任数学组组长的特岗教师为例，因为是大专学历，扣除各种费用之后，她每月的工资是1500元，以这样的收入，她基本上不能到县城消费了，属于"月光族"。二是取决于社会交往。这位老师每两周左右进一次城，主要是去找自己的高中或大学同学。据她介绍，同学们在县城，而自己如果不跟他们联系的话，就封闭了。平时，他们主要在网上联系。特岗教师的交往对象，可能更偏向原来的同学。在学校里，虽然她是数学组的组长，受到重用，但是其他老师比她年长20岁左右，可谓分属两代人。其他老师大多没有经历过大学的校园生活，人生阅历不同，共同语言也较少。

2. "聘用"教师：季孟之间

"聘用"教师是指那些不在编制内，但签订劳动合同的老师，他们也是重要的师资补充。他们的地位处于在编教师与代课教师之间，档案放在人才交流中心，他们需要定期履行聘用手续，延续劳动时间。他们虽然没有在编教师的铁饭碗，但也极少被辞退，延聘的合同都能正常签署。与代课教师相比，聘用的教师还能享受五险一金和绩效工资、评定职称等待遇，而代课教师的工资中不包含绩效工资，他们也无法参评更高级的职称。

问：聘用有没有失业的危险，是属于签合同吗？

答：到目前为止还没出现，都是以前，前十年每年都要交，每个人都要交180块钱的档案管理费啊，交了还要写聘用手续，比如三年你要去聘用一次。如果你超期连续几年不去，也会有失业这个可能，不像他们录用，他们说录用就像是公务员，就是铁饭碗，聘用比他们来讲就是比较危险一点儿，就是这样。

问：那就是说您当老师这十多年一直是聘用？那这个聘用可不可以转正呢？

答：是啊，就是聘用不给你转其他的了，就这样了。
（融水访谈8）

3. 代课教师：前途未卜

2006年3月27日，教育部前新闻发言人宣布，"预计在尽量短的时间内，将把44.8万中小学代课人员全部清退"。"清退"二字，尽显对代课教师的不尊重，他们或许学历较低，但几十年的坚持与付出，竟得到这样的结果，也有失公平。代课教师被"清退"后，可能会以其他名义被重新招入，只是名称上有变化，比如"临聘教师"。2010年教育部对代课教师的政策是"择优招聘、辞退补偿、纳入社保"，因为聘用代课教师被认为是一种不规范的用人制度。2011年，教育部联合多部门下发的《关于妥善解决中小学代课教师问题的指导意见》规定，代课教师将获得数额不等的一次性补偿。

融水县目前还有250名代课教师，人数不少，这是在编制受限的情况下，比较实际的做法。不过，还应当给予他们更多的转正的机会。

问：代课老师转正的考试多长时间举行一次呢？

答：现在没有了，四五年前有，现在都没了，好像是说以后都没有这种考试了，最后一次考试的时候就说没有了，一直到现在都没有这个信息。（融水访谈2）

代课老师的工资非常低，而且除了工资外，他们没有其他的福利或保障。一位代课老师讲述了他任教以来月工资的变化，1998年的时候只有150元，2000年为250元，2005年为600元，

2008年涨到800元，现在为1000元。为了补贴家用，假期的时候，他要么去来宾伐木，包场的话一个月能挣到3000元，或者去融水、融安做小工，每天也能赚80元。生存下去、养家糊口是代课教师眼下最迫切的问题，除此之外，即使他们"有幸"能坚持到退休，退休之后的养老金也没有着落。

也许有人会批评说，以往给了他们一些转正的机会，只是他们自己没有抓住。其实，这种说法有些苛刻，不近人情。比如以1984年参加工作为转正的条件，并计算工龄，有的代课教师在1984年之前就已经从教，中间可能离队1年，1985年归队，那么工龄只能从1985年算起。虽然有转正的机会，但需要考试，对于这些代课教师而言，复习的时间极为有限。他们既要在学校上课，又要忙农活，甚至外出打工，生活的艰难不是外人所能体会的。

4. 教师借调：雪上加霜

早在1980年中共中央、国务院《关于普及小学教育若干问题的决定》就提出"为了充实和加强教师队伍，对过去改行做机关工作的教师，各地应采取措施使他们归队。城市待业青年适合做教学工作的，经过训练合格也可到农村小学任教，有的还可以到农村初中任教。目前，有些地区以实现干部知识化为由，从中小学抽调教师，甚至把一些富有教学经验的教师也抽去作一般行政工作，这种做法必须严格禁止"。

然而时至今日，借调乡村小学教师的情况在贫困地区仍然非常普遍。借调的主体主要有两类，一是地方党政机关，二是地方中学和中心校。

问：那最近这几年有没有老师往咱们这儿（中心校）调？

答：也有，也有，每年都有，一两个都有，但只是从其他学校调来而已，还有属于借调的也有。借调是编制不跟他走的，现在我们这儿缺人，就从你那儿借一个过来。像我们借调的比较多了,我们学校借调到外面的 12 个,编制不跟他走,编制还在我们学校,人到其他学校去工作。像我们这儿,去我们镇的中学。(融水访谈 4)

这是一位乡镇中心校校长介绍的借调问题,作为中心校,它可以从下面的村完小借调老师,但本校也被镇上的中学借调走一批老师。不过,这仅仅属于教育系统内部的借调,党政机关也从学校借调一些年轻、学历高的教师。

问:本来咱们这儿课程挺紧的,政府还要从咱们这儿借调老师过去?

答:人家说你编制这么多了,怎么还给你?其实是被借调走了。

问:编制在咱们这儿,还不在这儿做事。咱们每年借调多少个老师啊?

答:现在有六七个老师被借调吧,还都是年轻老师。因为政府也需要年轻有能力的老师啊。看重老师样样都可以干,老师在政府也吃香啊,能说会道,能文能武,谁不需要啊,但是我们也需要这样的人才啊。(融水访谈 3)

在编不在岗,借调的老师占用原单位的编制,却并不在学校授课,这使师资短缺问题更加严重。不过,这并不意味着,被借调的教师是被迫的,他们也知道在党政机关或者高一级学校工作比在原来的学校好。

四 政策建议

目前存在的问题是:乡村小学教师工资待遇差、社会地位低、师资结构不合理、编制不足、离不开"以县为主"的财政模式。分税制改革以来,中央财政实力不断增强,于是在中央和地方之间出现了财权和事权不对等的情况,在中西部不发达地区更是如此。加大中央财政对地方教育的专项支持,是解决问题的关键。

(一) 提升教育经费统筹层次

财权与事权、用人权不匹配,是教育发展的瓶颈。教育经费在地方财政支出中所占的比重大,但受制于有限的财力,地方政府既不能改善办学、教学环境,也不能提高教师工资待遇、招聘更多教师、提供更多高级职称岗位、提升教师岗位的吸引力。

应当适当调整"以县为主"的财政体制,尤其是在教育领域,可以尝试省级统筹,由省级政府和中央政府负担大部分的地方教育经费。融水县的财政困难,除了与亚洲金融危机有关之外,还与分税制改革密不可分。对于财力有限的县级政府而言,随着大宗税收的上缴和分享,剩余的钱怎么分?是投在生产上还是教育上?这就产生了极大的矛盾。不把钱投在生产和改善投资环境上,地方就没有可持续的财政收入来源,也就没有充裕的财力发展教育,可投在经济领域,教育必然要过苦日子。虽然债台高筑的时代过去了,但编制短缺、教师年龄老化、周转房不足、工资收入低等关键问题,长期以来没有得到解决,地方政府也有心无力。

(二) 提高乡村小学教师收入

在我们问及收入与付出是否相符时,51.1%和25.6%的教师表示不同意和不太同意,也就是说近八成的乡村小学教师对自己的收入不满意,如前文所言,他们的收入仅仅比单纯务农的农民高一些。

提高收入,一靠政府投入,二靠改革工资制度。政府的投入是根本,是一切改革的前提。绩效工资制度改革,更多的应在增量上下功夫,而不是通过计算绩效的比例而动存量。教师在意的是增长,是总额,而不是工资结构。

对于乡村小学教师收入,要在实现县级城乡一体化之后,逐渐消除市与县、市与市之间的差别,在此基础上,再着力提升条件艰苦地区的工资待遇。事实证明,尽管在乡村地区,日常生活的开支要小一些,但是在医疗、住房、教育等项目上,乡村的支出也不低。

(三) 定向培养本土全科教师

乡村小学教师年龄偏大、学历偏低、学科结构不合理,那么在有限的编制内,什么样的教师适合农村小学教育呢?一般都将目光投向年轻的应届师范本科毕业生。通过"硕师计划""特岗计划"积极引导大学毕业生到乡村任教。

可我们发现,普通或者师范类的本科毕业生,不能与乡村小学、教学点对师资的需求完全匹配。乡村小学和教学点比较分散,往往几个老师就承担了全部课程。学校更需要"全科教师"教授各门课程。况且,需要教师能在不同的学校之间调动,"全科教师"调动起来更为方便,对教学的影响最小,也大大缩短了他们对新课程的适应时间。

首先,从在校生的培养模式看,虽然"全科教师"跟过去的中师毕业生有些相像,但"全科教师"仍是正规本科院校的本科生。只不过在大学期间,他们不是接受专业的、精深的培养,而是根据小学教育的实际情况,接受"通才"式教育,毕业后在语文、数学、外语及音体美课程上都可以独当一面。现在的本科生培养多是专业性的,他们在相关专业得到了系统的培养,但对乡村小学而言,在编制有限、学生人数不多的前提下,学校不可能配备齐全的专业教师。

当然这也不同于"包班制",虽然在一些偏僻的教学点不得不实行"包班制",但对于那些学生人数达到一定规模的学校来说,只要有两位以上的在编教师,就可以根据每位老师的特长,合理分配课程。

其次,从"全科教师"的选拔看,"全科教师"必须是"定向"的。所谓定向,不仅要确定毕业生毕业后服务当地,而且还要确定选拔的对象来自当地,从高中阶段就开始甄选,这些学生高考时填报与地方政府合作的师范类院校，入校后接受小学全科教师培养。在校期间的学费、生活费、往返交通费由政府负担。中西部地区民族众多，语言、风俗差别大，从当地选拔"全科教师"最能适应地方社会。而且，要尽可能选拔那些家乡就在农村的高中生，这样他们更能安心回到家乡从教。

广西自 2013 年开始实施农村小学全科教师定向培养计划，从高中毕业生中首批培养 500 名两年制的小学全科师范生，他们在校期间的学费、住宿费全免，并有生活费补助。根据实际情况，也将初中毕业生列入选拔对象，不过，他们要接受 5 年的师范培养。2013～2017 年，总计招收 5000 名定向全科教师，他们从师范院校毕业后将到乡镇及以下小学任教 6 年以上，有编有岗。

定向培养的全科教师，不仅可以补充师资，而且可以解决一项重大难题——教师身份。有编制的教师处于城里人和农村人之间的尴尬地位，他们既不能完全地城镇化，又不可能返回乡土，依靠土地谋生。既然不可能所有人都实现城镇化，那么就要想方设法为农村留住一批"文化人"，让他们安心地扎根在农村，全科教师也许是适当的人选。

全科教师既能承担"学校教育"，同时还能开展"家庭教育"和"社会教育"。当年晏阳初在河北定县进行的乡村建设实验，已经证明了三大教育结合起来的必要性，而乡村中知识人的参与，则保证了三大教育的有效性。要在学校之外，给全科教师提供施展才能的机会，让他们参与当地社区的建设，使乡村小学的全科教师成为地方社区发展的推动者和智力资源。与定县实验相比，本土的全科教师具有天然的优势。定县实验的设计者都是从都市来的知识分子，他们关心乡村，但作为外来人，首要的是取得当地人的信任，培养地方积极分子。全科教师就是从当地农村出来的，他们的参与大大降低了知识分子"在地化"的难度。

全科教师可以多方面参与地方事务，遵循"先易后难、循序渐进"的原则，取得地方民众的信任，在家庭教育和社会教育中，首先开展文化服务。比如，在融水县，民族舞蹈是重要的文化遗产，同时也是吸引旅游的特色资源，然而随着打工潮流的兴起以及文化的多元化，一些仪式、舞蹈面临失传的风险。当地村民向学校的教师求教，教师也不能传授。

像我们农村这里也特别喜欢跳舞，就是我们一个都不会跳舞，我们怎么教他？比如说，我们过年啊，春节的时候，村里面都是要求搞那个春节联欢晚会，但是要我们老师教，我们本身就是舞盲，我们怎么教？所以呢，只能叫他们看电视，或者是像我们村有一些大学生啊，他们出去，回来啊，他可以学到一些基本功，可以教一些孩子，就是这样。（融水访谈8）

全科教师可以有意识地学习、传授民族文化，成为地方精神的担纲者，提高村民的文化水平，使乡村社区更有凝聚力。有了组织之后，对于乡村经济的发展、有序治理等，村民们可以群策群力。

总之，政府的投入是改善乡村小学教师处境的关键，只有让乡村小学教师职业有尊严、有地位，才能有更多的优秀人才投入乡村教育事业。在"调整、巩固、充实、提高"师资的多种渠道中，对本土的全科教师培养值得注意。不过，无论是特岗教师，还是全科教师，除了引进之外，还要留住他们，这需要政府持续的投入，尤其是县级以上政府的投入。同时，也要为乡村小学教师参与社区事务，提供切实可行的途径。

（执笔人：魏文一）

分报告三
湖北省五峰县乡村小学教师调查报告

一 调查的背景与方法

(一) 调查的背景

作为中国青基会乡村教师调查项目的一个小组,我们组负责湖北省五峰土家族自治县乡村教师现状的调查。五峰土家族自治县地处鄂西南边陲,位于两省(湖北、湖南)六县市(宜都、长阳、松滋、鹤峰、巴东、石门)交界处,交通不便,经济落后,位于国务院确定的扶贫开发重点的连片特困地区之一的武陵山区。中国青基会于2011年7月将五峰县确定为"希望工程重点资助县",并在五峰县发起成立了民办非企业单位"五峰希望公益服务中心"。

五峰县下辖5镇3乡,97个行政村,11个社区居委会,总人口20.8万人,其中以土家族为主的少数民族人口占84.77%,是湖北省少数民族人口占比最高的县。根据县教育局的数据,五峰县目前共有各类小学学校25所,其中,中心校9所、村完小14所、教学点2个。近些年撤并力度比较大,教学点几乎被全部撤并。五峰县目前共有乡村小学教师645名、学生6515名,师生比是1∶10.1,总体是不缺编的,甚至比教育部和中编办制定的标准(县城小学师生比为1∶21、农村小学为1∶23)还要充裕。从各类学校的师生比来看,五峰县各类乡村学校也不缺编,中心校师生比为1∶15、村完小为1∶5、教学点为1∶1.8。从教育局的数据看,五峰县没有代课教师，民办教师也基本全部转为公办教师。见表1。

表1 五峰县各类小学学校数、学生数及各类教师数统计

单位：人，所

学校类型	学校数	学生数	教师数	
			正式编制人数	特岗（资教）教师数
镇中心学校	9	5178	345	1
村完小	14	1314	275	11
教学点	2	23	13	0
合计	25	6515	633	12

资料来源：五峰县教育局数据。

（二）调查的方法

在五峰县的调查中，我们采取了问卷和个案访谈两种方法。共发放问卷420份，覆盖了除县城小学以外的大部分乡镇中心校、村完小和教学点；共回收有效问卷404份。在五峰县乡村小学教师的总体数据中，抽样问卷中出现33名代课教师（见表2），而教育局的总体数据中是没有代课教师的。根据我们的个案访谈，我们发现在部分乡镇的小学，确实存在代课教师。所以，我们认为抽样问卷的可信度更高一些。

表2 五峰县乡村小学教师编制构成

单位：%

与学校关系	频次	百分比
正式编制	327	81.75
代课教师	33	8.25
特岗教师	2	0.50
其他	38	9.50
总计	400	100.00

资料来源：中国青基会乡村教师调查项目抽样数据。

在个案访谈中，我们通过集中访谈和个别走访，共访谈 21 位乡村教师，有效访谈个案 21 个。访谈对象分布于采花、牛庄、傅家堰，以及湾谭四个乡镇，其中，中心校教师 11 位、村完小 10 位。由于教学点路途险峻，且教师已放假，未能对教学点的教师进行访谈。根据受访教师所在学校及类型、受访教师姓名、性别、年龄及职称职务，我们编制了受访教师基本情况表，见表 3。

表 3 五峰县各类小学受访教师基本情况*

所在学校	类型	姓名	性别	年龄	职称（务）
ZNC 小学	中心校	YLC	女	30	小一
		XWH	女	40	中二
		LKM	男	43	小高（教导主任）
HMH 小学	村小	HXF	男	49	小高（校长）
		HXA	男	55	小高
KZP 小学	村小	ZZQ	男	48	中一
QP 小学	村小	LYF	男	34	小一（校长）
SJH 小学	村小	LZP	男	49	小一（班主任）
CH 小学	中心校	WCL	女	33	小一（教导主任）
		LL	女	35	小一（班主任）
FJYE 小学	中心校	CSQ	女	48	小高
		TTX	女	35	小高（教研组长）
		ZY	女	35	小高（班主任）
DLP 小学	村小	WDY	男	45	小高（校长）
		TJP	男	35	小一
TWE 小学	中心校	WML	女	34	小一
		TZY	男	51	小高
		XSZ	女	50	小一
DM 小学	村小	LGH	男	31	小一（教导主任）
		CCB	男	53	小高（党委书记）
		PCW	男	48	小高（校长）

* 根据学术规范，本表将被访教师所在学校名称及教师本人的姓名隐去，以字母表示。

二 五峰县乡村小学教师的人口学特征

（一）教师的性别、年龄及婚姻状况

从性别构成看，五峰县乡村小学教师以女性居多，占比56.7%；在中心校的教师中，女教师的比例为71.6%；在村完小的教师中，女教师的比例为53.1%；教学点则全是男教师。

表4 五峰县乡村小学教师的性别构成

单位：人

学校类型	被访者性别 男	被访者性别 女	总计
中心校	23	58	81
村完小	145	164	309
教学点	3	0	3
其 他	0	2	2
合 计	171	224	395

资料来源：中西部地区乡村小学教师生活与工作状况调查。

从年龄构成看，五峰县乡村小学教师以中年以上教师居多，其中又以45岁到50岁这一年龄段的教师最多，占比24.4%；35岁以下的青年教师占17.3%。见表5。

表5 五峰县乡村小学教师的年龄构成[*]

单位：%

分段年龄	频次	百分比	累计百分比
25	3	0.76	0.76
30	8	2.04	2.80
35	57	14.50	17.30
40	61	15.52	32.82
45	83	21.12	53.94

续表

分段年龄	频次	百分比	累计百分比
50	96	24.43	78.37
55	61	15.52	93.89
60	24	6.11	100.00
总　计	393	100.00	

＊数据处理时将年龄 20~60 岁分成 8 组，每 5 岁一组，变量的取值均为每组别取值区间的上限。

资料来源：中西部地区乡村小学教师生活与工作状况调查。

总体上看，五峰县的乡村小学教师年龄普遍偏大；但从各年龄段教师的学校分布来看，我们又发现中心校的教师相对年轻，平均年龄为 42.5 岁；教学点的教师相对来说年龄大一些，平均年龄 45.7 岁。见表 6。

表 6　五峰县不同类型乡村小学教师的平均年龄

单位：岁

学校类型	年龄均值	标准差	频　次
中心校	42.48	6.92	77
村完小	44.69	9.33	305
教学点	45.67	12.74	3
其　他	45.50	7.78	2
总　计	44.26	8.93	387

资料来源：中西部地区乡村小学教师生活与工作状况调查。

也就是说，从中心校到村完小，再到教学点，越是边远地区，教师年龄越大，这个趋势在访谈中也得到印证。

从婚姻状况看，五峰县乡村小学教师绝大多数都已婚，占比 95.6%。

表 7　五峰县乡村小学教师的婚姻状况

单位：%

婚姻状况	频　次	百分比
未　婚	7	1.73
已　婚	387	95.56

续表

婚姻状况	频次	百分比
离婚	9	2.22
丧偶	1	0.25
其他	1	0.25
总计	405	100.00

资料来源：中西部地区乡村小学教师生活与工作状况调查。

从五峰县各类乡村小学教师的婚姻状况来看，未婚的教师集中在村完小和教学点，中心校没有未婚的，未婚比例最高的是教学点。见表8。

表8　五峰县各类型乡村小学教师婚姻状况

单位：人

学校类型	未婚	已婚	离婚	丧偶	其他	总计
中心校	0	79	2	0	0	81
村完小	6	298	7	1	1	313
教学点	1	2	0	0	0	3
其他	0	2	0	0	0	2
总计	7	381	9	1	1	399

资料来源：中西部地区乡村小学教师生活与工作状况调查。

（二）教师的类型、学历和职称状况

五峰县乡村小学教师的学历以大专为主，占比64.9%，大专及以上学历的占到82.6%；高中及以下学历的只占17.1%，且大都是民转公的老教师。见表9。

表9　五峰县乡村小学教师学历构成

单位：%

学历	频次	百分比	累计百分比
初中	1	0.28	0.28
中专或高职、技校	40	11.24	11.52

续表

学 历	频 次	百分比	累计百分比
高中	20	5.62	17.14
大专	231	64.89	82.03
本科	63	17.70	99.73
其他	1	0.28	100.00
合 计	356	100.00	

资料来源：中西部地区乡村小学教师生活与工作状况调查。

从总体趋势上看，五峰县小学教师的学历在不断提高。根据目前湖北省教师招聘的统一政策，即使是乡村小学的教师也必须要有本科文凭，这是基本的准入门槛。国家和省里出台的支教政策也要求教师都是大学本科毕业。

从不同学历教师在各类学校的分布来看，乡镇中心校中本科以上学历的教师最多，占比25%，村完小中本科学历的教师占16.1%，教学点中没有本科学历的教师。见表10。

表10 五峰县乡村小学不同学历的教师的学校分布

单位：人

学校类型	初中	中专或高职、技校	高中	大专	本科	其他	总计
中心校	0	3	1	47	17	0	68
村完小	1	35	17	181	45	1	280
教学点	0	1	1	1	0	0	3
其他	0	1	0	1	0	0	2
总计	1	40	19	230	62	1	353

资料来源：中西部地区乡村小学教师生活与工作状况调查。

从五峰县乡村小学教师的职称构成来看，小学高级教师人数居多，占比62.7%，其次是小学一级教师，占比22%。小学一级以上的教师（包括小一、小高、中一和中高）占比达到93.2%，这说明五峰县乡村小学教师的总体素质还是很高的。

表11 五峰县乡村小学教师职称构成

单位：%

目前职称	频次	百分比
无职称	6	1.69
小学高级教师	222	62.71
小学一级教师	78	22.03
小学二级教师	4	1.13
小学三级教师	1	0.28
中学高级教师	6	1.69
中学一级教师	24	6.78
中学二级教师	13	3.67
合计	354	100.00

资料来源：中西部地区乡村小学教师生活与工作状况调查。

从不同职称教师在五峰县各类乡村小学的分布来看，各类学校中高级职称的教师比例都很高。见表12。

表12 五峰县乡村小学不同职称的教师的学校分布

单位：人

学校类型	无职称	小高	小一	小二	小三	中高	中一	中二	总计
中心校	1	48	9	1	0	3	3	3	68
村完小	5	169	67	3	1	3	21	9	278
教学点	0	2	1	0	0	0	0	0	3
其他	0	1	1	0	0	0	0	0	2
总计	6	220	78	4	1	6	24	12	351

资料来源：中西部地区乡村小学教师生活与工作状况调查。

（三）户籍和来源状况

五峰县乡村小学教师中绝大部分都是本县的城镇户口，占比88.7%；其次是本县农村户口，占比10.1%。值得注意的是，虽然大部分乡村小学教师都是本县的城镇户口，但很多教师的配偶是农村户口，依然在农村种地，这就是当地人所说的"半边户"。五峰县乡村小学教师的配偶属于本县农村户口的占46.3%，其中中心校教师配偶为农村户口的占30.3%，村完小占50%，教学点教师的配偶则全部是本县农村户口。见表13。

表13 五峰县各类乡村小学教师的配偶户籍构成

单位：人

学校类型	配偶户口类型				总计
	本县城镇	外县城镇	外县农村	本县农村	
中 心 校	50	5	0	24	79
村 完 小	142	4	4	150	300
教 学 点	0	0	0	3	3
其 他	1	0	0	1	2
总 计	193	9	4	178	384

资料来源：中西部地区乡村小学教师生活与工作状况调查。

根据我们的访谈，很多教师之所以留在偏远的村完小和教学点，很大程度上也是因为"半边户"这种独特的婚姻关系和土地依附关系。

从获取教师工作的渠道来看，五峰县乡村小学教师主要是毕业分配过来的，占39.2%；其次是通过民办教师转公办教师，占33.7%；学校招聘的占16.2%；代课教师占6.7%；特岗教师占1%；其他途径的占3.2%。无论是毕业分配还是民转公，都带有很强的政府干预色彩，通过这些渠道进入教师职业的老师构成了当前五峰县乡村小学教师的主体，共占比72.9%，他们也与教师招募市场化之后的所谓"招聘教师"构成一个鲜明的对比。

还有一小部分教师是通过国家及省里出台的支教政策来的。国家层面有免费师范生政策和农村特岗教师计划；湖北省则建立了省级统筹的农村教师补充机制，即"农村教师资助行动计划"。据教育局一位股长介绍：

> 五峰县1999年开始不分配，为减轻财政负担，农村学校连续十年没有进人。本地大学生不愿意回来，免费师范生去年第一届毕业生，县长、教育局长开车去接，只接回来两

个,而且都放在县城最好的学校县一中,不去农村,去了也怕浪费。资教生(特岗生)2011 年上面给的名额有 76 个,最后只有 23 个报名,全部招了;2012 年给的名额 41 个,最后来面试的有 30 个,录取 28 个人,还有 2 个没录取,是因实在是连话都说不清,不能误人子弟。能到贫苦地区的年轻人,素质都很一般。(五峰访谈 1)

三 五峰县乡村小学教师的工作状况

(一)劳动时间

在课时上,寄宿制学校与非寄宿制学校的教师的劳动时间差异并不大;而中心校、村完小和教学点的教师之间则有差异。从每周课时数来看,中心校教师每周平均要上 16 节课;村完小教师每周平均上 18 节课;教学点教师每周平均上 24 节课。也就是说,从中心校到村小,再到教学点,越是偏远的地方,教师每周课时数越多。见表 14。

表 14 五峰县各类乡村小学教师每周平均课时数

单位:节

学校类型	每周平均课时	标准差	频次
中心校	15.93243	3.984	74
村完小	18.26431	5.005	297
教学点	24	0	3
其他	28	0	2
总计	17.902926	4.957	376

资料来源:中西部地区乡村小学教师生活与工作状况调查。

除了正常的教学外,老师还要花很多时间给学生进行课后辅导。各类教师中,村完小教师用于课外辅导的时间最多,每周平均课外辅导时间为 12 小时。见表 15。

表 15 五峰县各类乡村小学教师每周平均课外辅导时数

单位：小时

学校类型	课外辅导时数均值	标准差	频次
中心校	10.4	19.6	72
村完小	12.2	22.1	280
教学点	8.67	8.33	3
其他	98	0	2
总计	12.27	22.4	357

资料来源：中西部地区乡村小学教师生活与工作状况调查。

从五峰县乡村教师对自己工作量的评价来看，大部分人觉得自己的工作量比较大，认为自己的工作量很大或较大的共312人，占比79%。见表16。

表 16 五峰县各类乡村小学教师对工作量的评价

单位：人

学校类型	工作量很大	较大	适中	较轻松	总计
中心校	27	35	17	0	79
村完小	93	152	65	2	312
教学点	1	2	0	0	3
其他	1	1	0	0	2
总计	122	190	82	2	396

资料来源：中西部地区乡村小学教师生活与工作状况调查。

此外，有72%的教师认为目前的工作压力很大。

在访谈中，我们发现，寄宿制学校的班主任认为他们的工作量尤其大。某乡镇中心校的一位30岁的女班主任说：

> 现在带一个班（六年级），教语文，一周11节课，要负责孩子们的早晚自习和生活起居（孩子们在食堂就餐）。早上6:55开始早自习，直到晚上9:30学生就寝完毕才回去，觉得工作量偏大，因为还要照顾自己的小孩。（五峰访谈2）

某村完小的一位有 38 年教龄的班主任说：

  现在上两个年级的语文课，还做班主任，每周 23 节课，还得照顾学生们的生活起居。各科教师都比较缺乏，老师年龄普遍偏大。我今年 55 岁，但是我还不是最大年纪的。（五峰访谈 3）

（二）绩效考核及待遇

目前，五峰县乡村小学教师的考核体系是按照"德、勤、能、绩"进行考核的。大多数老师认为考核制度形式上是基本合理的，但是，也有很多老师认为考核体系和绩效工资制度达不到激励的效果，有时反而打击老师的工作积极性。

在与某中心校一位班主任谈绩效考核时，她说：

  领导想的东西是理想化的，拿到现实操作肯定有负面影响。比如我们三个人同样的工作，你们俩拿到了那个东西（绩效工资），但是我没有拿到，这是不是意味着对我所有工作的否定？那当然我就会重新看待我的工作，换一种态度去对待我的工作。绩效奖往那儿一放就证明我什么都没做（笑），在老师的眼中就是你肯定了别人都否定了我，但是可能在出政策的人的眼中就是要激励你（教师）去得到它。（五峰访谈 4）

另一位某中心校的老师则对考评系统表现出无奈。

  有制度，但是实施起来困难，我们普通老师的（关于考评）建议也起不了作用（笑）。（五峰访谈 4）

围绕待遇问题，我们发现，在公办教师与招聘教师之间、老教师与年轻的资教教师之间发生了分化。

比如说，虽然政府已经声明招聘教师跟公办教师待遇一样，但是招聘教师还是会感觉不公平，无法释怀。

答：当然这个一谈就谈到我们的待遇问题了，我们现在有一个名字跟他们不一样，我们叫招聘教师。也就是以前每年都得签劳动合同，交人事代理费，后来通过几次考试又说签5年期合同。尽管现在同工同酬，事实上还是有很多不同的，我们这里的口号就是和那些公办教师同工同酬，但是在很多时候还是有区别的。

问：那您现在还是觉得和公办老师有差别？

答：对啊，还是有差别的。退休以后吧，那些进编的（公办教师）就到财政局领工资，我们就到社保拿嘛。以前我也不懂，我说那有什么关系呢？他们说关系挺大的，好像还是很有差距吧……（五峰访谈2）

此外，在老教师与年轻的资教教师之间也发生了分化。湖北省政府在"农村教师资助行动计划"（这些大学毕业生又被称为资教生）的基础上，采取了省级统筹公开招聘农村教师的措施，规定被招到边远艰苦的农村地区任教的，年薪为35000元，而有二三十年的小高职称的教师一个月才拿2000多元，一年也就20000多元。见表17。

表17　五峰县各类小学教师平均收入统计

单位：元/年

学校类型	各类教师平均工资收入	
	正式编制教师	特岗（资教）教师
中心校	26983	35000
村完小	26983	35000
教学点	26983	35000

资料来源：五峰希望公益服务中心上报的数据。

在老教师看来，一个刚毕业没有任何教学经验的年轻人一年就可以拿35000元，他们觉得很不公平，网上也有很多他们的怨言。访谈中，我们也感觉到他们的不满，这种不满虽然针对的主要是政策，但有时也指向了年轻的资教生。

问：您对资教生怎么看？

答：哎哟，我们都还差（工资低），他们刚从学校里出来上讲台就是 35000（年收入）以上，那我们搞了 30 年每年还是 24000，差 10000 多。你说我、我们也没的（办）法，工资是政府行为……（五峰访谈 5）

对于外面进来的大学毕业的年轻教师而言，在当地无亲无故，又面对这样一种不太被接纳和认同的环境，他们很难待得住。即使是享受到 35000 元待遇的年轻教师，一般也待不了一年就离开。

答：我们这儿是培养的摇篮，他（资教的大学生）来了我们把他带出来，第二年就调走了，或者去考公务员，留不住的。去年来了一个黄石什么学院的，也是我们牛庄的，他的工资不高，不是按照 35000 元发的，是招进来的，但是他就觉得他的工资低，"我年轻我就该去闯"，所以呢他又出去了，去深圳了，而且混得非常好。

问：那通过 35000 元留下来的老师呢？

答：没有，我们学校没有，要不到人，我们校长也不要，为什么不要呢？因为他说我是在帮别人培养人才，真正（最后）留在这个地方做贡献的人没有，所以我不要你的老师（35000 元的老师），我就把我这班人带好。校长就说要么你就派人来好好搞几年再走，要么就不要给我派人来，你耽误了我的教学。（五峰访谈 6）

另一位老师也持相似的看法。

可是那些学生……我承认他在知识上有能力，他也有这样一颗心，可是他走进这个穷山沟学校以后心里也是不平衡的，跟他的理想抱负肯定差距很远。他需要成长，他三年工作（协约规定的时间）刚刚成长起来，但是他走了，因为他只有三年嘛。好，如果他是来带小学，学生刚刚成长起来，

他刚刚摸清（学生的情况）就走了，那这个摊子谁来收呢？还是得靠一直待在这里的人吧。（五峰访谈2）

其实，在条件艰苦、信息闭塞的乡村，虽然35000元在当地还算可以，但是跟其他地方、其他行业相比，35000元的工资对这些大学生的吸引力就没那么大了。据我们调查，虽然资教教师签三年的协约，但是待一年就走基本上都算是好的，很多人一年都没待完就走了。这就使农村教师"青黄不接"的现象愈加严重。

所以，实际上，无论是公办教师还是招聘教师，老教师还是年轻教师，他们对自己的工资收入都是不满意的。在五峰组的样本中，85%的教师认为自己的付出与收获不相符；92.6%的教师认为目前的工资不能让自己满意。在访谈中，教师们也在不断地跟其他地方、行业比较，表现出极大的失落。

问：从相对付出来看，您认为您的工资合理吗？

答：我觉得什么都特别平衡，很平衡，但就是工资。同样是中南海资助的学校，青海5000多元一个月，我们最近的恩施也是3000多元。我说我1000多元他们（其他省中南海爱心学校的老师）没有人相信，他们觉得我撒谎，说我幽默，我说我为什么搞这个幽默呢？所以我说我只能横向地去比较，我……就是这样（呵呵）。（五峰访谈2）

2009年绩效工资制度实施之后，似乎更加大了县域之间的差异。绩效工资制度中，教师的绩效工资由两部分构成：70%是基础性的，主要体现地方经济发展水平、物价水平和岗位职责等；30%是奖励性的，主要体现教师的工作量和实际贡献。虽然中央和省级财政有部分统筹，但是很少。据《中国青年报》报道，目前农村义务教育教师工资中，80%是由地方（县）政府承担，中央和省里只负担20%左右。所以，五峰县教育局的一位股长特别希望通过我们的调查报告，能呼吁建立教师工资由全省统筹的制度,至少是义务教育阶段的工资要由全省统筹,不因一些贫困县经济落后而使教育投入不足。

我们认为,要解决农村教师问题,应当寻找一种能够从根本上解决这个问题的长效机制。而这种长效机制的建立最重要的就在于资源的分配制度。无论是以县为主的义务教育财政体制还是绩效工资制度,都属于资源的分配制度,使教育系统,至少使义务教育阶段的资源分配相对脱离于当地的经济条件的制约,可能是缓解甚至打破社会不平等的再生产的一个途径。同时,应该通过绩效工资制度形成良性的激励机制,正如一位老师所言:"如果把当地既有的老师激活了,那么他们创造的价值将是无法估量的"。

(三)专业发展

根据五峰组的抽样数据,我们发现,在五峰县乡村小学教师中,接受过相关培训的教师比例极高,占94.04%,55%的教师接受过两次及以上的培训。

培训的级别主要还是以县级培训居多。在样本中,接受过省级培训的占55.12%,市级培训的占35.46%,县级培训的占70.36%,乡镇一级培训的占48.34%,接受过其他公益组织培训的占9.17%。

在培训内容上,以教学法和教学内容为主;在培训方式上,以案例教学为主,其次是讨论教学。

对于培训的作用,56%的教师认为培训对自己的教学水平、职称评定和晋升等有一定帮助或有很大帮助。在问及"最能体现教师专业发展的进步与成功的是什么?"时,41.21%的教师认为是"学生获得良好的发展",15.22%的教师认为是"个人修养的完善",14.44%的教师认为是"职务职称的提升"。

五峰县乡村小学教师的培训分几种,有些是带有强制性的,比如说职称晋升的培训。在我们的访谈中,一位老师介绍,为了晋升就要接受培训,培训时间由学校安排,印象中培训结束后没什么证书（但会登记分数），因为要考计算机等科目，培训成本很高，自己要掏一半左右的钱（一次1000元左右），而且还要耽误自己的工作和业余时间。

  答：现在的职称评定很不好弄，你要得什么奖啊，写什么论文啊，公开课啊，计算机证啊这些。我们有一个老师今年就被通知参加计算机的培训，他交了800块钱（笑），当时我一听我就说"计算机培训800块，不多"。对于很多人来说这不多，但是说实话对我们一个月1400左右的工资来说，除了800块就还剩600块，然后在县城培训的一个星期还得生活住宿，这一个月的工资就全在这一个星期上，没了。

  问：那学校一点都不给？

  答：谈到学校的话，学校也没有办法，我们学校的经费由教育局统一配发，可是现在都挺困难的，没办法，你不能说因为这点事儿就去讲什么的，这本来就是对你有好处的事情，反正都挺为难的。

  问：（国培）培训内容和效果怎么样？

  答：我和参加过培训的老师一聊天他们说是的是的，你和我培训的内容是一样的。我们很少听到专家的理论讲座，但是他们讲的东西对我们来说，我们回来能不能操作呢？理论和现实是有差距的。（五峰访谈3）

  另外，国培的培训组织方式也存在很多问题。很多老师反映：

  住宿条件太差，武汉又太热，十几个人睡一个宿舍，晚上觉都睡不好，不可能培训好。（五峰访谈3）

  一位年轻教师表达了对培训的矛盾态度：

  怕培训，因为要贴钱呐，贴生活费、住宿费，这点钱是我们从牙缝里挤出来的。不培训又不行，学校有考核。其实自己也想去外面看一看，学一学别人城里是怎么教学的，思想落后了也不行。(五峰访谈3)

而年纪大的教师就更不愿意参加培训了。某村完小一位55岁的老师说：

> 以前经常参加（主要是乡镇组织的，培训内容主要是公开课、教研等），学校负责培训产生的交通费，生活住宿费用自己得掏一半，培训证书有的培训有，有的没有。现在年纪大了就没怎么参加了，个人觉得年龄大了培训也就没必要了。(五峰访谈3)

教育局李股长对培训也有不满，他建议能否将培训资金的分配、地点及培训老师的选择适当下移。他认为，就教学实际来说，县里有经验的教师的办法更有效。

从我们的访谈来看，教师们对目前培训的现状多有不满，积极性普遍不高。原因主要有培训的费用高、内容不实用、组织安排不合理等。培训是教师职后专业发展的关键，提高乡村教师参加培训的积极性需要政府和社会提供更好的条件。在问及"希望学校或政府为您的专业发展提供哪些机会或条件？"时，30.54%的教师希望"创造学习化环境"，27.84%的老师希望"赴名校参观访问"，15.41%的教师希望"进修业务或学习各方面知识"。从以上数据来看，为在地教师建立良好的学习文化环境，激发在地教师的活力似乎更为重要。

（四）职业生涯：晋升与流动

从五峰县乡村小学教师的职业生涯来看，大部分老师的第一份工作就是教师，占比83.1%，也有部分教师的第一份工作是务农，占比10.5%，还有一些是跳槽过来的。

对于"为何第一份工作就选择做老师，并且至今没有转

行?"这一问题,某中心校的一位老师说:

> 答:我听到一个老师说过:"不管你喜不喜欢你现在发生的,一切都是你过去作出选择的结果,所以现在你说你抱怨也没什么抱怨,因为当初这条路是你自己选择的。"啊,就这样,唉……如果掏心窝子的话有时候还是蛮无奈的。其实,工作一方面是为了实现人生价值,那还有一方面你要养家糊口,现在就是你创造的工作价值养家糊口都不能保证,所以说有职业倦怠感我个人的观点也是可以理解。……我觉得我作为一个女性,我觉得这工作……说实话像我们这种当老师的都比较单纯(笑),我听一个教授说当老师的人都有点行为退化,你自己的行为久而久之会和学生变得一样。我觉得做这个职业还挺好,你不用面对那些人心叵测的东西。
>
> 问:想过转行吗?
>
> 答:去外面闯荡打拼?年轻时想过,我觉得我开始工作时是一块不规则的石头,现在是一块鹅卵石,理想抱负已经被磨没了,我这个年龄不该有这种想法。(五峰访谈7)

而对于那些中间转行又最终回到教师行业的人,他们的人生轨迹或许更能体现这个职业的无奈。我们访谈到某村完小一位转行后又回来教书的老师,他向我们介绍了当时的具体情况。

> 那就是民办教师一刀切的时候……那就是由民办教师转成公办教师的时候,就是民办教师和公办教师工资整体水平都比较低的时候。那还只有……我们民办教师每个月还是能拿三百多块钱,但公办教师有五六百块钱,民办有三百块,但是为什么要取消民办教师?然后就是转行……意思就是说你可以回去了,你可以不从事这个行业了,那么你从事这个行业就是百八几十块钱一个月,那你无法生

活,所以说只有说教书无法生活了,有小孩读书啊,那搞不起的。我就等于是被逼着不从事这个行业了。过些年以后,又搞招聘教师,招聘教师,讲的是同工同酬。那我说那这个我倒是从事了有一二十年,在这个时候已经19年了,已经教了19年书了。这个时候民办教师一刀切,就是说在全国范围内已经没有民办教师了,都是属于公办教师,再就是五峰搞的招聘教师,就说又重新开始招教师,就怎么样呢?通过考试啊,考核啊,那合格的就能够获得这个教师资格证的,当然我们这个证件都要齐全。也就说从事着一个行业,待遇是一样的,我说我已经搞了可能半辈子了。反正就说有这个消息我就进来啦,进来之后又不是这么回事,又不同工同酬!不同工同酬你已经进来了,那只能就是说忍气吞声啊,那就是坚持,靠等待……我曾经上访过,上访啊然后……这些经历都……上访啊,向教育部门啊,确实他们有体现到,但是哄着哄着,要说不走就会慢慢改进啊,只有650块啊。搞了几年,最后说涨50块涨到700块,又搞了几年,最后硬是没办法。……曾经我去上访,他们都说了,说保证答复你,然后最后就改成了勉勉强强现在1300多块钱。反正这个经历蛮坎坷的,虽然你爱这个行业,但是你在这个行业当中无法生活,那你再怎么也……像我们这种情况,我们湾潭还有几个,但是他们负担都没有我重,教龄也没有我长,这个经历没有我这么刻骨的。我们这儿的一些同事都是些老同学,同样的工作但是他们就拿的是我的3倍。我……你说我还是要生活,一个男子汉,负担你不重谁重?自己想办法吧,那就是说能不能搞副业,搞其他的副业。田,别人不需要的田,你就多种田!多种烟!你要能够把小孩,这些事情都要承担起。就是这种情况……(五峰访谈8)

对于晋升,在五峰组的样本中,67.3%的教师认为"自从在本校工作以来没有获得职务晋升机会";而且,67%的教师认为近期获得职务晋升的机会很小或不可能。晋升难度比较大,这在访谈中也能了解到。

> 晋升难度大,现在的职称比较难搞,我去年就可以评中一了呢,但是难!微机过不了关(笑),今年我有一个同事,他和我是一样的,他和我是高中同学,他考了三次也没有过,我觉得也不想考了(笑),特别难。(五峰访谈6)

对于流动,68.5%的教师对教师职业产生过动摇,35.5%的教师认为一定会考虑换学校,54.9%的教师则认为可能会考虑换学校。而考虑换学校的原因,首先是报酬低,福利待遇差(15.82%);其次是交通不便,离家太远(12.79%);还有工作量太大(8.42%)。19.19%的教师表示一定会换一个行业,33.14%的教师则认为可能会换一个行业。而考虑改行的原因,首先是追求更高的经济收入(30.49%);其次是想体验其他职业,丰富人生经历(13.41%);还有的是厌倦了教师这个行业(10.06%)。如果在转校和转行之间选择的话,更多的人选择转行(49.70%),而选择转校的比例较低(7.44%)。但是在访谈中,我们感觉真正要将转行付诸行动的话,困难重重,教师们需要考虑很多因素。在访谈一位中心校的班主任时,她跟我们聊到转行的事。

> 问:您对这个职业产生过动摇吗?
> 答:热血沸腾的时候会动摇,但是冷静下来的时候,人家都说当了老师以后什么都不会做,所以冷静下来以后还是想先把它(教师)做好。因为你担负起一个责任的时候你就不会作出一个轻易的举动。你不能说我今天突然一冲动,我不干了,我觉得我现在说不起这个话,对,说不起,你没有丰富的经济后盾作为基础的话你真的说不起这个话,你也冲动不起。……你说我们现在要是想做点什么的话,真的算得上是白手起

家的那种，有时候觉得没办法；也有很多人出去打拼，但是一想的话，说得自私一点，你的家庭你的父母你的根都在这里，你也要在这里生活，所以有时候觉得挺迷茫的，不过现在我觉得我们那个心呐一开始出来是块规则的石头，现在都成鹅卵石了（笑），被现实逼的，没办法。（五峰访谈7）

乡村教师的流动性低，流动的方向多为市里的私立学校。另一位偏远乡镇的中心校的招聘教师告诉我们：

答：私立学校工资高，他们（私立学校的老师）工作5年能买一套房子，我们工作一辈子也不能买一套房子。

问：您有没有想过去私立学校呢？

答：想过啊，但是不可能，双方父母都病了，不可能去，必须要照顾老人。再考虑一个呢，私立学校是一个时代问题，万一将来不让兴办了呢？后半生怎么办？你（我）老了不可能说去捡垃圾啊啥的，得考虑自己的后顾之忧。

问：现在没想过要换工作吗？

答：40岁了怎么换？想换（工作）啊，没有关系怎么换？像我们这一代还是讲究你有门路没有，你没有门路，你就教书，你就教（到）死。

问：有没有想过去更好的公立学校呢？

答：选择（转到更好的公立学校）我得考虑经济条件，我如果照顾不了老人，照顾不了孩子，我宁愿待在农村，父母他们老了，我不可能把他们放在一边。我还得考虑经济实力，如果消费水平高一些，我还不如待在这里，我愿意在乡下教书，乡下人比较淳朴，愿意和他们打交道，去城里还得重新建立圈子。（五峰访谈6）

根据抽样数据，五峰县乡村小学教师队伍总体上还算是比较稳定的。从教龄来看，五峰县乡村小学教师的教龄都很长，平均教龄24.3年。见表18。

表18 从事教师职业的平均时间

单位：年

学校类型	从事教师职业的平均时间	标准差	频次
中心校	23.234568	7.4334911	81
村完小	24.582524	8.3290966	309
教学点	26.333333	14.153916	3
其他	24.5	7.7781746	2
总计	24.318987	8.1822216	395

资料来源：中西部地区乡村小学教师生活与工作状况调查。

但是，乡村小学教师在本校的工作时间长度，因乡村小学类型的不同而存在差异。中心校的教师在本校的工作时间相对较长，平均为12.6年；教学点则相对较短，平均为7.7年。见表19。

表19 在本校工作的平均时间

单位：年

学校类型	在本校工作的平均时间	标准差	频次
中心校	12.55	8.1410042	80
村完小	11.524272	8.6104489	309
教学点	7.6666667	3.2145503	3
其他	14	5.6568542	2
总计	11.715736	8.4784058	394

资料来源：中西部地区乡村小学教师生活与工作状况调查。

这在一定程度上也说明，从中心校到村完小，再到教学点，越是偏远贫困地方的学校，教师队伍越不稳定。这可能有两个原因，一是教学点近十几年一直在撤并过程当中，教师因撤并而频繁换校；二是教学点条件相对较差，很难留住骨干教师。

我们认为，进入撤并时期，我们尤其需要关注"软撤并"。农村骨干教师、优秀教师的流失导致很多学生也跟着流动，乡村学校学生人数越来越少，学校最终会被"自然撤并"，这是一种

"软撤并"。在我们走访的某村小,学生人数每年都在减少,从100多人减少到了70多人,去年又减少到60人,今年则只剩下30名学生。该校的一位班主任老师说,各科教师都比较缺乏,老师年龄普遍偏大。他今年55岁,但是他说:"我还不是年纪最大的"。

在我们走访的另一个村完小,学生人数从三四百人减少到现在的70余人。除了一位硬性调动过来的年轻教师外,其他教师几乎全部接近退休年龄。其中一个班的3个小孩到了四年级还不会加法。除了实在没办法,家长一般都会将自己的小孩送往师资更好的学校。

(五) 小结

在对五峰县乡村教师工作状况的调查中,我们发现一个很大的悖论:不缺编但缺人,或者更准确地说,人数够但人力不够。这可能有两个原因:一是,部分学校确实存在教师年龄结构老化问题,一些老师虽在其位,却因身体状况、知识水平而很难再满足教学岗位的要求;二是,现有教师的积极性、创造性没有得到很好的发挥,激励机制存在很大问题。这些都在劳动时间、绩效考核、专业发展,以及晋升与流动几个方面有所体现。

第一,教师普遍反映工作量大、工作压力大。偏远村完小存在教师老龄化严重、老弱病残现象比较突出等问题,普遍人手不够,缺少教师。

第二,绩效工资制度并未真正发挥激励的作用。教师工作积极性不高,职业倦怠感较强。工资待遇的差异化反而使招聘教师和公办教师、老教师和年轻的资教教师之间出现分化,不利于教师共同体的建设,还打击了部分老师的工作积极性。

第三,培训机制存在问题,教师培训的积极性不高。教师们对目前培训的现状多有不满,涉及培训的费用、组织安排、内容及效果等。

第四,晋升缓慢,很多教师已无职业规划可言,上年纪的教师只是坐等退休。虽然目前五峰县乡村小学教师队伍总体稳定，实际流失率不高，但是"隐性流失"的现象不可低估：一方面，老弱病残的教师虽在其位但实际上已很难满足岗位需求；另一方面，教师们转校或转行的意愿普遍很强烈。

从五峰县的调查结果来看，可以说国家种种的资教计划效果并不理想，资教计划带有很强的临时性，不是长效的机制。培养在地教师，并提高乡村教师待遇是解决教师流失问题的关键。对于艰苦地区的教师招聘，要出台宽松优惠的政策。现在教师招聘，统一要求本科学历、学士学位，门槛太高，在现有的工资水平下也很难留住这些高学历的年轻教师。我们认为没有这个必要，牛庄中师班的经验颇值得借鉴。所以，我们赞同教育局李股长的建议，放低乡村教师进入门槛，通过培训，培养在地的乡村教师。

四 五峰县乡村小学教师的生活状况

（一）住房与医疗状况

对于居住状况，根据五峰组的抽样数据，61.7%的教师对自己的住房状况不满意。五峰县乡村小学教师大部分都是自建或自购房屋，占比52.3%，学校分配住房的比例极低，仅占3.3%，提供学校宿舍的占20.5%。见表20。

表20　五峰县乡村小学教师的住房类型

单位：%

住所类型	频次	百分比
自建房屋	104	26.26
自购房屋	103	26.01
租房（全租或合租）	82	20.71
学校分配住房	13	3.28
学校宿舍	81	20.45
其他	13	3.28
总　　计	396	100.00

资料来源：中西部地区乡村小学教师生活与工作状况调查。

但是，一些村完小的宿舍条件很差。在对某村完小校长的访谈中，年轻的校长谈道：

> 教师宿舍是土木结构的瓦房，属危房，棱子全坏掉了，修房子的都不敢上去，是全县最坏最坏的房子，没有取暖设施，要到办公室取暖。亟须修缮。（五峰访谈9）

另外，34%的教师住房没有独立卫生间，24%的教师住所没有自来水，72%的教师与家人同住。关于冬天取暖的方式：集中供暖的占4.86%，自己烧煤取暖的占36.57%，使用电炉或电暖气的占16.37%。

44%的教师与配偶分居两地，并且平均两个月才见一次。见表21。

表21 是否跟配偶分居两地

单位：人

学校类型	是否跟配偶分居两地		其他	总计
	是	否		
中心校	19	53	1	73
村完小	143	150	1	294
教学点	2	0	0	2
其他	1	1	0	2
总计	165	204	2	371

资料来源：中西部地区乡村小学教师生活与工作状况调查。

关于医疗状况，虽然教师都有医保，但在访谈当中，我们也发现，城镇户口的教师医保待遇还不如农村户口的教师，甚至不如农民。一位村完小的老师说："看病难，我们看病比农民还难一些，他们有农合，农合没有门槛，我们有门槛啊！（超过500元才能报销）"

另外一位农村户口的村完小老师则稍好一些。

问：平时生病的话是怎么解决的？
答：那我们有农村合作医疗。

问：那如果生大病的话，是打算怎么解决？

答：我曾经在县城里面住过院，动过手术啊，搞的这个农村合作医疗，但是我们也有公费医疗。公费医疗和合作医疗差不多。

问：医保会分担一部分吗？

答：嗯，医保，我们搞合作医疗是报销百分之七八十，虽然就是我有社保，但是我交了农村合作医疗的。（五峰访谈8）

（二）通勤与用餐状况

对于教师的通勤状况，我们的抽样数据显示，五峰县乡村小学教师去学校的方式主要是走路（47%）和骑摩托车（37%）。见表22。

表22 去学校的方式及所花费的时间

单位：分钟

去学校的方式	所花费的时间	标准差	频次
走 路	25.686391	38.36435	169
骑自行车	18.583333	12.66677	12
骑摩托车	33.12782	40.06253	133
班 车	70.428571	67.914	35
公 交 车	190	240.4163	2
拼 车	29.375	36.68763	8
总 计	33.56546	47.117712	359

资料来源：中西部地区乡村小学教师生活与工作状况调查。

在访谈中，骑摩托车去学校这一现象也给我们留下了深刻的印象。关于骑摩托车去学校的原因，主要是撤点并校导致教师去更远的学校教书。在我们的样本中，51.8%的教师认为撤点并校给自己的日常生活带来了影响。

政策性的撤并，可以叫作硬撤并，这种撤并已经产生了大量的问题，也基本被国务院叫停了。硬撤并主要是给在地的、农民化的乡村教师产生了诸多不便。在地的乡村教师，很多都是"半边户",妻子是当地农村户口,有田地要耕种。这些教师因为婚姻关系和土地依附关系扎根在了当地农村。学校撤并之后,很多在地教师被迫到很远的学校去教书,苦竹坪小学因为教师骑摩托车去学校发生车祸,学校人手一下子就紧缺了。我们青基会的同事去锻炼,正好就去了那所学校,暂时弥补了师资的不足。在五峰县的访谈案例中,骑摩托车一个多小时去学校的老师占了一半以上。在湾潭镇,还有因骑摩托车发生车祸去世的老师。

从抽样数据看,五峰县乡村小学为教师提供午餐的比例不高。中心校和村小均为1/3左右,教学点没有为教师提供午餐。见表23。

表23 学校为教师提供午餐情况

单位:所

学校类型	学校提供午餐		总计
	是	否	
中 心 校	24	53	77
村 完 小	105	201	306
教 学 点	0	3	3
其 他	2	0	2
总 计	131	257	388

资料来源:中西部地区乡村小学教师生活与工作状况调查。

(三)业余生活

根据抽样数据,在问及"您在假期或休息的时候都有些什么业余活动?"时,五峰县乡村小学教师中,有46.7%的教师选择"上网"(电脑或手机),选择"看书"的占25.38%,"干农活或家务"的占21.57%,"看电视"的占3.81%,"打牌"的占1.78%,"锻炼身体"的则只占0.51%,其他的为0.25%。

关于平时关注的信息,92.09%的教师关注"与教师相关的信息",4.08%的教师关注"时事",2.30%的教师关注"工作招聘信息",1.02%的关注"国家政策",其他的占0.51%。关于获取信息的渠道,网络已成为五峰县乡村教师获取信息的主要渠道,占 80.26%;书籍或报刊占 10.77%;电视占 8.72%;广播占 0.26%。而且各年龄段的教师使用网络的比例都很高:20~30 岁的教师中,使用网络获取信息的占 72.7%;31~40 岁的教师中,使用网络的占 89.5%;41~50 岁的教师中,使用网络的占 82.8%;51~60 岁教师中,使用网络的占 65.9%。见表 24。

表 24 五峰县乡村小学各年龄段教师获取信息的渠道

单位:人

分组年龄	获取信息的渠道			总计
	网络	书籍或报刊	电视	
20~30	8	1	2	11
31~40	102	8	4	114
41~50	140	17	12	169
51~60	56	13	16	85
总 计	306	39	34	379

资料来源:中西部地区乡村小学教师生活与工作状况调查。

在访谈中,一位中心校的年轻女教师说:

工作之余主要是看看书,对于学校组织的活动都积极参加,偶尔上网(一天 1~2 小时),看看泡沫剧,查查资料。……早上看看新闻都觉得现在的中国有种四面楚歌的感觉(笑)。(五峰访谈 10)

对于信息获取:

我们所获得的信息(教学方面)也只是从网络和所订的仅有一点儿书刊获得。(五峰访谈 10)

另一位负责招聘的老师在谈及她的业余生活时说:

主要就是跟同事聊天、听音乐和上网。学校组织的合唱、跳舞活动都积极参与(目的在于调整心态),乐一乐嘛(笑)。(五峰访谈 6)

对于信息的获取：

通过报纸、上网和电视获取信息，主要了解工资改革、社会保障和劳动法律方面的信息，"（学校）不要我了怎么办？我得找哪些单位？"（五峰访谈6）

（四）小结

从住房状况上看，自建与自购住房居多，大部分教师住房压力较大；而边远的村完小所提供的教师宿舍又极其简陋，也有相当比例的教师两地分居，生活不便。医疗上，农村户口且办理农村合作医疗的教师的保障似乎稍好一些，而那些虽在农村教书但属于城镇户口的教师则对医保报销的门槛高多有不满，反而羡慕农民的农村合作医疗。

通勤上，近些年的撤点并校对教学点老师的通勤产生了很大的影响，骑摩托车上班已经成为五峰县乡村教师主要交通方式之一。在地的乡村教师，很多都是"半边户"，妻子是当地农村户口，有田地要耕种。这些教师因为婚姻关系和土地依附关系扎根在了当地农村。但是，因为撤点并校，这些老师不得不长途跋涉，以致无法安心教学。

在业余生活上，上网占据了大量时间。除了上网和看书，还有相当一部分教师的业余生活是干农活和家务。这也说明了市民化的乡村教师和农民化的乡村教师在生活方式上存在差异。在信息获取上，我们也发现，网络成为五峰县乡村小学教师获取信息的最主要渠道，并且不存在年龄差异。

五 乡村小学教师及其家庭的收入与支出状况

（一）收入状况

根据五峰县教育局的数据，五峰县乡村小学正式编制教师的年平均工资是26983元，特岗教师的年平均工资为35000元。如前所述，无论何种类型的乡村小学教师，都普遍对工资不满。这种不满往往是由于与不同行业、不同地区的比较而产生的。

在五峰县的抽样数据中，认为比当地公务员收入低很多的占66.4%，认为比其他职业收入低很多的占90%，92%的老师认为自己没有其他收入来源。

在访谈某中心校的一位老师时，她告诉我们，她有一个弟弟是当地公务员，她把自己和她做公务员的弟弟作了比较。

问：您觉得您的工资合理吗？

答：不合理，基本工资太低了。像我们和政府的（公务员）比较过，我们拿绩效津贴1000多的时候他们拿10000多。我们的基本工资是比公务员高，但是我们没有隐性收入。他们出门开个会、参加培训什么的都能全额报销，我们大部分还得自己贴。我老幺在政府工作，他的基本工资只有900多块钱，但是他年终的时候拿得到5万块钱的工资。

问：跟当地农民比呢？

答：现在的农民都说，我还不愿意当老师，你们的工资太低了。老师在学生面前没有地位，他们会说你看这个老师，他没有钱！牛庄这个地方，2/3的人收入都比老师高，经济地位低了，社会地位也就低。（五峰访谈6）

教师工资由基本绩效工资和奖励性工资两部分组成，基本绩效工资是每月发放，奖励性工资是在考核合格后每学期发放一次。上述这位被访谈的教师的职称是中学二级，年工资收入结构为：1400×12+4000，每月的基本绩效工资为1400元，每学年（每学期为2000元）奖励性工资为4000元。在我们访谈的21位乡村教师中，月工资最高的是一位有着小高职称的村完小教师，今年55岁，有30多年教龄，他的年工资收入结构为：2403×12+2600；月工资最低的是一位小一职称的村完小教师，今年31岁，是我们组访谈过的最年轻的教师，他的年工资收入结构为：1300×12+2600，学校为了留住他，让他做了教导主任。

从五峰县乡村小学教师的家庭收入来看，去年平均家庭总收入为33037.4元，其中中心校教师家庭平均总收入最高，为39103.2元；村完小教师家庭其次，为31390.7元；最低的是教学点教师家庭平均总收入，为30000元。见表25。

表 25 去年家庭总收入

单位：元

学校类型	去年家庭总收入均值	标准差	频次
中心校	39103.241	14380.954	79
村完小	31390.677	13971.187	300
教学点	30000	0	3
其他	45000	7071.0678	2
总计	33037.393	14323.61	384

资料来源：中西部地区乡村小学教师生活与工作状况调查。

虽然乡村小学教师工资低，但是我们也发现，他们的工资收入往往是家庭的主要收入来源。中心校教师工资收入占到家庭总收入的51%，村完小教师的工资收入占到家庭总收入的60%，而教学点教师的工资收入占家庭总收入的比例最高，为67%。见表26。

表 26 工资占家庭总收入平均比重

单位：%

学校类型	工资占总收入平均比重	标准差	频次
中心校	0.50969697	0.17791934	66
村完小	0.60230769	0.23218468	273
教学点	0.66666668	0.23094011	3
其他	0.3	0.14142136	2
总计	0.58334303	0.2257818	344

资料来源：中西部地区乡村小学教师生活与工作状况调查。

（二）支出状况

如前所述，五峰县乡村小学教师中，95.6%教师都已婚，且教师中以中年以上教师居多，其中又以45岁到50岁这一年龄段的教师最多。可谓上有老下有小，家庭支出很大，负担很重。

根据五峰组的抽样数据，中心校教师家庭支出最多，去年平均总支出为 55515.7 元；村完小教师家庭其次，去年平均总支出为 38205 元；教学点教师家庭总支出最少，为 25000 元。见表 27。

表 27　去年家庭总支出均值

单位：元

学校类型	去年家庭总支出均值	标准差	频次
中心校	55515.714	95099.802	70
村完小	38205.085	20472.287	289
教学点	25000	5000	3
其他	52500	10606.602	2
总计	41503.762	45842.245	364

资料来源：中西部地区乡村小学教师生活与工作状况调查。

与他们的家庭总收入对照后发现，中心校和村完小教师家庭均入不敷出；教学点教师家庭虽然年平均总收入最少，但是因为支出相对较少，所以还略有结余。

在五峰县乡村小学教师支出的各项目中，55.4% 的教师的最大支出项目是日常生活费；30.5% 的教师的最大支出项目是子女教育费。这两项构成了当前五峰县乡村小学教师的最主要支出项目。此外，还有 7.2% 的教师选择了"交往朋友支出费用"，4.6% 的教师选择了"医疗费用"，1.8% 的教师选择了"赡养老人费用"。见表 28。

表 28　占总支出最大的项目

单位：%

占总支出最大的项目	频次	百分比
日常生活费	216	55.38
子女教育费	119	30.51
医疗费用	18	4.62
赡养老人费用	7	1.79

续表

占总支出最大的项目	频次	百分比
交往朋友支出费用	28	7.18
娱乐费用	1	0.26
交通费用	1	0.26
总计	390	100.00

资料来源：中西部地区乡村小学教师生活与工作状况调查。

在访谈中，某中心校的一位年轻女教师说：

工资1400块左右，一年发12个月工资，奖金、津贴、课时费一学期2000块左右，家里种地收入一年20000块左右，除此之外没有其他收入。假期出去打工不现实（假期学校可能就会通知参加培训什么的），生活费一个月一家三口800块左右。一年10000块。（五峰访谈10）

某村小的一位年轻校长说：

月工资1625元，绩效工资一学期1300元左右，一个学期有校长补贴共75元，妻子打工收入一个月1000~2000元，除此以外无其他收入。支出主要是要赡养老人和照顾小孩，一年至少10000~20000元；人情世故一年10000元左右，人情世故现在也是不得了，不得了啊。（五峰访谈11）

还有一位49岁的村小教师说：

工资1356元一个月，绩效一学期1400左右，爱人采茶年收入10000元多。一个月自己的生活费100元左右（家里带的菜和肉），主要支出是孩子上学（大专）的费用，一年20000元，还有赡养老人，家里在修新房也要花很多钱……（五峰访谈12）

（三）小结

无论与其他地区的教师相比还是与其他行业相比，五峰县乡村小学教师的收入都比较低，他们对自己的工资也普遍不满。从家庭收入看，与村完小和教学点教师的家庭收入相比，中心校的教师家庭收入更低，而且其他收入来源的渠道也有限。

日常生活费和子女教育费这两项是当前五峰县乡村小学教师的最主要支出费用。此外，由于当地的社会风气，人情世故的费用也很突出。

对照他们的家庭总收入与总支出，五峰县乡村小学中心校和村完小教师家庭均入不敷出；教学点教师家庭虽然年平均总收入最少，但是因为支出相对较少，所以还略有结余。

2006年《中华人民共和国义务教育法》修订后的第31条规定："各级人民政府保障教师工资福利和社会保险待遇，改善教师工作和生活条件；完善农村教师工资经费保障机制，教师的平均工资水平应当不低于当地公务员的平均工资水平，在民族地区和边远贫困地区工作的教师享有艰苦贫困地区补助津贴。"但是，实际上这些待遇很难确保实施。而且，像五峰县这样的地方，2012年已经摘去了贫困县的帽子，虽说仍享受贫困县待遇，但很多贫困县的政策实际上已享受不到。在实行以县为主的义务教育财政体制的背景下，工资跟县财政收入和经济发展程度是挂钩的。如果没有享受贫困地区教师补贴的待遇，那么越是贫困的地方，教师的工资相对来说就越低，自然就越难留住优秀教师。

六　乡村小学教师接受资助与支持的状况

（一）接受资助的现状与期望

在五峰组的抽样数据中，84.3%的教师从未接受过其他任何机构的资助。接受过资助的教师主要是受到工会（5.71%）、民政部门（4.57%）、教育局（3.14%）和希望工程（1.43%）的资助。所受奖励的级别主要是县乡两级。

在问及"如果有公益组织愿意对教师提供帮助，您希望每年的资助额度是多少"时，73%的教师认为 8000~10000 元比较合适；对于资助方式，大多数人认为最合理的资助方式应该是资助本校所有教师（76.17%），还有部分人认为应该由上级教育部门来决定（16.06%）。

在问及"以现有收入为标准，增加多少，您才会考虑到边远的村完小或教学点任教？"时，11.8% 的教师认为要增加 50%；17.5% 的教师认为要增加 100%；36.1% 的教师认为要增加 200%；但也有 26.8% 的教师表示，无论增加多少也不会考虑去边远的村完小或教学点任教。见表 29。

表 29　收入增加幅度与去边远的村完小或教学点任教的意愿

单位：%

增加幅度（%）	频　次	百分比	累计百分比
10	1	0.28	0.28
30	12	3.38	3.66
50	42	11.83	15.49
100	62	17.46	32.95
150	15	4.23	37.18
200	128	36.06	73.24
根本不考虑	95	26.76	100.00
总　计	355	100.00	

资料来源：中西部地区乡村小学教师生活与工作状况调查。

在访谈中，一些老师也对我们社会组织提出了建议。一位边远中心校的招聘老师特别希望她们的现状能得到反映。

有关部门来基层了解我们的很少，这（我们的访谈）是第一次，没有人来了解过。……中南海烟厂设置过"教师特别奖"（按学校的考核来评，名额也少），我们也不愿意去争，有些老教师教了一辈子也不容易，就（把获奖机会）让给他们呗。……希望外界多了解基层老师的生活情况、社会地位、住房条件。（五峰访谈 13）

一位被强行借调到边远村完小的年轻老师跟我们说：

> 对学生的资助基本已经到位了，没有必要再增加了，如果顾得过来的话，多关注一下我们的老师。（五峰访谈14）

（二）社会支持网络

根据五峰组的抽样数据，除了家人和学生之外，五峰县乡村小学教师的日常交往对象主要是亲戚（86.96%），其次是学生家长（7.42%），而与作为同事的学校教师则交往得不多（3.32%），与邻居交往得更少（2.05%），最后是网友（0.26%）。日常交往对象主要是亲戚，这一点似乎也说明，五峰县乡村小学教师的社会关系结构仍是以血缘关系为纽带、有着亲疏远近的"差序格局"。

虽然乡村教师工资低，工作环境艰苦，但是大部分教师的家人还是支持教师工作的，占比73.1%。见表30。

表30　家人是否支持这份工作

单位：人

学校类型	家人是否支持这份工作		总计
	是	否	
中心校	61	19	80
村完小	221	85	306
教学点	1	1	2
其他	2	0	2
总计	285	105	390

资料来源：中西部地区乡村小学教师生活与工作状况调查。

在访谈中，我们也问到家人、领导，以及政府或其他团体对老师工作的支持情况。我们访谈到一位中心校的招聘老师。

问：家里人支持您教师这份工作吗？

答：如果（我）是男孩子那不支持。我教书是父母要求的，我妈病得比较早，说教书那么稳定，你就教书吧。我一想妈妈病了还是需要人照顾，所以就教书了。教书那时候（上边）跟你许诺得很好，转正、培训，会慢慢好的，那时候老师这门职业高尚哩（笑），家里人很自豪。但是现在让我选择教书，我觉得工资不满意，养不活，但是家里边觉得女孩子教书的话能照顾孩子，能做一点家务，能把家里维持好，就觉得还可以……遇到工作中的困难能和领导商量着解决。有的学校的老师会罢课，但是我们没有，因为都是熟人，领导也不好处理。领导也很照顾我们，觉得我们困难可怜吧，没有为难过我们。（五峰访谈6）

一位村完小校长则表现出无奈：

家人不支持我工作，嫌弃收入低。居民和家长对教学质量满意，但嫌弃学校没有生气、开展活动少，家长流露出对学校老师年龄普遍太大的不满。活动只能尽量搞，但是水平不高。政府政策的支持不够。（五峰访谈11）

对于同事关系，他说：

我们都是最底层的嘛，大家都不容易，老师们还是挺体谅（我的工作）。（五峰访谈11）

我们还访谈到了一位多次上访的村小老教师。这位教师性格温和，和同事、领导关系都不错，但是因为待遇问题曾多次上访。谈到社会支持状况，他说：

答：家里不缺钱的时候支持工作，一旦缺钱就抱怨教师这个行业。家长、村干部都很支持工作。就是，怎么说呢？唉……你是不知道的，我们为我们的待遇问题啊到过省政府、省教育厅多次，而且我们到省教育厅泡方便面吃。

问：是上访吗？

答：对对对，因为县里边不能解决，解决不好，每一次去（省里），县里边就说你们回来，我们帮你解决，我们就回来。回来以后就换汤不换药，给你改个称呼（招聘教师改为公办教师但是待遇不变），直到今天待遇问题也解决不了。

省政府的态度："省政府叫我们回到县里解决，说我们的问题应当解决。"

问：你们还会继续上访吗？

答：工龄问题还会，他们三个还在找。我们的领导很同情我们，但是他们也无能为力（县里拨款太少，无法解决）。

（五峰访谈12）

根据五峰组的抽样数据，51.05%的乡村小学教师"在我遇到困难时，我不能指望任何团体或组织给我一些道义上的或精神上的支持"；81.28%的乡村小学教师认为"给政府官员写信没用，因为他们通常对普通百姓的问题并不真正关心"；64.91%的乡村小学教师感觉"如今人们已经不知道该指望谁了"；93.61%的乡村小学教师认为"现在社会两极分化，穷人越来越穷，富人越来越富"；81.49%的乡村小学教师相信"即使我再努力，也不会根本改变我现在的生活状况"。

（三）小结

根据我们的调查，教师资助确实是一个相对空白的地带，无论是国家政策还是公益资源，焦点更多都是偏向学生。在五峰组的调查中发现，绝大部分教师从未接受过任何资助。在资助额度的期望上，他们大部分人选择了额度较高的资助标准；而在资助方式上，他们大部分人又认为应该实行普惠性的资助。同时采取这样的资助标准和资助方式，对于资源有限的公益组织来说，是一个困境。

在社会支持网络上，大部分的五峰县乡村小学教师的家人还是支持他们的教师工作的。但是，来自家人之外的支持则非常少。除了家人，他们日常交往的主要对象就是亲戚，同事之间的日常交往并不多。他们大多数人对相关政策表示失望；对于其他团体或组织的支持，也有一半多的教师表示不能指望；对于现状的改变，绝大多数的乡村教师也表现出了失望。

七　结论与政策建议

（一）主要结论

1. 五峰县乡村小学教师队伍总体稳定，但"隐性流失"现象比较严重

在对五峰县乡村教师的工作状况调查中，我们首先发现一个很大的悖论：不缺编但缺人，或者更准确地说，编制人数够但人力不够。根据教师的人口学特征、劳动时间、绩效考核、专业发展，以及晋升与流动几个方面的考察分析，我们认为，这个悖论的产生有两个原因。

一是，部分学校确实存在年龄结构老化及老弱病残的情况。一些教师虽在其位，却因身体状况、知识水平很难完全满足教学岗位的要求，造成人力短缺。这一点在偏远的村完小、教学点上尤其突出。

二是，现有教师的积极性、创造性没有得到很好的发挥，教师转校或转行的意愿普遍很强，激励机制存在很大问题。绩效工资制度并未真正发挥激励的作用。教师工作的积极性不高，职业倦怠感较强。工资待遇的差异化反而造成招聘教师和公办教师、老教师和年轻的资教教师之间出现分化，不利于教师共同体的建设，还打击了部分教师的工作积极性。

因此，虽然目前五峰县乡村小学教师队伍总体稳定，实际流失率不高，但是，我们认为，因老弱病残及士气涣散造成的"隐性流失"的问题不可低估。

2. 大学生支教政策效果并不理想

湖北省政府在"农村教师资助行动计划"（这些大学毕业生又被称为资教生）基础上，采取了省级统筹公开招聘农村教师的措施，规定被招到边远艰苦农村地区任教的，年薪为 35000 元。而教龄二三十年的小高职称的教师一个月才拿 2000 多元，一年也就 20000 多元。在老教师看来，一个刚毕业没有任何教学经验的年轻人一年就可以拿 35000 元，他们觉得很不公平，他们的不满虽然针对的主要是政策，但有时也指向了年轻资教教师。

对于外面进来的大学刚毕业的年轻教师而言，在条件艰苦、信息闭塞的乡村，虽然 35000 元在当地还算可以，但是跟其他地方、其他行业相比，35000 元的工资对这些大学生的吸引力就没那么大了。何况在当地无亲无故，又在这样一种不太被接纳和认同的环境，资教教师很难待得住。据我们调查，虽然资教教师签三年的协约，但是很多人不到一年就走了。这就使农村教师青黄不接的问题愈加严重。

3. 教师资助仍是一个相对空白的地带，乡村教师缺乏强有力的社会支持网络

在五峰组的调查中发现，对于教师资助确实是一个相对空白的地带，无论是国家政策还是公益资源，我们的焦点更多的都是偏向学生，绝大部分五峰县乡村小学教师从未接受过任何资助。

在社会支持网络方面，大部分的五峰县乡村小学教师的家人还是支持他们的教师工作的。但是，来自家人之外的支持则非常少。他们大多数人对相关政策表示了失望；对于其他团体或组织的支持，也有一半多的教师表示不能指望；对于他们现状的改变，绝大多数的乡村教师也表现出失望。

（二）主要的政策建议

1. 教师工资从县级转到省级统筹，普遍提高五峰县乡村小学教师的待遇；建立偏向村完小和教学点教师的绩效、晋升等激励机制

根据我们的调查，无论公办教师还是招聘教师，老教师还是年轻教师，他们对自己的工资收入都是不满意的。工资的总体水平上不去，主要跟县财政有关。五峰县于 2012 年已经摘去了贫困县的帽子，但经济仍然比较落后，虽说仍享受贫困县待遇，但很多贫困县的政策实际上是享受不到的。在实行以县为主的义务教育财政体制的背景下，教师工资跟县域经济发展程度和县财政收入是挂钩的。如果教师没有享受贫困地区教师补贴的待遇，那么越是贫困的地方，教师的工资相对来说就越低，自然就越难留住优秀教师。因此，需要省级财政部门在教师工资这一块发挥更大的调控作用。

实际上，在一些乡村，因为乡村优秀教师流失，很多学生也跟着流动，乡村学校学生人数越来越少，学校被"自然撤并"，出现了后撤并时期的一种"软撤并"现象。我们的调查也显示，从中心校到村完小，再到教学点，越是偏远贫困地方的学校，教师队伍越不稳定。这有两个原因，一个是教学点近十几年一直在撤并过程当中，教师因撤点并校而频繁换校；另一个便是村完小、教学点条件相对较差，很难留住骨干教师。因此，建立偏向村完小和教学点教师的绩效、晋升等激励机制显得尤为必要。

2. 对于边远的村完小和教学点，降低教师招聘门槛，加强在地教师的培养

从五峰组的调查经验来看，可以说国家的种种支教计划可以说效果并不理想，支教计划带有很强的临时性，不是长效的机制。培养在地教师，并提高乡村教师待遇才是解决教师流失问题的关键。对于艰苦地区的教师招聘，要出台宽松优惠的政策。现在教师招聘，统一要求本科学历、学士学位，门槛太高，在现有的工资水平下也很难留住这些高学历的年轻教师。调查组认为没有这个必要，牛庄中师班的经验颇值得借鉴。所以，调查组赞同教育局李股长建议，放低乡村教师进入门槛，通过培训，培养在地的乡村教师。

3. 在教师资助方面，建议以团体（队）为单位进行资助

根据调查数据，在资助额度的期望上，大部分五峰县乡村小学教师选择了较高额度的资助标准；而在资助方式上，他们大部分人又认为应该实行普惠性的资助方式。但同时采取这样的资助标准和资助方式，对于资源有限的公益组织来说，是一个困境。教师待遇普遍性的改善有赖于拥有强大资源的政府，而非资源有限的公益组织。但是，如果公益组织只进行个别教师的高额度资助的话，不仅很难操作，而且很难保证公平，容易制造矛盾，打击其他老师的积极性。因此，我们建议，以团体（队）为单位进行资助。

4. 引进社工制度，增强乡村教师的社会支持网络

通过调查，我们发现，乡村教师不仅需要改善待遇，也需要更加有力的社会支持网络，而这正是社工制度引进并发挥关键作用的地方。如果我们在乡镇一级建希望社区的话，那么我们可以通过希望社区机构的统筹和督导，在乡村学校建立希望社工服务站，引进社工制度。社工站将探索一种新的乡村学校教育模式，培养在地的力量，推动设立社工站的乡村学校成为当地社区的文化中心。社工制度的引进将使乡村学校及其所在的农村社区焕发出新的活力，使学校和班级的凝聚力，以及师生的归属感得以增强。

总之，乡村教师关系到农村贫困地区儿童青少年的命运。贫困家庭的小孩本来在经济上就处于劣势，又因为师资等教育资源的不平等，而在教育上也处在劣势地位。可以说，这种双重的劣势，使得社会的不平等得以再生产甚至是不断加剧。要改善甚至是打破这种不平等的再生产，改善贫困乡村地区的师资是极其重要的一环。在过度市场化导致优秀乡村教师不断流失的背景下，政府和社会组织有必要建立偏向乡村，尤其是村完小和教学点的保护机制，使优秀的乡村教师能够在乡村扎根。

（执笔人：江发文）

分报告四
会泽县乡村小学教师调查报告

一 调查背景及调查方法

（一）调查背景

为了了解当下乡村教师的真实处境和需求，探求社会组织支援乡村教师和乡村教育的合宜方式，中国青少年发展基金会于2013年6月对中西部地区（湖北、云南、广西、宁夏）四县的乡村教师进行了调查。我们于6月27日抵达云南省会泽县展开调研。会泽县位于云南省的东北部，辖21个乡（镇），面积5854平方公里，山区占95.7%，总人口为101万人，是云南省第三人口大县。会泽县为省级历史文化名城，矿藏丰富，但是土壤贫瘠，交通不便，经济发展滞后，属国家扶贫开发重点县。

会泽县近几年教育发展比较迅猛。据教育局相关负责人介绍，前些年会泽教育非常落后，学生往会选择去其他县市上高中，但是这几年情况大为改观。2013年高考成绩非常可观，上线率超过90%，上一本线的比例超过80%。但是乡村教育发展仍然面临着很多难题：校舍中危房面积较大，相关教学设施、图书严重匮乏；青壮年劳动力纷纷外出打工，留守儿童问题凸显；教师缺编严重，工作时间长，劳动强度大等。

（二）调查方法

此次调研采取了问卷调查和深度访谈的方法。通过团县委发放问卷 500 份,全部回收。由于在访谈过程中,我们又请了一些老师填答问卷,所以最后回收的问卷为 516 份。调查对象覆盖了乡镇中心学校、村完全小学和教学点。问卷填答质量一般,有效回收率 100%。

我们共走访了一所中学(老厂中学),八所小学(二道坪小学、武警春蕾希望小学、拖姑小学、乐业小学、团坡小学、半山小学、雅地窝小学、托基嘎小学)。其中,半山学校为教学点,武警春蕾希望小学和乐业小学为乡镇中心学校,其他均为村完全小学。访谈对象除了上述学校的校长、教导主任和部分老师之外,还包括马路乡两所学校的校长[①]、拖姑村的村委会主任以及教育局人事科的熊科长和茹副局长。访谈形式包括集体座谈和个别访谈。

二 会泽县乡村教师的人口学特征

根据会泽县教育局提供的资料,会泽县目前共有各级各类学校 491 所,其中普通中学 35 所,小学 381 所,职业技术学校、教师进修学校和特殊教育学校各 1 所,幼儿园 72 所。共有教学班 4109 个,在校学生 168536 人,其中寄宿生 73203 人。全县在职在编教职工为 8734 人,在职在编专任教师为 8281 人。

全县乡镇中心小学共 26 所,学生 17202 人,教师 1041 人;村级小学 331 所,学生 73243 人,教师 3980 人;教学点 24 所,学生 780 人,教师 67 人。乡村小学教师共计约 5088 人。

(一)性别、年龄、户籍与婚姻状况

根据问卷调查的统计数据,被调查者中,62% 为男性。50.4% 的人是党员,群众占 31%,民主党派占 0.4%。88.6% 的

---

① 适逢周末,一些学校的老师到团县委取青基会捐献的图书,我们趁此机会与这些老师进行了集体座谈和个别访谈。

教师是本县人,本乡人占65%,本村人占到32.6%。从户籍状况来看,90.8%的调查对象户口为本县城镇户口,本县农村户口和外县户口的比例都比较低,在3%左右,这部分教师集中在村完小和教学点。值得一提的是,虽然乡村教师农村户籍的比例很低,但是配偶为农村户口的比例却比较高。在我们抽样的516人中,本人为城镇户口,但配偶为农村户口的乡村教师有142人,占27.5%。

表1 会泽县各类学校乡村教师户口类型

单位:%

学校类型	户口类型				合计
	本县城镇户口	外县城镇户口	外县农村户口	本县农村户口	
中心校	100.0	0.0	0.0	0.0	100.0
村完小	91.0	2.8	2.8	3.4	100.0
教学点	63.6	0.0	9.1	27.3	100.0
合计	90.8	2.6	2.8	3.8	100.0

资料来源:中西部贫困地区乡村小学教师生活与工作状况调查。

表2 会泽县乡村教师本人户口类型与配偶户口类型列联表

单位:%

本人户口类型	配偶户口类型				合计
	本县城镇户口	外县城镇户口	外县农村户口	本县农村户口	
本县城镇户口	60.8	3.7	2.0	33.4	100.0
外县城镇户口	20.0	80.0	0.0	0.0	100.0
外县农村户口	25.0	50.0	0.0	25.0	100.0
本县农村户口	6.7	0.0	0.0	93.3	100.0
合计	57.7	5.8	1.9	34.7	100.0

资料来源:中西部贫困地区乡村小学教师生活与工作状况调查。

调查样本的平均年龄为36岁,最小的23岁,最大的65岁。30岁及以下教师占33.2%,31~40岁的教师约占38%,41~50岁教师占22.5%,50岁及以上的占6.3%,可见乡村小学教师队伍偏年轻化。

表3 会泽县乡村教师年龄结构

单位：%

	年龄分组	频次	百分比	有效百分比	累计百分比
有效	30岁及以下	170	32.9	33.2	33.2
	31~40岁	195	37.8	38.1	71.3
	41~50岁	115	22.3	22.5	93.8
	50岁及以上	32	6.2	6.3	100.0
	合计	512	99.2	100.0	
缺失	99	4	0.8		
	合计	516	100.0		

资料来源：中西部贫困地区乡村小学教师生活与工作状况调查。

表4 会泽县乡村教师婚姻状况

单位：%

	婚姻状况	频次	百分比	有效百分比	累计百分比
有效	未婚	58	11.2	11.3	11.3
	已婚	446	86.4	86.9	98.2
	离婚	8	1.6	1.6	99.8
	丧偶	1	0.2	0.2	100.0
	合计	513	99.4	100.0	
缺失	99	3	0.6		
	合计	516	100.0		

资料来源：中西部贫困地区乡村小学教师生活与工作状况调查。

86.9%的受访者已婚，未婚的比例为11.3%，离婚和丧偶的比例共1.8%。未婚者主要集中在30岁及以下的人群中。31~40岁的年龄组中，7人未婚，7人离婚，虽然比例较低，但值得关注。在访谈中，一些年轻教师表达了对于婚姻问题的忧虑：学校里一般都是男多女少，而且女老师多希望外嫁给城里的老师或者公务员。

表5 年龄与婚姻状况列联表

单位：%

年龄分组	婚姻状况				合计
	未婚	已婚	离婚	丧偶	
30岁及以下	29.8	69.0	0.6	0.6	100.0
31~40岁	3.6	92.3	3.6	0.0	100.0
41~50岁	0.0	100.0	0.0	0.0	100.0
50岁及以上	0.0	100.0	0.0	0.0	100.0
合 计	11.3	86.9	1.6	0.2	100.0

资料来源：中西部贫困地区乡村小学教师生活与工作状况调查。

（二）学历与职称

1. 学历与职称状况

88%的教师从师范院校毕业，98%的人持有教师资格证。从教师与学校的关系来看，88.4%的人属于学校的正式编制，11%的人属于特岗教师，代课教师仅仅占到0.2%。

51.3%的受访者学历为本科，35.5%为大专，9%的受访者学历为中专（高职或技校）。从职称状况来看，小学高级教师占到51.1%，其次是小学一级教师，占45.4%，其他职称所占比例都很低。村完小和教学点的教师职称处在小学一级水平的人数较多。中心学校小学中高级职称比例较高，但是也有近32%的教师职称为小学一级。

表6 会泽县乡村教师的学历状况

单位：%

	学历状况	频次	百分比	有效百分比	累计百分比
有效	初中	7	1.4	1.4	1.4
	中专或高职、技校	46	8.9	9.0	10.4
	高中	14	2.7	2.7	13.1
	大专	182	35.3	35.5	48.6
	本科	263	51.0	51.3	99.9
	其他	1	0.2	0.2	100.0
	合 计	513	99.5	100.0	
缺失	99	3	0.6		
	合 计	516	100.0		

资料来源：中西部贫困地区乡村小学教师生活与工作状况调查。

表7 会泽县乡村教师的职称状况

单位：%

	职称分类	频次	百分比	有效百分比	累计百分比
有效	无职称	11	2.1	2.1	2.1
	小学高级教师	262	50.8	51.1	53.2
	小学一级教师	233	45.2	45.4	98.6
	小学二级教师	3	0.6	0.6	99.2
	中学高级教师	2	0.4	0.4	99.6
	其他	2	0.4	0.4	100.0
	合 计	513	99.5	100.0	
缺失	99	3	0.6		
	合 计	516	100.0		

资料来源：中西部贫困地区乡村小学教师生活与工作状况调查。

晋升到目前的职称所花的时间普遍较长。31.4%的人花了六年以上的时间，所占比例最高，其次是"五年"，占29.3%。当问到近期内职称晋升的机会时，大多数的受访者均表示机会很小或者不大可能。

2. 职称评定问题

职称评定是乡村教师面临的一个主要困境。根据教育局熊科长的介绍，岗位设定的依据是核给的编制数量。会泽县在职教师为8734人，但是核给的编制只有8402人①，缺编的问题尤为突出。因为缺编，所以岗位也就相对缺乏，这导致很多教师虽然在资历、能力方面都满足了职称评定的条件，却因为没有相应的岗位，所以不能往上流动。

> 岗位设岗，它不是根据实有人数来设岗的，而是根据核给的编制人数设岗，不管你实有多少人，就按核给你的编制来设岗。……我们的编制少，像中级职称、高级职称就少，岗位也就相应少，就导致了各级的职称数大于学校所设的岗

---

① 其中还包含一所体育中学，该学校归体育局管辖，所以实际核给的编制只有8366人。

位数。这里有一千零几十人,早就拿到职称那个本本,但是因为编制不足,所以设岗就少,取得职称人数大于岗位数。从2007年,省里针对这个职称申报问题做了改革,就说要有空余岗位的情况下,才能评定职称。这样现在又有了一个问题,我们一些优秀教师年年都评优,年限也有了,但是连晋升职称的资格都没有。(会译访谈1)

这种状况对老师的积极性影响非常大。一位女老师目前的职称为小学一级,她说按照现在这个政策"要想进高级,一辈子也不可能",有时候为此不免产生绝望的感觉。在我们走访的唯一的中学——老厂中学,校长和老师们都一致认为职称评定已经成为打击老师积极性的关键因素。

三 会泽县乡村教师的工作状况

(一) 工作时间与工作强度

1. 工作量

会泽县乡村教师每周的课时总量均值为22节,其中教学点教师课时量最大,平均为26.6节,其次为村完小,平均为22.3节,中心校教师每周课时平均值为20.7节。

表8 会泽县乡村教师每周课时量

单位:节

学校类型	均值	中位值	众值	最小值	最大值	标准差
中心校	20.7	20	17	10	30	5.08
村完小	22.3	21	20	0	70	7
教学点	26.6	29	20	15	35	6.7

资料来源:中西部贫困地区乡村小学教师生活与工作状况调查。

教学点的特点是"一师一校",即一个老师负责教全校所有课程。在乡镇中心学校,因为师资较为充足,所以老师负责代课和管理的班级数相对较少。村完小的教师承担的课程则比较多。比如二道坪小学共五个年级，每个年级一个班，五个老师，所以每个老师负责一个班的所有课程。关于所教班级人数，各种类型的学校有所不同，中心学校班级人数平均为 56 人，村完小平均为 37 人，教学点则为 27 人。可见中心学校教师与村完小和教学点的教师相比虽然课时较少，但是班级人数多。

每周批改学生作业和课外辅导学生的时间，平均为 11.8 小时，其中中心学校教师平均为 7 小时，村完小平均为 11 小时，教学点教师则需花 13 小时。此外，84% 的老师需要在课后管理学生，寄宿制学校管理学生的任务尤其繁重，被调查者中 65% 的教师所在的学校是寄宿制学校。

对于工作量的感受，近 45% 的老师认为"工作量较大"，43.6% 的老师认为"工作量很大"，仅 11.4% 的人认为"适中"。按学校类型来看，81.8% 的教学点的教师认为工作量"很大"，村完小的教师认为工作量"很大"和"较大"的比例相当，在 44% 左右，中心校的教师有 28.6% 的人认为工作量"很大"，61.9% 的人认为工作量"较大"。

表 9 学校类型与工作量列联表

单位：%

学校类型	很大	较大	适中	较轻松	合计
中 心 校	28.6	61.9	9.5	0.0	100.0
村 完 小	43.4	45.1	11.3	0.2	100.0
教 学 点	81.8	0.0	18.2	0.0	100.0
合 计	43.6	44.8	11.4	0.2	100.0

资料来源：中西部贫困地区乡村小学教师生活与工作状况调查。

2. 工作压力

访谈中，无论是教育局的主管人士还是教师自身，都认为工作压力很大。原因主要在于，一是国家实行营养餐计划，但是没有相关的人员的配套，所以老师除了正常的教学任务之外，还必须负责营养餐。教育局副局长说国家的惠民政策造成了很多矛盾。

> 每个学生都要吃营养餐,要有人煮饭。但是国家的配套政策没有,没有给你钱,也不给你老师,只能我们现有的老师来做。不可能随便找个人来做,万一吃出问题来,你也没办法承担。这个给我们的压力也很大,煮饭,要炊事员,又要求每个学校都要有保安。没钱没人,都是老师在承担。现在大家对法律很重视嘛,什么禽流感啊,要搞安检,也都要老师来承担。所以老师除了老师的身份,还要承担很多的任务,压力是比较大的。(会译访谈2)

团坡学校的一位老师,已经到了临近退休的年龄,除了教学之外还在监管营养餐,感到很难承受。

二是老师对学生各方面都要负责。很多家长认为把孩子交到学校,就是老师的事情了。

> 家长一年级把孩子送进去,六年级接出来,好多家长几年都没到学校去过。有的(家长)孩子犯错了还找老师的麻烦,我的孩子这么懂事你怎么没教好呢?(会译访谈3)

因为是在山区的走读学校上学,学生常常要走很远的山路才能到学校,所以学生的安全问题尤其让老师操心。教师甚至和医生一起被当作高危职业人群。在寄宿制学校,老师除了教学外,还要管理学生的食宿。茹副局长说:"除了教学,还要管学生的住宿、心理等日常生活,所有的他要全包。吃喝拉撒这一块全管。"在乡村学校,留守儿童很多,有的学校留守儿童占到一半左右,这些孩子也很让老师头疼,有的性格比较孤僻,不好沟通,家长对孩子的学习也不过问,有的孩子甚至作业本都要老师买。

有的老师给家长打电话,说孩子病了,回来看一下。家长就说:"老师,你帮我看一下,等我回来他要没命的话早就死掉了。"家长可能也是无奈,但是也反映了我们老师的角色确实比较重。从进校开始,老师就要负责所有的事情。(会译访谈2)

老厂乡的李老师所在的学校是寄宿制学校,他说感到工作的压力很大。

> 早上八点到十一点的课,早上四节,下午三节,有时候就一个人上,有时候晚上还有晚自习。……除了工作上的事,生活上也比较多,学生他住在那,经常没有时间,工作压力比较重,有点喘不过气来。相当怕学生出什么安全事件呀。(会译访谈4)

不过李老师认为他还算幸运,因为分到了条件比较好的学校,他的女朋友就比较惨了,女朋友所在的学校是三类学校,条件很差,又是寄宿制学校,所以非常累。

> 她教的又是一年级,小孩子嘛,有时候她睡个午觉,当当当,老师我肚子疼,然后又弄点药给他吃。过一会,当当当,老师我手疼。(会译访谈4)

归根结底,老师缺编是一个重要的原因。副局长认为国家在核编的时候,没有考虑班师比,这在农村是一个非常突出的问题。

> 农村的很多学校比较分散,学生比较少,仅仅从师生比来看,就不能满足学校的教学要求。2008年小学的师生比,都用一个统一的标准,1:23,这个编制很高了。在你们去的比较偏僻的学校,可能三个班的学生还凑不够23个人。我们原来还考虑班师比,但是国家后来下的编制就没有考虑班师比,也不考虑管理呀什么造成的人员的增加。在很多村级

的学校，学生人数很少，但是老师要管一个班，要教这个班的各门课程。山区的小学基本上都是一个老师包一个班，所有的科目全包，甚至少数的学生学校三个人要包四个班，或者四个人包五个班。（会译访谈2）

在会泽，要求老师手写教案，这无疑大大加重了工作量，即使是去年教过的同样的课程，也需要今年重新写教案。教过几年的老师备课时一般都需要两三个小时。大海乡中心小学的总务主任董老师说，他除了管学校的营养餐、财务和学生安全的，还要教六年级的语文以及五、六两个年级的体育课。

> 晚上要是把课都备好，我有48个学生嘛，要是把作业都改完，绝对要到一两点钟，体育也要备课，写教案，教案都要手写。其他老师都要这么辛苦，我只是在教案上捡到一些便宜。像他们教四科的，一到四年级的就是语文、数学、品德、科学、音乐、体育、美术、地方课程，这些都要写，写教案，所以他们更辛苦。晚上还要看学生，查夜，都安排专人查夜，还有老师轮流值班，值班就是看校园周围，保证学生的安全，就相当于一个保安了。老师平时就住宿舍，学校里就安排老师轮流在刚进大门的值班室里值班，一个老师一个星期。轮到哪个老师就要到那里去住。（会译访谈5）

（二）薪酬与培训

1. 薪酬

会泽县乡村教师的工资由基本工资和绩效工资构成。绩效工资一般在年底发放，主要是考核工作量和教学成绩，一年大约在六七千元左右。根据问卷统计数据，"每月基本工资"均值为2467元，中位值为2600元，众值为3000元。中心学校和村完小的基本工资差距不大，但是教学点教师的基本工资明显偏低。不同职称教师基本工资也存在较大的差异：小学高级教师基本工资为 2596 元，小学一级为 2223 元，小学二级为 1764 元，中学高级为 2550 元。从访谈中得知，小学高级教师每个月的工资收入大概在 3500 元左右，小学一级教师月工资收入约 2600 元。这与问卷统计的数据存在差异，可能是因为被访者对基本工资的理解存在差异，也可能是因为基本工资随工龄和职称而有所变动。

表 10 不同类型的学校教师每月基本工资状况

单位：元

学校类型	均值	中位值	众值	最小值	最大值	标准差
中心校	2726	2980	3000	800	3500	680
村完小	2410	2600	3000	100	4000	798
教学点	1639	600	200	200	3900	1539

资料来源：中西部贫困地区乡村小学教师生活与工作状况调查。

表 11 不同职称教师每月基本工资均值

单位：元

教师职称	无职称	小学高级	小学一级	小学二级	中学高级
基本工资均值	1988	2596	2223	1764	2550

资料来源：中西部贫困地区乡村小学教师生活与工作状况调查。

工资发放情况较好。81% 的教师工资能够每月足额并按时发放，16% 的教师工资基本能够按时发放，偶尔会推迟。

2. 培训

87% 的乡村教师接受过相关的培训。接受过县级培训的人占 70%，接受过市级以上级别培训的占 37%，接受过公益组织培训的仅占 2%；从培训内容上看，75% 的人参与过教学方法的培训（其中，57% 的人参与过案例教学法的培训，44% 的人参与过讨论教学法的培训），44% 的人参与过教学内容的培训。57.5% 的人认为所接受的培训对于教学水平、职称评定等有一定的帮助，18% 的人认为"帮助很大"。

县教育局人事科的熊科长给我们介绍了会泽县的教师培训情

况，培训主要包括校长培训、骨干教师培训和岗前培训。校长培训每年不少于3次，培训内容包括管理以及法制知识等方面的培训，此外比较系统和成熟的是骨干教师培训。

从2008年我们就正式组建了骨干教师库，骨干教师要承担学校的学风带头作用，同时给他们提供培训金，每个骨干教师学校都会给他们订一本教育杂志，是免费订的。另外我们每年都要推荐近百名骨干教师进行培训，这个培训不是在我们县培训，我们都是直接把他们送到那些知名的高校，请专家进行班主任管理、心理健康，或者教学之类的培训，这些培训是连续的，一般都是2~3天。特岗教师必须接受岗前培训。培训内容呢，首先第一大块就是要给他们讲讲我们这儿的县情，就是我们教育现状发展的基本情况。我们还请县里非常优秀的校长啊，还有前几年工作干得非常好的那些特岗教师，我们还会有针对性地找那些条件比较艰苦，工作量非常大，但成绩突出的一些老师，让他们来给我们的新老师进行一些现场说法。培训之后就把他们安置到各个中心学校，中心学校又对他们进行培训，培训的内容就是要让他们熟悉学校的一些常规的管理制度、办法，还有一些就是可以请本乡镇的优秀教师来给他们上公开课，讲讲怎么备课，怎么进行班级管理，又进行培训，几乎要进行一个月的培训，才让他们上岗。（会译访谈1）

（三）流动状况及流动意愿

1. 求职渠道与择业原因

80.6%的被访者第一份工作就是教师，6.6%的人第一份工作是务农，这部分教师主要是原来的民办教师。至于获得目前这份工作的渠道，46.2%的人是因为毕业分配，23.7%的人是因为特岗教师招聘，17%的人是因为民办教师转公办（见表12）。

关于选择教师职业的原因,排在第一位的是个人理想,其次是家人意愿,排在第三位的是追求稳定。从这些数据来看,会泽县的乡村教师之所以从事教师这份职业,很大程度上是出于一种主动的自愿的选择,其中不乏理想的成分。但是在我们的访谈中,也有不少老师认为进入这行是因为没有其他的选择。

表12 会泽县乡村教师获取当前工作的渠道

单位:%

		频次	百分比	有效百分比	累计百分比
有效	民办教师转公办	87	16.9	17.0	17.0
	特岗教师	121	23.4	23.7	40.7
	学校招聘	48	9.3	9.4	50.1
	代课教师	7	1.4	1.4	51.5
	毕业分配	236	45.7	46.2	97.7
	其他	12	2.3	2.3	100.0
	合计	511	99.0	100.0	
缺失	99	5	1.0		
	合计	516	100.0		

资料来源:中西部贫困地区乡村小学教师生活与工作状况调查。

2. 从业时间

统计数据显示,被访者从事教师职业的时间,平均数为14年,众值为5年,最大值为38年;在本校工作的时间,均值为8.4年,众值为2年,最大值为33年。

表13 会泽县乡村教师从事教师职业的时间

单位:年

学校类型	均值	中位值	众值	最小值	最大值	标准差
中心校	15.7	14.5	15	5	32	7.9
村完小	14.3	13	5	1	38	8.9
教学点	15.6	11	7	1	35	11.6

资料来源:中西部贫困地区乡村小学教师生活与工作状况调查。

从在当前学校工作的时间来看,中心学校教师平均为10年,村完小和教学点教师平均为8年。从这些数据大体可以判断,乡村教师向其他行业的流动性较弱,而且在同一所学校的任教时间较长,即在学校之间的流动亦不明显。

3. 流动意愿

在问到有没有考虑换个学校时,41.6%的人回答"可能会",23.7%的人回答"一定会",16.4%的人回答"没有想过这个问题"。按学校来看,村完小的教师考虑换学校的比例更高,确定不会换校的比例在三类学校中最低。教学点的条件虽然在三类学校中最差,但是有27.3%教师表示不会换学校,这可能是因为那些从民办转为公办的老教师多为本村人,从教多年,行将退休(见表14)。至于换学校的原因,排在首位的是"交通不便,离家太远",排在第二位的原因是"报酬低,福利待遇差",排第三位的是"缺乏进修的机会"。问到转校的途径时,40%的人打算通过"组织调配",24%的人打算通过"参加招聘会"。

当问到是否打算换个行业的时候,35.5%的人回答"可能会",26.7%的人回答"不会",20%的人回答"一定会"。如表15所示,不同的学校教师对于换行业的打算有所不同。45.5%的中心学校的教师明确表示不会换行业,而村完小和教学点的教师表示不换行业的比例较低。村完小教师20.1%的人表示一定会换行业,35.9%的人表示有这种可能性,教学点的教师表示可能会换行业的比例高达45.5%。

关于转行的原因,问卷要求被访者按照重要性选择三项,最重要的原因比例最高的是"想体验其他职业,丰富人生",次重要的原因比例最高的是"追求更高的经济收入"。关于转行后希望从事的职业,27%的人选择了党政机关事业单位,13%的人选择了私营企业主,6%的人选择了专业人员。

表14　学校类型与换校计划列联表*

单位：%

学校类型	是否考虑换个学校						合计
	没想过这个问题	一定会	可能会	无所谓	可能不会	不会	
中心校	13.6	18.2	27.3	4.5	0.0	36.4	100.0
村完小	16.7	23.8	42.6	4.2	2.5	9.9	100.0
教学点	9.1	27.3	27.3	9.1	0.0	27.3	100.0
合　计	16.4	23.7	41.6	4.3	2.4	11.4	100.0

＊本表中删去了缺失值的数据。

资料来源：中西部贫困地区乡村小学教师生活与工作状况调查。

表15　学校类型与换行业计划列联表

单位：%

学校类型	换个行业						合计
	一定会	可能会	无所谓	可能不会	不会	不清楚	
中心校	22.7	22.7	0.0	9.1	45.5	0.0	100.0
村完小	20.1	35.9	5.9	9.0	26.0	2.8	100.0
教学点	9.1	45.5	0.0	18.2	18.2	9.1	100.0
合　计	20.0	35.5	5.5	9.2	26.7	2.9	100.0

资料来源：中西部贫困地区乡村小学教师生活与工作状况调查。

4. 流动状况

那么教师的实际流动情况又如何呢？相对周边的县，会泽县的教育环境比较好，所以往外县流动的教师很少。在会泽县内教师行业内部流动的机会并不多，主要有两种途径，第一种途径是通过会泽县城的学校招考。按照教育局长的看法，这种招考是比较规范、公平的。

我们现在城区的学校招人都是公开招考，让所有的老师都有一个机会。只要他工作认真，成绩在同类学校的平均分以上，就可以参加。骨干教师可以在这个基础上再加分。这一块对老师的积极性的调动还是比较大的。我们这里有一所学校，是一个特殊教育学校，这个学校单单是大海乡考进来

的就有十几个老师。很多老师都说,调动调动,肯定要靠各种关系啊,实际上我们这个是很公平的。(会译访谈2)

按照局长的说法,教学成绩在平均分以上的教师就可以参加城区学校的招考,但是访谈中有老师说成绩在同类学校的前三名才可以报名。很多老师认为调动到城区非常困难,因为名额少,全县八千多名老师,竞争也非常激烈。第二种途径是组织调动。村小的老师可以申请往乡完小或其他村小调动。调动时组织会考虑教师的需要,比如把夫妻二人安排在同一个学校,在访谈中确实发现有这样的例子,但是这种机会很少。事实上夫妻在两个学校的情况还是很普遍的。

至于通过考公务员而流动到其他事业单位的,也是凤毛麟角。据茹局长介绍:

> 除了副科级以上的,原来是不允许调动,现在允许事业单位调事业单位。老师要满五年教龄。这一块还是比较少,二三十人吧。会泽总的编制已经被砍了。2009年我们县的编制砍了2400,我们教育上被砍了1500。教师考公务员(要求)是五年教龄,就是说你到我们教育系统要五年以上,才可以申报考试。考公务员走的还是少,因为招考的量比较少,现在大学生就业的压力也比较大,除了特殊的岗位之外,基本上都是招应届的大学毕业生。(会译访谈2)

访谈中,不少老师都说有过考公务员的经历,但是真正冲出去的并不多,所以有的考过一两次之后就不再考了。团坡小学的教导主任曾经报考过城区的学校,笔试第三名,但是面试没有过,后来又考过公务员,但是没有考上,之后他也没再考了。

> 现在我们能考的岗位太少。还有现在带着孩子也没时间读书,还有现在学校工作也多,基本上都在工作,都在家庭的事,也没时间去读书,也不打算考虑这方面。(会译访谈6)

他说后来还是觉得教师比公务员好,学校是"一片清净之地""还是希望在学校里面过点宁静的生活吧"。

(四)职业认同感

关于教师的职业认同感,不同人的认识和感受有所不同。虽然从问卷调查的情况来看,选择教师这个职业,往往并非是迫不得已(认为"是不得已才从事这个工作的"的比例仅为13%),但是无论是数据统计还是访谈资料都显示出乡村教师对其职业的认同感总体上处在一个较低的水平,这一方面是由于收入与付出的不成比例,另一方面则是由于工作环境和生活条件的艰苦所致。

对于目前的工资收入,教师们普遍感到不满意,教学点的教师中约一半的人表示对收入的满意度"一般",相较于前两类学校教师,他们对收入的满意度似乎要更高一些,这或许还是老教师所占比例较大的缘故。

表16 学校类型与"我目前的工资收入不能让我满意"交叉制表

单位:%

学校类型	我目前的工资收入不能让我满意					合计
	很同意	比较同意	一般	不太同意	不同意	
中 心 校	63.6	13.6	13.6	4.5	4.5	100.0
村 完 小	50.5	25.2	19.1	2.9	2.3	100.0
教 学 点	36.4	9.1	54.5	0.0	0.0	100.0
合 计	50.8	24.3	19.6	2.9	2.4	100.0

资料来源:中西部贫困地区乡村小学教师生活与工作状况调查。

针对"我认为我的付出与收获相符"的说法,教学点的教师表示出强烈的反对,"不同意"的比例占到81.8%。村完小的教师中表示"不太同意"的比例也比较高(27.9%),中心学校的教师选择"一般"的比例最高,为77.3%。

表 17　学校类型与"我认为我的付出与收获相符"交叉制表

单位：%

学校类型	我认为我的付出与收获相符					合计
	很同意	比较同意	一般	不太同意	不同意	
中心校	4.5	0.0	77.3	18.2	0.0	100.0
村完小	6.0	11.3	35.1	27.9	19.6	100.0
教学点	0.0	9.1	9.1	0.0	81.8	100.0
合计	5.8	10.8	36.5	26.9	20.1	100.0

资料来源：中西部贫困地区乡村小学教师生活与工作状况调查。

访谈发现，工作几十年的老教师，尤其是那些转正的民办教师，往往都会说很喜欢教师这个职业。他们大多在农村出生，以前受过很多苦，刚开始执教时工资很低，现在的条件跟过去相比已经让他们很满意了。团坡小学的王老师，今年五十岁了，当问到是否喜欢教师这个职业的时候，他毫不犹豫地说：

> 喜欢，特别是教毕业班，都感觉舍不得学生。我这两年的大部分时间都是教五六年级的。我喜欢大班，四十八、四十五人的大班，比较高兴。但是每年面对学生毕业，我都比较伤心，挺热爱这个事业的，每次毕业以后的学生回来看我们，看到他们过得还好，我都感到挺高兴的。（会译访谈 7）

乐业镇小学的贺老师，以前也曾是代课教师，换过五个学校，在乐业小学做了多年的校长，他说：

> 自己从小就想当老师，带了那么多个学生在身边围着你转，觉得还是开心的。特别是低年级教过的……哭声一片，但是一张……一张笑脸面对着你。不像其他工作那么枯燥，但对情绪的波动大一点。（会译访谈 8）。

教书 27 年，他从来没有厌倦感，一直都没想过转行转业，即使在最艰苦的地方任教也是如此。

但是刚刚分下去的年轻老师很不适应，尤其是在三类学校的老师。一位工作了两年的男老师说他都快疯了，而且他说事实上的确有人真的疯了。一位老师说他的女朋友被分到的学校环境很不好，山路特别难走。

> 要爬一座大山，对面是这种悬崖，两个大悬崖。相对于大学刚毕业的学生，才毕业的学生，特别是女生一看到那种环境，就大声地哭，哭得稀里哗啦。当时一到那个地方，她就不想干了。她也是父母逼着她留在这里，慢慢地才稳定下来。（会译访谈9）

更多的老师对教师这个职业可谓是爱恨交织，工资收入低，学校环境闭塞，交通不便，这些都让他们感到沮丧，但是另一方面，他们也看到了这个职业的许多好处，比如稳定，工作环境相对单纯，看着学生进步有成就感，因为学生的尊敬而感到欣慰等。

> 有时孩子会回去看我们，可能我们在乎的不是他们的礼物，而是他们还想着我们老师，老师就希望某某是我教的，他非常有出息，我听到这个消息就非常高兴。（会译访谈3）。

老厂的李老师说起他的一段经历。

> 晚上第一次放学回家我在路上开着车，那些孩子一叫我，就立马站在旁边一排，说老师好，那个时候我的心都化了真的是。我觉得孩子太懂礼貌了，非常非常地有礼貌，他们也是对外界这些东西非常非常地渴望，也比较可爱的。有那么六到八个学生现在学生作文写得特别好。我每次上作文课，我就觉得非常欣慰……只要他自己真正地能学到一点东西，一天有一个进步，就是对我最大的满足。……我以前一个朋友，上大学时成绩还没我好，现在在省歌舞团，前几天不是开南博会吗？南博会的主题曲都是他唱的，《相约在云南》，他发过来给我。我就想你看人家都在干什么干什么，我在这里干什么，心里有点儿想法，但是有时候想想自己也是挺满足的。因为觉得就是

工资低一点儿,但是稳定。(会译访谈4)

很多老师都经历了一个逐步爱上教师职业的过程。李老师说他的女朋友刚到学校的时候,"根本待不住,她就想考公务员,就想考到城里",但是后来就"舍不得走了,舍不得那些孩子,苦一点儿累一点儿都没事了,挺欣慰的,有时候"。

也有的老师一直都没有什么职业认同感,但是因为没有办法而不得不继续现在的工作。老厂中学的一位女老师,说当老师没有成就感,也没有自豪感,跟学生在一起,有时候会比较开心,但是"也不总是有这种感觉"。她结婚前考过公务员,但是没考上,后来有了孩子,就没精力也没这个想法了,"有时候也就自己安慰自己,………你没有能力考公务员什么的……打工,也就干点儿苦力,要是有能力的话,就去公司干点儿别的"。

四 会泽县乡村教师的生活状况

(一) 居住与生活条件

数据显示,三类学校中,教师住学校宿舍的比例最高,中心学校为31.8%,村完小为37.6%,教学点则高达72.7%,部分老师自己购置了房屋(三类学校的比例分别为18.2%、12.4%、0),自建房屋的比例在20%左右。

表18 学校类型与住所类型交叉制表

单位:%

学校类型	自建房屋	自购房屋	租房(全租或合租)	学校分配住房	学校宿舍	其他	合计
中心校	18.2	18.2	18.2	13.6	31.8	0.0	100.0
村完小	22.1	12.4	15.7	6.4	37.6	5.8	100.0
教学点	9.1	0.0	9.1	0.0	72.7	9.1	100.0
合计	21.6	12.4	15.6	6.6	38.1	5.6	100.0

资料来源:中西部贫困地区乡村小学教师生活与工作状况调查。

41%的教师住所为楼房,50%的教师居住在平房中。居住面积的均值为54平方米,中位值为40平方米。拥有独立卫生间的教师很少,中心学校为27%,村完小为23%,教学点则为0。至于冬天取暖方式,49%的人自己烧煤取暖,43.6%的人使用电炉或电暖气。教师们对住房的满意度很低,尤其是教学点和村完小的教师。学校基本不提供午餐(享受学校提供午餐的教师比例不足10%)。

会泽近几年非常干旱,所以很多学校教师吃水都是问题。一些学校虽然没有水危机,但是"路很烂,非常难出来"。交通不便是很多老师面临的难题。

>老师都住在学校,他出去不了,我们最远的学校,从这里去要一百多公里,我们坐车起码要三个半小时到四个小时,来回要七八个小时。你看,他能去哪里?最多就是一个月出去买一次菜,一个月出去一次。要是自己有车的,还要公路不断,像这个今天好多地方都去不了,公路垮塌严重。班车到东川的,东川的有两趟班车,这是横穿我们大海,公路沿线的能够坐班车的,坐班车出去。到晚上放学了,这个班车也就没有了,像去年半年多都没有,因为路垮了。走路走不出去,这里是交通最方便的了,乡政府在这里。那些乡下整个村都没有车,怎么搭别人的车?老师都几乎是参加工作三四年的,又买不起车。(会译访谈10)

老师们一般都住在学校宿舍,常见的是里外两间,外面一间用来做饭,里面一间睡觉。设施极为简陋。除了一张床、一张桌子和简单的做饭用具,其他就没什么东西了。

虽然学校往往是一个村里最好的建筑,但是学校内的设施往往比较差,尤其是村里的小学。访谈中很多老师都说现在学校的外观环境已经改善了很多,但是还是存在很多问题,其一就是网络速度很慢。村小往往就一台电脑,上网速度非常慢,有的地方下载一个文件甚至要好几天。其二就是教学相关仪器和设备的缺乏,这给老师们的授课带来了不少的麻烦。某小学的校长说,他们学校没有实验器材,上科学课的时候很麻烦,"光靠讲,学生不明白,他不懂那么理念化的东西,毕竟小学生形象思维,形象记忆比较好"(青少年服务中心,集体访谈)。

很多老师都在会泽县城买了房,所以老师们一般都在周末回县城,周一上午再赶回学校。除了夫妻俩在同一所学校的情况外,大部分教师平时都处于夫妻分居的状态。至于刚参加工作没几年的年轻老师,买房的不多,所以基本上就以校为家了。

(二) 业余生活

学校里的娱乐设施很少,加之地处大山,非常闭塞,老师们到城里一趟很不容易,所以老师们的业余活动非常单调。问卷结果显示,业余活动的第一选择占比最大的是看书(43.6%),第二选择占比最大的是干农活或家务(32.8%),第三选择占比最大的是看电视(23.6%)。

中心学校条件稍好一些,通常设有篮球场、乒乓球台等,网速还差强人意。乐业小学的某女老师说晚上吃完饭后会跟同事们一起打打扑克和跳广场舞,每天差不多会上两个小时的网,浏览信息或者看小说。村完小教师的业余生活相比之下单调得许多。

> (课余时间)一般就是看电视,或者打打羽毛球、打打篮球。(会译访谈 11)

如果学校所在的地方非常偏僻,那么业余生活就极为单调乏味,一位校长说她的学校教师的精神生活比较差。

> 那个地方什么都接触不了,就像世外桃源一样,基本是封闭的,一天除了工作工作还是工作、学生学生还是学生。其他的基本不跟任何人接触,基本就是这样。接触最多的就是学生、家长,有极少数的下乡领着来学校转一下,见到几个外人,否则就是封闭式的。有的老师说,工作是这样,就成憨包了。就是变傻了,没有人交流。跟外面的信息基本是脱离的,好就好在现在网络还是通了。……我们地方的老师是比较辛苦的,加上工作繁重,余额的时间、余额的地方都没有。有些人连坐在

一起打双扣都不会,都不会凑在一起打,就说几个人在一起摆摆说说就算了,就算娱乐。平时呢,自己做自己的饭,几个人觉得无聊了,在一起做饭的时候唠唠笑笑,那就是我们学校老师的精神生活了。就这么枯燥,星期六星期天还有一部分人在学校里边,她们这样说的,你们走完了,静悄悄的,平时嫌学生烦,等你们走完的时候,只听见鸟的叫声,其他就没有了。你可以想象一下学校里边鸟叫声非常多,那小布雀一帮一帮飞出去飞进来,你都可以感受有多宁静。(会译访谈12)

年龄大、家里有地的老师放学之后除了备课,一般都是回家忙农活。那些孩子较小的女教师则承受着更大的压力,她们的课余时间基本上都用在做家务和带孩子的事上,也有的老师说一天下来最想干的事就是好好睡一觉。

(三)收入与支出

1. 收入

"去年家庭总收入"均值为 42184 元,中位值为 40000 元,众值为 30000 元。中心学校教师去年家庭总收入均值最高,为 52486 元,其次为村完小教师,均值为 42177 元,教学点教师家庭总收入均值最低,为 26200 元。①关于"去年配偶的年收入",中心学校教师均值为 23063 元,村完小教师的均值为 15282 元,教学点教师均值为 14511 元。

表19 会泽县乡村教师"去年家庭总收入"

单位:元

学校类型	均值	中位值	众值	最小值	最大值	标准差
中心校	52486	47800	40000	28800	80000	17083
村完小	42177	40000	30000	2999	200000	17098
教学点	26200	25000	5000	3000	60000	22448

资料来源:中西部贫困地区乡村小学教师生活与工作状况调查。

---

① 村完小一组的最小值和最大值令人质疑,教学点一组的最小值也可能有误。

近96%的人没有其他收入来源,有其他收入来源的人中,1/3的人的收入来源是种地,外出打工以及自己做生意的都很少。

与本县公务员的收入相比,45%的人认为自己要稍低些,31%的人认为低很多,18%的人认为差不多。与本县其他职业人员的收入相比,40%的人认为要稍低些,31%的人认为低很多,23%的人认为差不多。与本县同级教师的收入相比,64%的人认为差不多。这说明同级教师职业内部收入差异不大,但是教师们整体上认为自己的收入在当地属于较低水平。虽然拿到手的跟公务员相差不大,但是教师们认为自己是挣一个花一个,而公务员则有很多隐性的福利。

2. 支出

"去年家庭总支出"均值为49760元,"个人每月生活花费"均值为1525元,"去年家庭日常生活费用"均值为18490元,"去年子女教育费用支出"均值为7430元,"去年家庭医疗费用"均值为7671元。占总支出最大的项目是日常生活费和医疗费。

90%的乡村教师参加了社会保险,其中参加"三险一金"的比例为46.5%,参加"五险一金"的比例为50.2%,但是参加其他商业保险的比例很低,为7.8%。

关于家庭人口数,三口之家最多,占到42%,其次是四口和五口之家,占到20%左右。64%的人有一个孩子,18%的人有两个孩子。[①] 97%的人认为家庭有经济压力,至于产生经济压力的原因,最主要的是"工资收入太低",75.6%的人选择了此项,其次是"买房费用",选择的比例为12.8%。

3. 经济压力

访谈中,老师们普遍表示经济压力很大,尤其是在城里买房的老师,每个月房贷一般都为2000多元,按老师们的说法就是要还到退休。老厂中学的一位女老师,孩子刚刚两岁,每月工资

---

① 42%和64%的差异可能是由于一部分只有一个孩子的受访者孩子已经已婚,这些受访者在回答家庭人口数时没将已婚子女计算在内。

2400元,绩效工资一年6000元,丈夫在另一个乡当医生,一个月工资也是2000多元。他们在县城里买了房子,只是在周末和放假后去那里短期居住。她说:

> 经济压力大得要死,每个月都是房贷房贷,我的一半拿来还房贷,他的一半拿来用在车上(指丈夫每个月开车的油费等费用),剩下一点够生存。我假期觉得快穷疯了,要不假期我出去摆个摊,赚点钱什么的。可是孩子怎么办?我妈问我,我说,你给我带着呗,也是孩子太小,不行。(会译访谈12)

另有一些转正的民办教师,如果孩子上学,也感觉经济压力比较大。因为这些老师的爱人一般都在农村种地,所以全家的收入就靠工资和种地。我们访谈的几位转正的民办教师都是小学高级职称,工资每月3300元左右,算是比较高的了。但是如果孩子上大学,负担还是会比较重。团坡小学的王老师有两个孩子,大儿子在读民办大学,"一年要存12000进去,每年的积蓄就花在这里面了"。老二读职业中学,学费一年3000元。

> 所以我还在种地,有时候工作就本来辛苦,周六日还要种地,但也是没办法,我家这个情况,家里有三四亩地,种的辣子。当农民真的不简单,收入微薄,一年就几千块钱,种地成本又高。但是也没办法,我家这个负担。我也在盼老大毕业,不然实在是太……每个月工资的一半都给他们了。(会译访谈7)

五 会泽县乡村教师的社会网络、自我认同与价值判断

(一)社会网络

统计数据显示,除了学生之外,乡村教师日常交往的对象主要是亲戚(79.8%)、学生家长(47.5%)和同事(41.9%)。教师们从家人那里得到较多的支持。数据显示,96%的教师的家

人支持他们的工作。访谈中听到一些家人强迫他们从教的故事：某位老师说自己本来并不想当老师，但是父亲曾经做过教师，强烈要求他干这一行。还有些老师到学校后想离开，但是在家人的劝说下坚守下来。此外，家人们在生活上也给予了很多帮助，比如帮忙照顾年幼的孩子。

同事关系一般都比较好，因为交通闭塞，与外界交流和接触的机会很少，这使得同事之间更容易形成亲密的关系。在二道坪小学，老师们共用一个厨房，所以常会一起做饭，去集市买菜时也会给其他人捎带。教师之间还存在拼车现象，周末时有私家车的教师会把同事捎进城。访谈中，不时有老师提到刚到学校时因为环境不好非常郁闷，但是因为其他老师的热情关照，心情就逐渐好转起来，留下的念头也增强了。

至于与学生家长的关系，教师们说法不一。熊科长认为，相较于城区，乡村的人情味更浓。城区的家长不太把老师当回事，但是农村不一样。他曾有过七年的乡村任教经历。

> 那些乡下的孩子，包括家长，对老师特尊重。我们那会就住那个简易宿舍嘛，早晨起来一开门，门口就会摆着菜，但是你根本不知道是哪个学生送来的，但是他就把那个菜放那儿了，等到过年接近放假那几天，班上那些学生一定会来拉你，就是他爸爸说了，要让老师来家里吃饭。（会译访谈1）。

茹副局长也认为农村的人际关系更加单纯，老百姓比较热情。他说2006年招来一个云南师范大学毕业的学生，刚到学校的第一个反应就是后悔，第二天早晨发现门口摆着一些蔬菜，还以为是谁忘拿了，后来得知是家长送的，非常感动。

但是也普遍存在家长教育观念淡薄，不理解老师的工作，甚至把孩子的问题都归咎于老师的现象。

> 好些家长从孩子进校时转一转，以后就不会进校园了。像这样的家长最少有1/3吧，除非有事情，老师打电话叫他

们来，不然主动来学校和家长沟通，不可能。（会译访谈6）

> 这几年很难和学生家长打交道。学习不好吧，就说老师管得不好；学习好了，说我儿子、我姑娘很好教的，只要老师随便带一下，就会了。……他们觉得把学生送到学校里，老师教学生是天经地义的事情，跟他们没事情。假如你跟他说你的孩子学习不好，他绝对不高兴。……有一次我们开家长会，就是去年分配的年轻老师，他说有一个家长这样说，你们老师怎么老喊我的儿子去劳动，我儿子不是来干劳动的；而且你怎么不管好你们班的学生，怎么老欺负我儿子、骂我儿子、打我儿子，是不是你们这个地方专门培养山大王的？（会译访谈13）

弯弯寨小学的王校长说，她的学校所在的地方是两省三县交界的地方，受到市场经济的冲击，出现了一些"她不能理解的问题"。

> 假如我们买只鸡吧，本来15块可以买，可是老师去，他们说这是土鸡呀，纯土鸡，你给我20块一斤。有的时候我都无法理解，我一直给他们做工作，到村子里头给他们做工作。我说这些老师太不容易了，你们不能用这种方法对待人家，人家是抱着一种对你孩子好，为你们下一代这种奉献的理念来到这个学校。让人家伤心，人家就不能安心在这地方工作。我们要留得住人家，就要对人家好，我们应该用这种最纯朴的方式对待人家。（会译访谈13）

相较于中学，小学教师与学生的关系明显要融洽得多。在我们走访的唯一的一所中学——老厂中学，老师们普遍抱怨师生关系紧张，学生不尊重老师，不服老师的管理。但是小学教师却常常从学生那里得到安慰，如前所述，好多年轻老师正是因为舍不得可爱的孩子们而决定继续留在学校。

（二）自我认同与价值判断

在问卷中，我们设计了一些量表来考察乡村教师的自我认同、对社会的认知以及价值判断。从统计的数据来看，会泽县的乡村教师自我认同感较强。比如，对于"我认为自己是个有价值的人，至少与别人不相上下"的说法，39.5%的人表示"很同意"，19.6%的人表示"比较同意"。59.6%的人认为自己有很多优点。对于"整体而言，我对自己感到满意"的说法，近50%的受访者表示同意，37.2%的人选择了"一般"。

77%的人认为现在的社会出现了严重的两极分化，穷者愈穷，富者愈富。27.2%的人同意现在"大多数人不在乎别人的死活"。对于政府官员，乡村教师给出了比较负面的评价，如对于"给政府官员写信没用，因为他们通常对普通百姓的问题并不真正关心"的说法，34%的人表示同意，34.3%的人选择了"一般"。

对于金钱的态度，20%的受访者认同"除了健康之外，钱是最重要的"的说法。大多数受访者认为爱财应该取之有道，仅有12%的人同意"赚钱的方法无所谓对错，只有难易之分"。近33%的人认为"善恶没有绝对清楚的标准，完全取决于当时的情况"。

六　会泽县乡村教师的需求

（一）资助的额度与方式

会泽县乡村教师接受外界的资助较少，不到10%的人接受过来自民政部门、希望工程或工会的资助。但是相当一部分教师曾受到乡镇一级的奖励（39.6%）和县级的奖励（10.6%）。当问及"如果有公益组织愿意对乡村教师进行资助，您希望资助的额度是多少"时，65%的人希望额度在8000~10000元，16%的人希望在5000~8000元。关于资助的方式，52.5%的人认为应该资助本校所有教师，32%的人认为应由上级教育部门决定。

当问到"以现在的收入为标准，增加多少，您才会考虑到边远的村小或教学点任教"的问题时，28.3%的受访者选择了"根本不考虑"，23%的人选择了增加"200%"。这表明即使是增加收入，乡村教师到边远地区任教的积极性仍然很低。如何吸引人才从事边远地区的教育工作，将是摆在政策决策者面前的一个棘手问题。

（二）专业发展与晋升需求

问卷中，当问到"希望学校或政府为你的专业发展提供哪些条件或机会"时，按照重要性排序，第一选择占比最大的是"创造学习环境"，第二选择占比最大的是"赴名校参观访问"，第三选择占比最大的是"专业能力培养"。

访谈中，当问到乡村教师有什么需求，青基会这样的社会组织能为乡村教师做些什么的时候，老师们的回答集中在外出培训这一块。很多老师都希望到外面走走，到大城市、名校参观学习，开阔眼界。大海乡的中心学校校长说，虽然每年都在做骨干教师培训，但是覆盖面太窄，"我们全乡有164个教师，8个骨干教师，每年有1个出去培训，8个就是8年，每年只能安排1个"。虽然也有网络远程教育培训，但是这种培训没什么价值，跟实际参观学习是两回事。

对于老师们的需求，教育局人事科的熊科长和茹副局长则给出了比较全面的总结。熊科长认为，一是增加编制，二是提高教师的工资待遇。

> 站在我们科室的角度，遇到的困难我自己深有体会，编制怎样我们就怎样执行，我们要招新老师，但编制不够，就有阻力。（会泽访谈1）

虽然会泽县几乎没有拖欠老师工资的现象，但是熊科长认为相较于云南的其他一些地方以及其他省份，会泽县教师的工资还是偏低。

另外就是增加培训机会。

> 主要对教育观念、思维观念方面的培训，开阔视野，见识一下外面的教学管理方面包括在课堂上的（方法）。在一星期或短时间内不是系统性的（培训），能力提升估计效果不是很大。如果具体到教学素质方面最有效、最便捷的是基本能力的开发，激发他内心的一些潜能，把他的积极性调动起来。（会译访谈1）

熊科长认为培训应该集中在假期进行，如果安排在正常教学时段内，落实起来就会有很大的困难。因为在乡村学校，往往是一个老师管一整个班，如果老师参加培训，学生的课程就会被耽误。除此之外，熊科长还希望能够为乡村教师的教学资源配置方面提供帮助。据他介绍，去年教育局到乡村学校听教师讲课，最后挑出了40人，给每人配一台笔记本电脑。

> 的确那个是非常实惠的，相对来说比起条件较好的，他心里面更平衡一些。这对他们教学方面或者查一些教学资料都很方便，从打字，或者是课件制作方面帮助都是比较大的。但是毕竟40台的面范围也太小了，如果说有条件的话，能够给予我们这些乡村老师这方面的帮助还是很需要的。（会译访谈1）

茹局长认为，这些年会泽县乡村学校硬件设施改善较大（青基会在这方面做了很多工作），但是还是希望能够进一步改善办学条件。

> 我们会泽面很广，你们跑的那些地方差距还是很大的。有的学校房子看着还好，其实内部的设施还是很差。图书的问题，体育器材、实验器材的问题等，这是这几年青基会在帮我们做的，也是我们需要的。（会译访谈2）

关于教师的培训，茹局长的看法和熊科长略有不同。熊科长认为应该把老师送出去，但是茹局长认为最好是把专家"请进来"。

以前有过请专家过来在乐业（会泽的一个镇）跟教师互动，这种方式比较好，毕竟送出去的机会还是比较少。会泽的老师很多，即使每次组织一百人，也是很少的一部分。但是这种送教下乡的方式呢，就会有很多人有机会接触到，而且能够跟老师互动。外出培训还要看老师的心态，心态好的，就会学得多一点。心态不好呢，他想我就是去玩，或者看一下，或者说你这个太先进了，跟我那个没有实际的结合点，效果不一定好。……培训的内容可以是多方面的，可以是针对教学的，或者能力提升的，或者开阔视野的。（会译访谈2）

茹局长也表达了对于缺编的忧虑，他说：

现在最大的问题还是老师的问题。没有人力，说其他的，都是假的。希望你们多给我们呼吁一下，在教师的编制配备上多给我们平衡一下。国家2012年已经发了一个关于加强农村中小学教育的实施意见，但是这个文件发了之后到现在，国家层面没有什么动静，省里也没动静。说得很好的，一个是幼儿园的教师要配足，对农村的教师要倾斜，要吸引优秀毕业生到农村工作。现在我们最关心的还是教师问题。教师超负荷工作，我们可以做做工作，但是时间长了也不行。今年可以，明年卖你个人情，再一年，可能就有想法了。为什么要我承担那么重的工作？我们也听到一些老师反映说，老师是不是也应该有工作量的限制啊，为什么我们经常加班加点啊？但是现在没办法。你们青基会呼吁作用应该比较大。核编应该考虑实际情况。我经常开玩笑说2005年核编制小学是1∶19，到了2008年就提到1∶23，国家搞城镇化，城区的人口是越来越多。我们这边城区学校只能是大班，没办法，没老师嘛。现在别说增加编制，连调编都不给你调。（会译访谈2）

七 结语

一段时间以来，国家和社会组织较多地关注农村学校的办学条件①，之后又通过营养餐计划为农村孩子们的健康提供支持，但是乡村教师——这个决定着乡村教育发展的关键力量，却长久地为国家和社会所忽视。在中国社会剧烈转型的时期，乡村教师遭受着猛烈的冲击和挑战，面临诸多困境：一方面，他们的收入低微（甚至低于农村的外出打工者），工作压力极大，"文字上移"使得乡村教育日趋凋敝；另一方面，他们不再是传统社会里承载着道德教化、行为示范和社会治理使命的并且受人尊重的"先生"，教师已经成为一个门槛不高、随时都可踏入的职业。而近一两年发生在教师群体中的一些极端事件，导致教师的职业声望进一步降低，整个社会呼吁对"师德"要重新认识。

从会泽县的情况来看，虽然县政府和教育局确实为教师们谋求了不少的利益，比如保证工资的发放，在县城团购商品房等，但是考虑到他们所处的闭塞偏僻的环境以及在工作上的压力和艰辛，能够坚守在教师岗位上，确实不是一件容易的事。根据我们的调查，除了少数教师，乡村教师的职业认同感普遍很低，学生的难管难教，家长的不理解，微薄的收入，简陋的居住条件，超负荷的工作，都无法让他们对这份职业拥有一种自豪感。他们时常处在各种矛盾和挣扎之中。他们渴望收入更高、更体面的工作，但是职业流动受到很多限制。教师内部的向上流动竞争激烈，空缺有限，向其他职业流动也是如此，而且转行受到他们自身能力的制约，用他们自己的话说就是"干不了别的，只会当老师"。所以很多人在经历几次失败之后，就学会了适应和接受自己当前的处境，因为没有其他的选择。年轻教师面临的挑战更

---

① 从会泽县的情况来看，虽然由于青基会等组织的资助和支持，一些学校的办学条件得到了很大的改善，但是学校在图书、教学器材、电脑等物资和设施上仍然存在严重的不足。

大。大学毕业后，从繁华的大城市一下子转入到偏僻的小山村，丰富多彩的生活瞬间变得沉寂和单调，很多人因此经历了巨大的心理落差，他们的社交网络和婚姻也受到很大影响。当然，教师职业有其好处：比较稳定，学生很可爱，有时从家长那里得到尊重和爱戴，看到学生有出息时萌生的成就感，这些给乡村教师们带来不少的安慰，但是单单这些并不能给他们足够的热情和动力。

根据调研的结果，我们认为至少需要从以下几个方面去改善乡村教师的处境。第一，改变制度设计。我们发现，乡村教师面临的很多关键性问题都跟制度设计有关。核编时只考虑生师比而不考虑班师比，这种缩减编制等政策导致教师职称评定困难、工作量大。国家在实施营养餐计划时却没有给予相应的资金、配备人员，这导致虽然惠顾了学生却加大了老师的工作量。针对这些问题，需要在政策和制度上作出调整，如核编时考虑具体情况，优化职称评定制度以提升年轻教师的积极性。另外教师的工资普遍偏低，虽然相较于此次调研的其他几个省份，会泽县教师的工资较高，但是他们的所得与付出并不匹配，中青年已婚且有了孩子的教师，在现有的工资水平之下其实承受着较大的生存压力。因此我们认为，应该进一步提升他们的待遇，在高寒地带、偏远地带的教师应该享受相应的补贴。第二，推动教师的培训。会泽的乡村教师普遍表现出对培训的渴望。他们需要的培训不是那些简单敷衍、走过场的培训，而是能够透视外面的世界、能够到大城市去观摩学习的培训。调查中一些人表示，教师们其实并不希望实际给他们灌输很多东西，而是希望开阔眼界，拓展思维。目前已有的培训，一方面培训的内容和形式比较老套陈腐，另一方面较为高端的培训机会多集中在骨干教师、优秀教师这个群体，大部分的普通教师根本得不到有价值的培训。所以改进培训，既要注意培训的形式，又应当关注更大范围的教师群体，特别是激发青年教师的积极性，挖掘他们的潜力。第三，丰富教师的课外生活，改善居住条件。虽然很多老师在城里买了房，但他们基本上都是在学校居住。他们目前的居住条件非常简陋，在拖姑村小学甚至许多老师共住一屋，被老师们戏称为"男府"和"女府"。老师的课外读物很少，上网不便，接受的信息有限，所以可以考虑为老师们订阅杂志和报纸，提升网络速度，如果可能也可以考虑为老师配置笔记本电脑。第四，乡村学校普遍缺乏专业的音乐、体育、科学实验的教师，这不仅增加了老师们的工作量，影响了他们对主课教学的投入，也导致这些课程的质量不能得到保证。所以需考虑通过合适的途径吸引专业人才到乡村任教，从而为乡村教师减负的同时，使乡村的孩子们能够受到更好的教育。

百年大计，教育为本。随着劳动力的流出和教育资源的集中，乡村教育的发展目前面临着很大的困境。"人立而后凡事举。"要发展乡村教育，必须关注乡村教师的实际需要。今日的乡村教师较以往的年代，经受着更大的冲击、诱惑、艰难和挑战，他们需要全社会的关注和支持。唯有这样，农村教育才可能健康发展，农村孩子的明天才有真正的希望。

（执笔人：周潇）

第三部分　附录

附录一
贫困地区乡村教师调查基础数据

中西部乡村小学教师调查课题组于 2013 年 6 月至 7 月在广西融水县、湖北五峰县、云南会泽县和宁夏海原县进行问卷调查。共收回乡村小学教师调查问卷 1624 份,以下是问卷部分数据的汇总表。

一 个人基本情况

1. 教师性别构成

表 1 被访教师性别构成

单位:%

	性别	百分比	有效百分比	累计百分比
有效	男	55.7	56.5	56.5
	女	42.9	43.5	100.0
	合计	98.6	100.0	
缺失	99	1.4		
	合计	100.0		

2. 年龄分布的集中与离散趋势

表 2 被访教师年龄总体状况

单位:岁

统计量	统计值
均 值	40.27
众 数	35.00
标准差	9.31

表3 分性别的教师年龄状况

单位：岁

性别	统计量	统计值
男	均值	42.7916
	众数	49
	标准差	9.22702
	极小值	20
	极大值	65
女	均值	36.7982
	众数	35
	标准差	8.2282
	极小值	17
	极大值	57

表4 不同省份被访教师年龄状况

单位：岁

省份	统计量	统计值
广西	均值	43.58
	众数	43.00
	标准差	8.94
云南	均值	36.05
	众数	28.00
	标准差	8.23
湖北	均值	44.01
	众数	48.00
	标准差	7.63371
宁夏	均值	39.98
	众数	35.00
	标准差	9.98

表5 不同省份教师的分性别与年龄状况

单位：岁

省份	性别	统计量	统计值
广西	男	均值	46.0432
		众数	45
		标准差	8.29454

续表

省 份	性别	统计量	统计值
广 西	女	均 值	38.7073
		众 数	39
		标准差	8.23196
云 南	男	均 值	37.9241
		众 数	29
		标准差	8.35144
	女	均 值	33.4323
		众 数	28
		标准差	9.68323
湖 北	男	均 值	47.2
		众 数	48
		标准差	7.21898
	女	均 值	41.8767
		众 数	35
		标准差	9.54364
宁 夏	男	均 值	43.9064
		众 数	44
		标准差	9.34659
	女	均 值	34.3708
		众 数	35
		标准差	7.88316

3. 年龄结构

表6 分年龄段的教师构成

单位：%

年 龄	频次	百分比	有效百分比	累计百分比
35岁及以下	570	36.3	36.3	36.3
36~49岁	704	44.8	44.8	81.1
50岁及以上	297	18.9	18.9	100.0
合 计	1571	100.0	100.0	

表7　各省份分年龄段的教师构成对比

单位：%

省份	年龄 35岁及以下	36~49岁	50岁及以上	合计
广 西	17.10	54.30	28.60	100.00
云 南	57.90	34.20	7.80	100.00
湖 北	17.30	56.60	26.00	100.00
宁 夏	38.80	41.10	20.10	100.00
平均值	36.30	44.80	18.90	100.00

表8　5岁年龄组的教师年龄构成

单位：%

年龄分组	百分比	有效百分比	累计百分比
30岁及以下	17.5	17.5	17.5
31~35岁	18.8	18.8	36.3
36~40岁	15.3	15.3	51.6
41~45岁	17.1	17.1	68.6
46~50岁	15.7	15.7	84.3
51~55岁	10.1	10.1	94.4
56~60岁	5.3	5.3	99.7
61岁及以上	0.3	0.3	100.0
合 计	100.0	100.0	

表9　各省份5岁年龄组的教师年龄构成

单位：%

省份	30岁及以下	31~35岁	36~40岁	41~45岁	46~50岁	51~55岁	56~60岁	61岁及以上	合计
广 西	6.9	10.2	19.2	27.3	12.2	11.0	12.7	0.4	100.0
云 南	33.3	24.7	13.5	11.2	11.4	5.5	0.4	0.2	100.0
湖 北	2.8	14.5	15.6	21.2	24.5	15.6	5.9	0.0	100.0
宁 夏	18.2	20.6	14.9	14.4	14.7	10.2	6.6	0.5	100.0
平均值	17.5	18.8	15.3	17.1	15.7	10.1	5.3	0.3	100.0

4. 教师类型构成

表10 教师类型分布

单位：%

	教师类型	频次	百分比	有效百分比	累计百分比
有效	正式编制	1306	81.0	81.5	81.5
	代课教师	134	8.3	8.4	89.9
	特岗教师	117	7.3	7.3	97.2
	其他	46	2.9	2.9	100.0
	合计	1603	99.5	100.0	
缺失	99	10	0.6		
	合计	1613	100.0		

表11 各省份不同类型的教师构成

单位：%

省份	与学校关系				合计
	正式编制	代课教师	特岗教师	其他	合计
广西	73.70	19.50	5.60	1.20	100.00
云南	88.50	0.20	11.30	0.00	100.00
湖北	81.80	8.30	0.50	9.50	100.00
宁夏	77.30	11.70	9.80	1.10	100.00
合计	81.50	8.40	7.30	2.90	100.00

表12 不同省份教师所在学校类型分布

单位：%

省份	学校类型					合计
	中心校	村完小	教学点	复式教学点	其他	合计
广西	38.70	55.20	5.20	0.80	0.00	100.00
云南	4.30	93.60	2.10	0.00	0.00	100.00
湖北	20.30	78.40	0.80	0.00	0.50	100.00
宁夏	28.60	70.00	1.10	0.20	0.00	100.00
合计	20.30	77.40	2.00	0.20	0.10	100.00

5. 本省人、本县人、本村人百分比

四县教师是本省人的平均比例为 99.4%，是本县人的比例为 92.8%，是本村人的比例为 40.2%。以下是分布状况。

表 13　不同省份被访教师是否本省人状况对比

单位：%

省　份	是否本省人	有效百分比
广　西	本省	99.6
	外省	0.4
	合计	100.0
云　南	本省	99.6
	外省	0.4
	合计	100.0
湖　北	本省	100.0
宁　夏	本省	98.4
	外省	1.6
	合计	100.0

表 14　不同省份被访教师是否本县人分布

单位：%

省　份	是否本县	百分比
广　西	是	96.8
	否	3.2
	合计	100.0
云　南	是	88.6
	否	11.4
	合计	100.0
湖　北	是	97.8
	否	2.2
	合计	100.0
宁　夏	是	90.8
	否	9.2
	合计	100.0

表 15　不同省份被访教师是否是本村人分布

单位：%

省份	是否本村人	有效百分比
广西	是	56.8
	否	43.2
	合计	100.0
云南	是	32.6
	否	67.4
	合计	100.0
湖北	是	41.3
	否	58.7
	合计	100.0
宁夏	是	38.8
	否	61.2
	合计	100.0

6. 政治面貌

表 16　被访教师政治面貌情况

单位：%

	政治面貌分类	频次	百分比	有效百分比	累计百分比
有效	共产党员	561	34.8	35.6	35.6
	民主党派	8	0.5	0.5	36.1
	团员	124	7.7	7.9	44.0
	群众	812	50.3	51.6	95.6
	其他	69	4.3	4.4	100.0
	合计	1574	97.6	100.0	
缺失	99	39	2.4		
	合计	1613	100.0		

7. 教师的婚姻状况

四县教师未婚比例为 7.8%，已婚 90.2%，离婚占 1.5%，丧偶占 0.6%。以下是各县教师的婚姻状况。

表 17　不同省份被访教师婚姻状况比较

单位：%

省　份	婚姻状况	有效百分比
广　西	未婚	6
	已婚	91.6
	离婚	1.2
	丧偶	1.2
	合计	100
云　南	未婚	11.3
	已婚	86.9
	离婚	1.6
	丧偶	0.2
	合计	100
湖　北	未婚	1.7
	已婚	95.8
	离婚	2.2
	丧偶	0.2
	合计	100
宁　夏	未婚	10.2
	已婚	88
	离婚	0.9
	丧偶	0.9
	合计	100

8. 被访教师的户口类型

表 18　被访教师户口类型

单位：%

	户口类型	频次	百分比	有效百分比	累计百分比
有效	本县城镇户口	1224	75.9	77.6	77.6
	外县城镇户口	49	3.0	3.1	80.7
	外县农村户口	25	1.6	1.6	82.3
	本县农村户口	280	17.4	17.7	100.0
	合　计	1578	97.9	100.0	
缺失	99	34	2.1		
	合　计	1612	100.0		

9. 被访教师学历

表 19　不同省份被访教师学历状况

单位：%

省　份	学　历	百分比
广　西	初中	0.4
	中专或高职、技校	30.1
	高中	0.8
	大专	63.1
	本科	5.6
	合　计	100.0
云　南	初中	1.4
	中专或高职、技校	9.0
	高中	2.7
	大专	35.5
	本科	51.3
	其他	0.2
	合　计	100.0
湖　北	初中	0.2
	中专或高职、技校	11.6
	高中	5.0
	大专	64.9
	本科	18.1
	其他	0.2
	合　计	100.0
宁　夏	初中	1.4
	中专或高职、技校	15.9
	高中	4.5
	大专	59.1
	本科	18.2
	其他	0.9
	合　计	100.0

表 20 四县被访教师学历总体状况

单位：%

	学历状况	频次	百分比	有效百分比	累计百分比
有效	初中	15	0.9	0.9	0.9
	中专或高职、技校	238	14.8	14.8	15.7
	高中	56	3.5	3.5	19.2
	大专	861	53.4	53.6	72.8
	本科	430	26.7	26.8	99.6
	其他	6	0.4	0.4	100.0
	合计	1606	99.7	100.0	
缺失	99	6	0.4		
	合计	1612	100.0		

10. 师范院校的比例

表 21 被访教师是否师范类学院毕业

单位：%

	是否师范类院校	频次	百分比	有效百分比	累计百分比
有效	是	1307	81.4	82.1	82.1
	否	285	17.8	17.9	100.0
	合计	1592	99.2	100.0	
缺失	99	13	0.8		
	合计	1605	100.0		

11. 职称结构

表 22 被访教师目前职称状况

单位：%

	职称状况	频次	百分比	有效百分比	累计百分比
有效	无职称	98	6.1	6.1	6.1
	小学高级教师	787	48.8	49.2	55.3
	小学一级教师	569	35.3	35.6	90.9
	小学二级教师	25	1.6	1.6	92.5
	小学三级教师	2	0.1	0.1	92.6
	中学高级教师	11	0.7	0.7	93.3
	中学一级教师	33	2.0	2.1	95.4
	中学二级教师	65	4.0	4.1	99.5

续表

	职称状况	频次	百分比	有效百分比	累计百分比
有效	中学三级教师	1	0.1	0.1	99.6
	其他	7	0.4	0.4	100.0
	合计	1598	99.1	100.0	
缺失	99	14	0.9		
合计		1612	100.0		

表23 不同省份教师职称状况对比

单位：%

省份	职称状况	百分比
广西	无职称	5.6
	小学高级教师	51.6
	小学一级教师	39.6
	小学二级教师	3.2
	合计	100.0
云南	无职称	2.1
	小学高级教师	51.1
	小学一级教师	45.4
	小学二级教师	0.6
	中学高级教师	0.4
	其他	0.4
	合计	100.0
湖北	无职称	2.0
	小学高级教师	62.3
	小学一级教师	21.7
	小学二级教师	1.0
	小学三级教师	0.2
	中学高级教师	1.7
	中学一级教师	7.0
	中学二级教师	4.0
	合计	100.0
宁夏	无职称	15.0
	小学高级教师	33.6
	小学一级教师	34.6

续表

省 份	职称状况	百分比
宁 夏	小学二级教师	2.3
	小学三级教师	0.2
	中学高级教师	0.5
	中学一级教师	1.2
	中学二级教师	11.3
	中学三级教师	0.2
	其 他	1.2
	合 计	100.0

12. 教师从业资格证

表24 被访教师是否持有教师资格证

单位：%

	是否有教师资格证	频次	百分比	有效百分比	累计百分比
有效	是	1542	95.8	97.3	97.3
	否	42	2.6	2.7	100.0
	合计	1584	98.4	100.0	
缺失	99	26	1.6		
	合计	1610	100.0		

13. 家庭经济状况与压力

四个调查点的乡村教师，去年全年的家庭收入均值为：广西25252.09元，云南42267.37元，湖北33838.17元，宁夏32300.00元。以下为不同收入或支出水平的教师家庭收入和支出分布，以及是否感到家庭有经济压力的情况。

表25 不同类型教师家庭去年总收入状况对比

单位：元，%

与学校关系		收入水平						合计
		2000~20000	20001~40000	40001~60000	60001~80000	80001~100000	100000以上	
正式编制	计数	172	603	279	58	4	1	1117
	与学校关系中的%	15.4	54.0	25.0	5.2	0.4	0.1	100.0

续表

与学校关系		收入水平						合计
		2000~20000	20001~40000	40001~60000	60001~80000	80001~100000	100000以上	
代课教师	计数	64	32	0	0	0	0	96
	与学校关系中的%	66.7	33.3	0.0	0.0	0.0	0.0	100.0
特岗教师	计数	27	48	13	5	0	1	94
	与学校关系中的%	28.7	51.1	13.8	5.3	0.0	1.1	100.0
其他	计数	17	24	0	1	0	0	42
	与学校关系中的%	40.5	57.1	0.0	2.4	0.0	0.0	100.0
合计	计数	280	707	292	64	4	2	1349
	与学校关系中的%	20.8	52.4	21.6	4.7	0.3	0.1	100.0

表26 不同类型教师家庭去年总支出状况对比

单位：元，%

与学校关系		支出						合计
		2000~20000	20001~40000	40001~60000	60001~80000	80001~100000	100000以上	
正式编制	计数	156	497	308	93	41	22	1117
	与学校关系中的%	14.0	44.5	27.6	8.3	3.7	2.0	100.0
代课教师	计数	49	40	5	0	1	1	96
	与学校关系中的%	51.0	41.7	5.2	0.0	1.0	1.0	100.0
特岗教师	计数	29	40	17	2	3	3	94
	与学校关系中的%	30.9	42.6	18.1	2.1	3.2	3.2	100.0
其他	计数	8	27	4	2	1	0	42
	与学校关系中的%	19.0	64.3	9.5	4.8	2.4	0.0	100.0
合计	计数	242	604	334	97	46	26	1349
	与学校关系中的%	17.9	44.8	24.8	7.2	3.4	1.9	100.0

表27 不同省份教师去年家庭总收入状况对比

单位：元，%

省份		收入						合计
		2000~20000	20001~40000	40001~60000	60001~80000	80001~100000	100000以上	
广西	计数	84	90	12	2	0	1	189
	省份中的%	44.4	47.6	6.3	1.1	0.0	0.5	100.0
云南	计数	34	260	148	42	1	1	486
	省份中的%	7.0	53.5	30.5	8.6	0.2	0.2	100.0
湖北	计数	73	216	59	6	3	0	357
	省份中的%	20.4	60.5	16.5	1.7	0.8	0.0	100.0
宁夏	计数	93	142	73	14	0	0	322
	省份中的%	28.9	44.1	22.7	4.3	0.0	0.0	100.0
合计	计数	284	708	292	64	4	2	1354
	省份中的%	21.0	52.3	21.6	4.7	0.3	0.1	100.0

表28 被访教师是否感到家庭有经济压力

单位：%

	是否感到有经济压力	频次	百分比	有效百分比	累计百分比
有效	是	1497	92.9	98.2	98.2
	否	27	1.7	1.8	100.0
	合计	1524	94.6	100.0	
缺失	99	88	5.5		
	合计	1612	100.0		

表29 不同省份被访教师是否感到家庭有经济压力状况对比

单位：%

省份	是否感到有经济压力	百分比
广西	是	97.9
	否	2.1
	合计	100.0

续表

省　份	是否感到有经济压力	百分比
云　南	是	98.8
	否	1.2
	合计	100.0
湖　北	是	99.2
	否	0.8
	合计	100.0
宁　夏	是	96.7
	否	3.3
	合计	100.0

14. 压力产生原因

教师们普遍感到有经济压力，问卷设计了产生经济压力的各种原因请被访教师填答，并要求按重要程度排出前三位。

表29　产生经济压力的第一原因分布

单位：%

	原因	频次	百分比	有效百分比	累计百分比
有效	工资收入太低	1285	80.7	84.7	84.7
	配偶失业	31	1.9	2.0	86.7
	子女上学费用	44	2.8	2.9	89.6
	家人看病费用	35	2.2	2.3	91.9
	买房费用	114	7.2	7.5	99.4
	租房费用	3	0.2	0.2	99.6
	其他	5	0.3	0.3	100.0
	合　计	1517	95.3	100.0	
缺失	99	75	4.7		
	合　计	1592	100.0		

表30　不同省份教师产生经济压力的第一原因归因分布

单位：%

省　份	原因分类	百分比
广　西	工资收入太低	92.5
	配偶失业	0.4
	子女上学费用	3.8

续表

省 份	原因分类	百分比
广 西	家人看病费用	0.8
	买房费用	1.7
	其他	0.8
	合 计	100.0
云 南	工资收入太低	77.8
	配偶失业	2.6
	子女上学费用	1.8
	家人看病费用	4.4
	买房费用	13.2
	其他	0.2
	合 计	100.0
湖 北	工资收入太低	94.0
	配偶失业	1.0
	子女上学费用	2.3
	买房费用	2.1
	其他	0.5
	合 计	100.0
宁 夏	工资收入太低	79.6
	配偶失业	3.3
	子女上学费用	4.3
	家人看病费用	2.8
	买房费用	9.2
	租房费用	0.8
	合 计	100.0

表31 被访教师产生经济压力的第二原因归因分布

单位：%

	原因	频次	百分比	有效百分比	累计百分比
有效	工资收入太低	59	3.7	4.6	4.6
	配偶失业	238	14.9	18.6	23.2
	子女上学费用	427	26.8	33.4	56.6
	家人看病费用	288	18.1	22.6	79.2

续表

	原因	频次	百分比	有效百分比	累计百分比
有效	买房费用	234	14.7	18.3	97.5
	租房费用	17	1.1	1.3	98.8
	其他	14	0.9	1.1	100.0
	合 计	1277	80.2	100.0	
缺失	99	316	19.8		
	合 计	1593	100.0		

表32 不同省份被访教师产生经济压力的第二原因归因分布

单位：%

省 份	原因分类	百分比
广 西	工资收入太低	3.0
	配偶失业	19.3
	子女上学费用	47.0
	家人看病费用	14.4
	买房费用	13.4
	租房费用	3.0
	合 计	100.0
云 南	工资收入太低	5.8
	配偶失业	18.9
	子女上学费用	21.3
	家人看病费用	30.4
	买房费用	21.0
	租房费用	0.9
	其他	1.6
	合 计	100.0
湖 北	工资收入太低	3.3
	配偶失业	17.7
	子女上学费用	46.5
	家人看病费用	15.6
	买房费用	15.0
	租房费用	0.6
	其他	1.2
	合 计	100.0

省份	原因分类	百分比
宁夏	工资收入太低	5.4
	配偶失业	18.8
	子女上学费用	27.4
	家人看病费用	24.5
	买房费用	21.3
	租房费用	1.6
	其他	1.0
	合计	100.0

表33 被访教师对产生经济压力的第三原因归因分布

单位：%

	原因分类	频次	百分比	有效百分比	累计百分比
有效	工资收入太低	47	3.0	4.2	4.2
	配偶失业	32	2.0	2.8	7.0
	子女上学费用	146	9.2	13.0	20.0
	家人看病费用	258	16.2	22.9	42.9
	买房费用	442	27.8	39.3	82.2
	租房费用	72	4.5	6.4	88.6
	其他	129	8.1	11.5	100.0
	合计	1126	70.8	100.0	
缺失	99	466	29.3		
	合计	1592	100.0		

二　教师所在学校的类型

表34　被访教师所在学校类型分布

单位：%

	学校类型	频次	百分比	有效百分比	累计百分比
有效	中心校	324	20.1	20.3	20.3
	村完小	1236	76.6	77.4	97.7
	教学点	32	2.0	2.0	99.7
	复式教学点	3	0.2	0.2	99.9
	其他	2	0.1	0.1	100.0
	合计	1597	99.0	100.0	
缺失	99	16	1.0		
	合计	1613	100.0		

三 居住情况

表 35 不同省份教师居住的房屋类型分布

单位:%

省 份	房屋类型	百分比
广 西	楼房	54.3
	平房	29.2
	其他	16.5
	合计	100.0
云 南	楼房	41.4
	平房	50.2
	其他	8.4
	合计	100.0
湖 北	楼房	48.2
	平房	41.8
	其他	10.0
	合计	100.0
宁 夏	楼房	32.4
	平房	59.3
	其他	8.3
	合计	100.0

表 36 不同省份教师住所是否有自来水状况对比

单位:%

省 份	是否有自来水	百分比
广 西	是	72.0
	否	28.0
	合计	100.0
云 南	是	63.3
	否	36.7
	合计	100.0
湖 北	是	76.3
	否	23.7
	合计	100.0

续表

省 份	是否有自来水	百分比
宁 夏	是	49.1
	否	50.9
	合计	100.0

表37 被访教师住所来源情况

单位：%

	住所来源	频次	百分比	有效百分比	累计百分比
房屋类型	自建房屋	540	33.5	34.1	34.1
	自购房屋	295	18.3	18.6	52.7
	租房（全租或合租）	206	12.8	13.0	65.7
	学校分配住房	54	3.3	3.4	69.1
	学校宿舍	419	26.0	26.5	95.6
	其他	70	4.3	4.4	100.0
	合 计	1584	98.2	100.0	
缺失		99	29	1.8	
	合 计	1613	100.0		

表38 不同省份被访教师住所来源情况

单位：%

省 份	住房来源	百分比
广 西	自建房屋	49.0
	自购房屋	13.0
	租房（全租或合租）	6.9
	学校分配住房	1.6
	学校宿舍	21.5
	其他	8.1
	合 计	100.0
云 南	自建房屋	21.8
	自购房屋	12.4
	租房（全租或合租）	15.8
	学校分配住房	6.6
	学校宿舍	37.9
	其他	5.6
	合 计	100.0

续表

省份	住房来源	百分比
湖北	自建房屋	26.3
	自购房屋	26.0
	租房（全租或合租）	20.7
	学校分配住房	3.3
	学校宿舍	20.5
	其他	3.3
	合计	100.0
宁夏	自建房屋	46.8
	自购房屋	22.3
	租房（全租或合租）	6.4
	学校分配住房	0.9
	学校宿舍	21.6
	其他	2.0
	合计	100.0

表39 被访教师是否与父母同住

单位：%

	是否同住	频次	百分比	有效百分比	累计百分比
有效	是	520	39.8	41.7	41.7
	否	727	55.7	58.3	100.0
	合计	1247	95.5	100.0	
缺失	99	58	4.4		
	合计	1305	100.0		

表40 被访教师是否与配偶同住

单位：%

	是否同住	频次	百分比	有效百分比	累计百分比
有效	是	1106	84.6	88.7	88.7
	否	141	10.8	11.3	100.0
	合计	1247	95.4	100.0	
缺失	99	61	4.7		
	合计	1308	100.0		

表41　不同省份被访教师是否与配偶同住状况对比

单位：%

省　份	是否同住	百分比
广　西	是	90.7
	否	9.3
	合计	100.0
云　南	是	87.9
	否	12.1
	合计	100.0
湖　北	是	90.6
	否	9.4
	合计	100.0
宁　夏	是	86.9
	否	13.1
	合计	100.0

表42　被访教师是否与子女同住

单位：%

	是否同住	频次	百分比	有效百分比	累计百分比
有效	是	1049	80.2	84.1	84.1
	否	198	15.1	15.9	100.0
	合计	1247	95.3	100.0	
缺失	99	61	4.7		
合计		1308	100.0		

表43　不同省份教师是否与配偶两地分居状况分布

单位：%

省　份	是否两地分居	百分比
广　西	是	34.1
	否	65.9
	合计	100.0
云　南	是	35.4
	否	64.6
	合计	100.0
湖　北	是	44.9
	否	55.1
	合计	100.0

续表

省份	是否两地分居	百分比
宁夏	是	28.8
	否	71.2
	合计	100.0

表44 不同省份被访教师住所冬天取暖方式状况对比

单位：%

省份	取暖方式	百分比
广西	集中供暖	12.3
	自己烧煤取暖	24.3
	电炉或电暖气	10.6
	其他	52.8
	合计	100.0
云南	集中供暖	0.4
	自己烧煤取暖	49.4
	电炉或电暖气	43.9
	其他	6.3
	合计	100.0
湖北	集中供暖	4.9
	自己烧煤取暖	36.6
	电炉或电暖气	16.4
	其他	42.2
	合计	100.0
宁夏	集中供暖	12.4
	自己烧煤取暖	71.4
	电炉或电暖气	4.5
	其他	11.7
	合计	100.0

表45 被访教师住所冬天取暖方式

单位：%

	取暖方式	频次	百分比	有效百分比	累计百分比
有效	集中供暖	102	6.3	6.6	6.6
	自己烧煤取暖	752	46.7	48.3	54.9
	电炉或电暖气	333	20.7	21.4	76.3
	其他	370	23.0	23.8	100.0
	合计	1557	96.7	100.0	
缺失	99	54	3.4		
	合计	1611	100.0		

表 46　不同省份学校是否为教师提供午餐

单位：%

省　份	是否提供午餐	百分比
广　西	是	5.4
	否	94.6
	合计	100.0
云　南	是	10.2
	否	89.8
	合计	100.0
湖　北	是	34.1
	否	65.9
	合计	100.0
宁　夏	是	48.3
	否	51.7
	合计	100.0

四　收入情况

1. 家庭收入的集中与离散趋势

表 47　被访教师去年家庭总收入情况

单位：元

统计量	统计值
均值	35041.54
均值的标准误	459.400
中值	30800.00
众数	30000
标准差	17715.235
极小值	2000
极大值	200000

表 48　不同省份被访教师去年家庭总收入分布

单位：元

省　份	统计量	统计值
广　西	均值	25252.09
	均值的标准误	1151.933
	众数	20000

续表

省份	统计量	统计值
云南	均值	42267.37
	均值的标准误	779.09
	众数	30000
湖北	均值	33838.17
	均值的标准误	760.726
	众数	30000
宁夏	均值	32300.3
	均值的标准误	885.827
	众数	30000

2. 教师平均工资

表49　被访教师每月基本工资情况

单位：元

统计量	月基本工资
有效	1457
缺失	0
均值	1946.21
均值的标准误	21.823
中值	2000.00
众数	3000
标准差	832.984
极小值	500
极大值	5000

表50　不同省份被访教师每月基本工资分布

单位：元

省份	统计量	统计值
广西	均值	1313.61
	均值的标准误	35.37
	众数	1000
云南	均值	2472.14
	均值的标准误	33.736
	众数	3000
湖北	均值	1522.72
	均值的标准误	26.655
	众数	1800

续表

省 份	统计量	统计值
宁 夏	均值	2047.76
	均值的标准误	45.125
	众数	2000

3. 与公务员收入对比的主观感受

表51　被访教师与本县公务员收入对比的主观感受

单位：%

	主观感受	频次	百分比	有效百分比	累计百分比
有效	高很多	4	0.2	0.3	0.3
	稍高一些	8	0.5	0.5	0.8
	差不多	150	9.3	9.5	10.3
	稍低些	529	32.8	33.5	43.8
	低很多	757	47.0	47.9	91.7
	不知道	133	8.3	8.4	100.0
	合计	1581	98.1	100.0	
缺失	99	31	1.9		
	合计	1612	100.0		

表52　不同省份被访教师将自身收入与本县公务员收入对比的主观感受

单位：%

省 份	主观感受	百分比
广 西	高很多	1.2
	差不多	6.1
	稍低些	19.0
	低很多	60.3
	不知道	13.4
	合计	100.0
云 南	稍高一些	1.0
	差不多	18.1
	稍低些	44.9
	低很多	30.9
	不知道	5.2
	合计	100.0

续表

省份	主观感受	百分比
湖北	稍高一些	0.5
	差不多	4.3
	稍低些	20.6
	低很多	66.4
	不知道	8.3
	合计	100.0
宁夏	高很多	0.2
	稍高一些	0.2
	差不多	6.0
	稍低些	40.2
	低很多	43.8
	不知道	9.5
	合计	100.0

4. 教师与其他职业者收入对比的主观感受

表53 被访教师与本县其他职业者收入对比的主观感受

单位：%

	主观感受	频次	百分比	有效百分比	累计百分比
有效	高很多	4	0.2	0.3	0.3
	稍高一些	7	0.4	0.4	0.7
	差不多	183	11.3	11.6	12.3
	稍低些	424	26.3	26.8	39.1
	低很多	886	54.9	56.0	95.1
	不知道	79	4.9	5.0	100.0
	合计	1583	98.0	100.0	
缺失	99	30	1.9		
	合计	1613	100.0		

表54 不同省份被访教师与本县其他职业收入对比的主观感受分布情况

单位：%

省份	主观感受	百分比
广西	高很多	1.2
	稍高一些	0.8
	差不多	4.8

续表

省份	主观感受	百分比
广西	稍低些	13.7
	低很多	72.6
	不知道	6.9
	合计	100.0
云南	稍高一些	0.2
	差不多	23.4
	稍低些	40.5
	低很多	31.0
	不知道	4.9
	合计	100.0
湖北	差不多	0.5
	稍低些	7.5
	低很多	89.8
	不知道	2.3
	合计	100.0
宁夏	高很多	0.2
	稍高一些	0.9
	差不多	11.6
	稍低些	36.0
	低很多	44.5
	不知道	6.6
	合计	100.0

5. 与本县、市区同级教师对比

表55 被访教师将自身收入与本县同级教师收入相比的主观感受情况

单位：%

	主观感受	百分比	有效百分比	累计百分比
有效	高很多	0.2	0.2	0.2
	稍高一些	0.5	0.5	0.7
	差不多	35.7	36.5	37.2
	稍低些	28.6	29.2	66.4

续表

	主观感受	百分比	有效百分比	累计百分比
有效	低很多	27.5	28.0	94.4
	不知道	5.5	5.6	100.0
	合　计	98.0	100.0	
缺失	99	2.0		
合　计		100.0		

五　家庭年平均支出

表 56　被访教师去年家庭总支出情况

单位：元

统计量	收入
有效	1403
缺失	0
均值	41973.25
均值的标准误	933.444
中值	37000.00
众数	30000
标准差	34963.690
极小值	2000
极大值	813000

表 57　不同省份被访教师去年家庭总支出

单位：元

省　份	统计量	支出
广　西	均值	28720.47
	均值的标准误	1402.178
	众数	20000
云　南	均值	48877.16
	均值的标准误	1165.952
	众数	50000
湖　北	均值	39674.55
	均值的标准误	1108.691
	众数	40000
宁　夏	均值	37549.75
	均值的标准误	1369.168
	众数	30000

六 流动状况与流动意愿

表 58 不同省份教师是否从事过不同工作的对比

单位：%

省份	是否从事过	百分比
广西	没从事	94.4
	从事	5.6
	合计	100.0
云南	没从事	97.1
	从事	2.9
	合计	100.0
湖北	没从事	94.2
	从事	5.8
	合计	100.0
宁夏	没从事	95.8
	从事	4.2
	合计	100.0

表 59 不同省份教师从事第一份工作分布情况

单位：%

省份	工作分布	百分比
广西	务农	18.8
	参军	0.4
	企业职员	0.4
	工厂打工	0.8
	教师	76.7
	其他	2.9
	合计	100.0
云南	务农	7.1
	做生意	0.2
	参军	0.2
	企业职员	2.3
	工厂打工	1.5
	教师	87.2
	其他	1.5
	合计	100.0

续表

省 份	工作类型	百分比
湖 北	务农	10.5
	做生意	0.8
	企业职员	2.1
	工厂打工	2.3
	教师	83.1
	其他	1.3
	合 计	100.0
宁 夏	务农	8.9
	做生意	0.5
	参军	0.7
	企业职员	2.6
	工厂打工	3.1
	教师	82.9
	其他	1.4
	合 计	100.0

表60 不同省份教师获取工作渠道分布

单位：%

省 份	获取工作渠道分类	百分比
广 西	民办教师转公办	29.5
	特岗教师	5.7
	学校招聘	3.7
	代课教师	35.7
	毕业分配	22.5
	其他	2.9
	合 计	100.0
广 西	民办教师转公办	17.0
	特岗教师	23.6
	学校招聘	9.4
	代课教师	1.4
	毕业分配	46.1
	其他	2.3
	合 计	100.0

续表

省 份	获取工作渠道分类	百分比
湖 北	民办教师转公办	33.7
	特岗教师	1.0
	学校招聘	16.2
	代课教师	6.7
	毕业分配	39.2
	其他	3.2
	合 计	100.0
宁 夏	民办教师转公办	18.6
	特岗教师	18.6
	学校招聘	4.2
	代课教师	17.9
	毕业分配	37.1
	其他	3.5
	合 计	100.0

表61 不同省份教师选择教师职业的原因分布

单位：%

省 份	原因分类	百分比
广 西	个人理想	55.0
	个人兴趣	6.7
	家人意愿	7.5
	追求稳定	13.3
	工作体面，受人尊敬	3.8
	迫于无奈，只能找到这一工作	12.9
	其他	0.8
	合 计	100.0
云 南	个人理想	47.0
	个人兴趣	5.6
	家人意愿	11.7
	追求稳定	20.0
	工作体面，受人尊敬	0.2
	迫于无奈，只能找到这一工作	14.4
	其他	1.2
	合 计	100.0

续表

省 份	原因分类	百分比
湖 北	个人理想	33.2
	个人兴趣	8.2
	家人意愿	17.0
	追求稳定	15.0
	工作体面,受人尊敬	2.2
	迫于无奈,只能找到这一工作	22.4
	其他	2.0
	合 计	100.0
宁 夏	个人理想	49.8
	个人兴趣	12.2
	家人意愿	8.0
	追求稳定	12.2
	工作体面,受人尊敬	2.1
	迫于无奈,只能找到这一工作	14.1
	其他	1.6
	合 计	100.0

表62 被访教师对教师职业是否有过动摇

单位:%

	是否有过动摇	百分比	有效百分比	累计百分比
有效	是	48.8	50.2	50.2
	否	48.4	49.8	100.0
	合计	97.2	100.0	
缺失	99	2.9		
	合计	100.0		

表63 不同省份被访教师对教师职业是否有过动摇

单位:%

省 份	是否有过动摇	百分比
广 西	是	56.7
	否	43.3
	合计	100.0

续表

省　份	是否有过动摇	百分比
云　南	是	43.6
	否	56.4
	合计	100.0
湖　北	是	69.1
	否	30.9
	合计	100.0
宁　夏	是	37.2
	否	62.8
	合计	100.0

表64　被访教师期望的资助额度

单位：%

	资助额度分类	百分比	有效百分比	累计百分比
有效	1000~3000元	4.7	5.1	5.1
	3000~5000元	8.4	9.1	14.2
	5000~8000元	17.7	19.2	33.4
	8000~10000元	61.7	66.6	100.0
	合计	92.5	100.0	
缺失	99	7.5		
	合计	100.0		

表65　不同省份被访教师期望的资助额度情况

单位：%

省　份	资助额度分类	百分比
广　西	1000~3000元	5.5
	3000~5000元	15.5
	5000~8000元	25.5
	8000~10000元	53.6
	合计	100.0
云　南	1000~3000元	7.7
	3000~5000元	5.2
	5000~8000元	17.4
	8000~10000元	69.8
	合计	100.0

续表

省　份	是否有过动援	百分比
湖　北	1000~3000元	1.9
	3000~5000元	7.9
	5000~8000元	17.2
	8000~10000元	73.0
	合　计	100.0
宁　夏	1000~3000元	4.9
	3000~5000元	11.3
	5000~8000元	19.7
	8000~10000元	64.0
	合　计	100.0

表66　被访教师期望的资助方式

单位：%

	资助方式	百分比	有效百分比	累计百分比
有效	资助本校5%的教师	1.9	2.0	2.0
	资助本校20%的教师	3.7	4.0	6.0
	资助本校50%的教师	3.7	4.0	10.0
	资助本校70%的教师	3.8	4.1	14.1
	本校所有教师	53.1	56.9	71.0
	由上级教育部门决定	27.1	29.1	100.0
	合　计	93.3	100.0	
缺失	99	6.7		
	合　计	100.0		

表67　不同省份被访教师期望的资助方式

单位：%

省　份	资助方式	百分比
广　西	资助本校20%的教师	0.9
	资助本校50%	6.2
	资助本校70%的教师	6.2
	本校所有教师	41.0
	由上级教育部门决定	45.8
	合　计	100.0

续表

省 份	资助方式	百分比
云 南	资助本校5%的教师	2.7
	资助本校20%的教师	2.7
	资助本校50%的教师	1.6
	资助本校70%的教师	3.3
	本校所有教师	55.8
	由上级教育部门决定	34.0
	合 计	100.0
湖 北	资助本校20%的教师	2.1
	资助本校50%的教师	2.8
	资助本校70%的教师	2.8
	本校所有教师	76.2
	由上级教育部门决定	16.1
	合 计	100.0
宁 夏	资助本校5%的教师	4.2
	资助本校20%的教师	9.2
	资助本校50%的教师	6.7
	资助本校70%的教师	5.0
	本校所有教师	48.8
	由上级教育部门决定	26.2
	合 计	100.0

表68 不同类型学校的被访教师期望到边远地区教书的状况分布

单位:%

学校类型	工资增加额度	百分比
中心校	10%	1.4
	30%	3.7
	50%	12.9
	100%	16.6
	150%	3.4
	200%	23.7
	根本不考虑	38.3
	合 计	100.0

续表

学校类型	工资增加额度	百分比
村完小	10%	0.7
	30%	4.1
	50%	15.9
	100%	20.0
	150%	5.8
	200%	27.3
	根本不考虑	26.2
	合计	100.0
教学点	30%	13.3
	50%	20.0
	100%	10.0
	150%	10.0
	200%	13.3
	根本不考虑	33.3
	合计	100.0
复式教学点	200%	50.0
	根本不考虑	50.0
	合计	100.0
其他	根本不考虑	100.0

表69 不同类型教师期望到边远地区教书的状况分布

单位：%

与学校关系		增加幅度						根本不考虑	合计
		10%	30%	50%	100%	150%	200%		
正式编制	计数	11	49	178	219	61	290	352	1160
	与学校关系中的%	0.9	4.2	15.3	18.9	5.3	25.0	30.3	100.0
代课教师	计数	0	4	16	17	9	37	28	111
	与学校关系中的%	0.0	3.6	14.4	15.3	8.1	33.3	25.2	100.0

续表

与学校关系		增加幅度							合计
		10%	30%	50%	100%	150%	200%	根本不考虑	
特岗教师	计数	0	5	20	32	6	27	20	110
	与学校关系中的%	0.0	4.5	18.2	29.1	5.5	24.5	18.2	100.0
其他	计数	1	2	5	4	0	18	13	43
	与学校关系中的%	2.3	4.7	11.6	9.3	0.0	41.9	30.2	100.0
合计	计数	12	60	219	272	76	372	413	1424
	与学校关系中的%	0.8	4.2	15.4	19.1	5.3	26.1	29.0	100.0

表70　不同性别教师期望到边远地区教书的状况分布

单位：%

性别		增加幅度							合计
		10%	30%	50%	100%	150%	200%	根本不考虑	
男	计数	9	41	138	166	51	197	200	802
	被访者性别中的%	1.1	5.1	17.2	20.7	6.4	24.6	24.9	100.0
女	计数	3	19	81	104	23	174	205	609
	被访者性别中的%	0.5	3.1	13.3	17.1	3.8	28.6	33.7	100.0
合计	计数	12	60	219	270	74	371	405	1411
	被访者性别中的%	0.9	4.3	15.5	19.1	5.2	26.3	28.7	100.0

表71 不同省份不同类型学校的教师期望到边远地区教书的状况分布

单位：%

省份	学校类型		10%	30%	50%	100%	150%	200%	根本不考虑	合计
广西	中心校	计数	1	0	9	16	6	28	28	88
		学校类型中的%	1.1	0.0	10.2	18.2	6.8	31.8	31.8	100.0
	农村完小	计数	1	2	19	20	16	27	29	114
		学校类型中的%	0.9	1.8	16.7	17.5	14.0	23.7	25.4	100.0
	教学点	计数	0	1	4	1	1	1	3	11
		学校类型中的%	0.0	9.1	36.4	9.1	9.1	9.1	27.3	100.0
	复式教学点	计数	0	0	0	0	0	0	1	1
		学校类型中的%	0.0	0.0	0.0	0.0	0.0	0.0	100.0	100.0
	合计	计数	2	3	32	37	23	56	61	214
		学校类型中的%	0.9	1.4	15.0	17.3	10.7	26.2	28.5	100.0
云南	中心校	计数	0	0	6	2	1	0	9	18
		学校类型中的%	0.0	0.0	33.3	11.1	5.6	0.0	50.0	100.0
	农村完小	计数	2	25	72	100	23	111	123	456
		学校类型中的%	0.4	5.5	15.8	21.9	5.0	24.3	27.0	100.0
	教学点	计数	0	2	0	2	0	1	6	11
		学校类型中的%	0.0	18.2	0.0	18.2	0.0	9.1	54.5	100.0
	合计	计数	2	27	78	104	24	112	138	485
		学校类型中的%	0.4	5.6	16.1	21.4	4.9	23.1	28.5	100.0

续表

省份	学校类型		增加幅度						合计
			10%	30%	50%	100%	150%	200%	根本不考虑	

省份	学校类型		10%	30%	50%	100%	150%	200%	根本不考虑	合计
湖北	中心校	计数	0	3	5	10	1	23	33	75
		学校类型中的%	0.0	4.0	6.7	13.3	1.3	30.7	44.0	100.0
	农村完小	计数	1	8	35	50	14	103	60	271
		学校类型中的%	0.4	3.0	12.9	18.5	5.2	38.0	22.1	100.0
	教学点	计数	0	1	1	0	0	1	0	3
		学校类型中的%	0.0	33.3	33.3	0.0	0.0	33.3	0.0	100.0
	其他	计数	0	0	0	0	0	0	1	1
		学校类型中的%	0.0	0.0	0.0	0.0	0.0	0.0	100.0	100.0
	合计	计数	1	12	41	60	15	127	94	350
		学校类型中的%	0.3	3.4	11.7	17.1	4.3	36.3	26.9	100.0
宁夏	中心校	计数	3	8	18	21	2	19	43	114
		学校类型中的%	2.6	7.0	15.8	18.4	1.8	16.7	37.7	100.0
	农村完小	计数	4	10	47	48	10	56	73	248
		学校类型中的%	1.6	4.0	19.0	19.4	4.0	22.6	29.4	100.0
	教学点	计数	0	0	1	0	2	1	1	5
		学校类型中的%	0.0	0.0	20.0	0.0	40.0	20.0	20.0	100.0
	复式教学点	计数	0	0	0	0	0	1	0	1
		学校类型中的%	0.0	0.0	0.0	0.0	0.0	100.0	0.0	100.0
	合计	计数	7	18	66	69	14	77	117	368
		学校类型中的%	1.9	4.9	17.9	18.8	3.8	20.9	31.8	100.0

表72 被访教师期望到边远地区教书的分布情况

单位：%

	工资增加幅度	百分比	有效百分比	累计百分比
有效	10%	0.7	0.8	0.8
	30%	3.7	4.2	5.0
	50%	13.7	15.5	20.5
	100%	16.9	19.1	39.6
	150%	4.7	5.3	44.9
	200%	23.2	26.2	71.1
	根本不考虑	25.0	29.0	100.0
	合 计	87.9	100.0	
缺失	99	11.3		
	合 计	99.2		

七 社会交往

1. 日常交往的主要对象

表73 被访教师日常的交往对象分布（排序1）

单位：%

	交往对象	百分比	有效百分比	累计百分比
有效	亲戚	78.5	81.5	81.5
	学生家长	9.1	9.4	90.9
	邻居	2.3	2.4	93.3
	学校教师	6.2	6.4	99.7
	以前的同学	0.1	0.1	99.8
	网友	0.1	0.1	99.9
	其他	0.1	0.1	100.0
	合 计	96.4	100.0	
缺失	99	3.7		
	合 计	100.0		

表 73　被访教师日常交往对象（排序 2）

单位：%

	交往对象	百分比	有效百分比	累计百分比
有效	亲戚	1.0	1.1	1.1
	学生家长	55.8	60.9	62.0
	邻居	19.4	21.2	83.2
	学校老师	13.5	14.7	97.9
	以前同学	1.8	2.0	99.9
	村干部	0.1	0.1	100.0
	其他	0.1	0.1	100.0
	合　计	91.7	100.0	
缺失	99	8.4		
	合　计	100.0		

表 74　被访教师日常交往对象（排序 3）

单位：%

	交往对象	百分比	有效百分比	累计百分比
有效	亲戚	0.4	0.5	0.5
	学生家长	0.9	1.0	1.5
	邻居	37.8	43.2	44.7
	学校老师	35.4	40.5	85.2
	以前同学	9.6	11.0	96.2
	村干部	1.3	1.5	97.7
	乡镇干部	0.4	0.4	98.1
	企业家	0.6	0.6	98.7
	网友	0.7	0.8	99.5
	其他	0.4	0.4	100.0
	合　计	87.5	100.0	
缺失	99	12.6		
	合　计	100.0		

表 75　被访教师日常交往对象（排序 4）

单位：%

	交往对象	百分比	有效百分比	累计百分比
有效	亲戚	0.6	0.8	0.8
	学生家长	0.3	0.4	1.2
	邻居	1.5	2.0	3.2

续表

	交往对象	百分比	有效百分比	累计百分比
有效	学校老师	35.2	46.8	50.0
	以前同学	19.5	25.9	75.9
	村干部	7.9	10.5	86.4
	乡镇干部	1.7	2.2	88.6
	企业家	0.1	0.1	88.7
	网友	3.1	4.1	92.8
	其他	5.4	7.2	100.0
	合计	75.3	100.0	
缺失	99	24.8		
	合计	100.0		

2. 宗教信仰

表76 被访教师是否有宗教信仰的分布情况

单位：%

	是否有宗教信仰	百分比	有效百分比	累计百分比
有效	是	14.7	15.9	15.9
	否	77.5	84.1	100.0
	合计	92.2	100.0	
缺失	99	7.8		
	合计	100.0		

表77 不同省份教师是否有宗教信仰的分布情况

单位：%

省份	是否有宗教信仰	百分比
广西	是	1.4
	否	98.6
	合计	100.0
云南	是	3.1
	否	96.9
	合计	100.0
湖北	是	2.1
	否	97.9
	合计	100.0

续表

省　份	是否有宗教信仰	百分比
宁　夏	是	53.9
	否	46.1
	合计	100.0

八　社会保障状况

表 78　被访教师是否参加了社会保险

单位：%

	是否参加社保	百分比	有效百分比	累计百分比
有效	是	64.7	68.9	68.9
	否	29.2	31.1	100.0
	合计	93.9	100.0	
缺失	99	6.1		
	合计	100.0		

表 79　不同省份教师是否参加社会保险分布

单位：%

省　份	是否参加社保	百分比
广　西	是	65.6
	否	34.4
	合计	100.0
云　南	是	90.3
	否	9.7
	合计	100.0
湖　北	是	58.7
	否	41.3
	合计	100.0
宁　夏	是	53.3
	否	46.7
	合计	100.0

表 80 不同省份被访教师参加社保类型分布

单位：%

省 份	社保类型	百分比
广 西	没有参加保险	26.2
	三险一金	48.6
	五险一金	25.1
	合 计	100.0
云 南	没有参加保险	3.2
	三险一金	46.5
	五险一金	50.3
	合 计	100.0
湖 北	没有参加保险	26.1
	三险一金	50.6
	五险一金	23.3
	合 计	100.0
宁 夏	没有参加保险	38.9
	三险一金	46.0
	五险一金	15.1
	合 计	100.0

表 81 被访教师参加社保类型分布情况

单位：%

	社保类型	百分比	有效百分比	累计百分比
有效	没有参加保险	17.7	20.9	20.9
	三险一金	40.5	47.7	68.6
	五险一金	26.7	31.5	100.0
	合 计	84.9	100.0	
缺失	99	15.0		
	合 计	100.0		

九 专业发展与晋升需求

表 82 被访教师对政府和对学校的期望（排序 1）

单位：%

	对政府和学校的期望	频次	百分比	有效百分比	累计百分比
有效	提高学历	245	15.2	16.0	16.0
	创造学习化环境	452	28.0	29.4	45.4
	赴名校参观访问	330	20.5	21.5	66.9

续表

	对政府和学校的期望	频次	百分比	有效百分比	累计百分比
有效	进修业务或学习各方面知识	210	13.0	13.7	80.6
	教学观摩	112	6.9	7.3	87.9
	专业能力培养	107	6.6	7.0	94.9
	合理的晋升机制和渠道	79	4.9	5.1	100.0
	合　计	1535	95.1	100.0	
缺失	99	78	4.8		
	合　计	1613	100.0		

表83　不同省份教师被访教师对政府和对学校的期望（排序1）

单位：%

省　份	对政府和学校的期望	百分比
广　西	提高学历	27.1
	创造学习化环境	33.1
	赴名校参观访问	9.3
	进修业务或学习各方面知识	14.4
	教学观摩	5.9
	专业能力培养	6.8
	合理的晋升机制和渠道	3.4
	合　计	100.0
云　南	提高学历	15.2
	创造学习化环境	27.1
	赴名校参观访问	24.6
	进修业务或学习各方面知识	9.6
	教学观摩	9.6
	专业能力培养	8.2
	合理的晋升机制和渠道	5.7
	合　计	100.0
湖　北	提高学历	5.1
	创造学习化环境	30.5
	赴名校参观访问	27.8
	进修业务或学习各方面知识	15.4

续表

省 份	对政府和学校的期望	百分比
湖 北	教学观摩	7.8
	专业能力培养	6.5
	合理的晋升机制和渠道	6.8
	合　计	100.0
宁 夏	提高学历	20.1
	创造学习化环境	29.3
	赴名校参观访问	18.9
	进修业务或学习各方面知识	16.8
	教学观摩	4.8
	专业能力培养	6.0
	合理的晋升机制和渠道	4.1
	合　计	100.0

表84　被访教师对政府和对学校的期望（排序2）

单位：%

	对政府和学校的期望	频次	百分比	有效百分比	累计百分比
有效	提高学历	13	0.8	0.9	0.9
	创造学习化环境	111	6.9	7.8	8.7
	赴名校参观访问	248	15.4	17.4	26.1
	进修业务或学习各方面知识	439	27.2	30.8	56.9
	教学观摩	330	20.5	23.2	80.1
	专业能力培养	229	14.2	16.1	96.2
	合理的晋升机制和渠道	54	3.3	3.8	100.0
	合　计	1424	88.3	100.0	
缺失	99	188	11.7		
	合　计	1612	100.0		

表85　被访教师对政府和对学校的期望（排序3）

单位：%

	对政府和学校的期望	频次	百分比	有效百分比	累计百分比
有效	提高学历	19	1.2	1.5	1.5
	创造学习化环境	58	3.6	4.5	6.0
	赴名校参观访问	87	5.4	6.7	12.7

续表

	对政府和学校的期望	频次	百分比	有效百分比	累计百分比
有效	进修业务或学习各方面知识	153	9.5	11.7	24.4
	教学观摩	221	13.7	17.0	41.4
	专业能力培养	477	29.6	36.6	78.0
	合理的晋升机制和渠道	288	17.9	22.1	100.0
	合计	1303	80.9	100.0	
缺失	99	308	19.1		
	合计	1611	100.0		

表86　被访教师对目前教师晋升考核是否合理的认识

单位：%

	是否合理	频次	百分比	有效百分比	累计百分比
有效	合理	270	16.9	19.7	19.7
	不合理	393	24.5	28.6	48.3
	说不清	711	44.4	51.7	100.0
	合计	1374	85.8	100.0	
缺失	99	227	14.2		
	合计	1601	100.0		

十　对工作的疏离感

问卷中，对于工作疏离感一共设计了八道题，供老师们选择，以下表为四县被访教师的选择分布。

表87　被访教师对"目前的工作环境非常不好"的认知分布

单位：%

	分类	百分比	有效百分比	累计百分比
有效	很同意	14.5	15.5	15.5
	比较同意	12.8	13.6	29.1
	一般	40.6	43.2	72.3
	不太同意	12.2	13.0	85.3
	不同意	13.8	14.7	100.0
	合计	93.9	100.0	
缺失	99	6.1		
	合计	100.0		

表88 不同省份教师对"目前的工作环境非常不好"的认知分布

单位:%

省 份	分 类	百分比
广 西	很 同 意	21.4
	比较同意	17.0
	一 般	38.8
	不太同意	15.6
	不 同 意	7.1
	合 计	100.0
云 南	很 同 意	20.9
	比较同意	8.0
	一 般	46.2
	不太同意	10.0
	不 同 意	14.9
	合 计	100.0
湖 北	很 同 意	10.4
	比较同意	16.0
	一 般	39.6
	不太同意	14.6
	不 同 意	19.4
	合 计	100.0
宁 夏	很 同 意	10.0
	比较同意	16.7
	一 般	45.3
	不太同意	13.7
	不 同 意	14.4
	合 计	100.0

表89 被访教师对"我是不得已才从事现在的工作"的认知分布

单位:%

	分 类	百分比	有效百分比	累计百分比
有效	很 同 意	8.0	8.6	8.6
	比较同意	14.6	15.7	24.3
	一 般	19.2	20.6	44.9
	不太同意	19.3	20.8	65.7
	不 同 意	31.9	34.3	100.0
	合 计	93.0	100.0	
缺失	99	6.9		
	合 计	100.0		

表90 不同省份被访教师对"我是不得已才从事现在的工作"的认知分布

单位：%

省 份	分 类	百分比
广 西	很 同 意	9.5
	比较同意	15.9
	一 般	20.5
	不太同意	24.1
	不 同 意	30.0
	合 计	100.0
云 南	很 同 意	6.2
	比较同意	6.8
	一 般	21.6
	不太同意	23.0
	不 同 意	42.4
	合 计	100.0
湖 北	很 同 意	8.9
	比较同意	28.2
	一 般	19.6
	不太同意	20.2
	不 同 意	23.1
	合 计	100.0
宁 夏	很 同 意	10.9
	比较同意	15.4
	一 般	20.5
	不太同意	16.7
	不 同 意	36.6
	合 计	100.0

表91 被访教师对"我认为我的付出与收获相符"的认知分布

单位：%

	分 类	百分比	有效百分比	累计百分比
有效	很 同 意	4.0	4.4	4.4
	比较同意	9.3	10.1	14.5
	一 般	20.3	21.9	36.4
	不太同意	26.2	28.2	64.6
	不 同 意	32.9	35.5	100.0
	合 计	92.7	100.0	
缺失	99	7.3		
	合 计	100.0		

表92 不同省份被访教师对"我认为我的付出与收获相符"的认知分布

单位:%

省份	分类	百分比
广西	很同意	4.5
	比较同意	6.7
	一般	12.1
	不太同意	25.6
	不同意	51.1
	合计	100.0
云南	很同意	5.8
	比较同意	10.7
	一般	36.5
	不太同意	26.8
	不同意	20.2
	合计	100.0
湖北	很同意	2.7
	比较同意	4.1
	一般	8.1
	不太同意	29.8
	不同意	55.3
	合计	100.0
宁夏	很同意	4.1
	比较同意	16.7
	一般	21.5
	不太同意	30.1
	不同意	27.6
	合计	100.0

表93 被访教师对"我觉得目前的工作压力太大"的认知分布

单位:%

	分类	百分比	有效百分比	累计百分比
有效	很同意	39.0	41.5	41.5
	比较同意	24.5	26.0	67.5
	一般	23.1	24.6	92.1
	不太同意	5.4	5.7	97.8
	不同意	2.0	2.2	100.0
	合计	94.0	100.0	
缺失	99	6.0		
	合计	100.0		

表94 不同省份被访教师对"我觉得目前的工作压力太大"的认知分布

单位：%

省 份	分 类	百分比
广 西	很 同 意	43.9
	比较同意	25.8
	一 般	20.4
	不太同意	5.9
	不 同 意	4.1
	合 计	100.0
云 南	很 同 意	40.6
	比较同意	26.8
	一 般	24.4
	不太同意	7.7
	不 同 意	0.6
	合 计	100.0
湖 北	很 同 意	45.0
	比较同意	27.4
	一 般	21.3
	不太同意	5.0
	不 同 意	1.3
	合 计	100.0
宁 夏	很 同 意	38.0
	比较同意	24.0
	一 般	30.1
	不太同意	4.0
	不 同 意	4.0
	合 计	100.0

表95 被访教师对"我对自己的住房状况非常不满意"的认知分布

单位：%

	分 类	百分比	有效百分比	累计百分比
有效	很 同 意	40.6	43.4	43.4
	比较同意	15.3	16.3	59.7
	一 般	25.2	27.0	86.7
	不太同意	6.8	7.2	93.9
	不 同 意	5.7	6.1	100.0
	合 计	93.6	100.0	
缺失	99	6.4		
	合 计	100.0		

表96　不同省份被访教师对"我对自己的住房状况非常不满意"的认知分布

单位：%

省份	分类	百分比
广西	很同意	41.3
	比较同意	15.7
	一般	29.6
	不太同意	4.9
	不同意	8.5
	合计	100.0
云南	很同意	42.2
	比较同意	14.6
	一般	33.2
	不太同意	5.6
	不同意	4.4
	合计	100.0
湖北	很同意	44.6
	比较同意	17.1
	一般	23.4
	不太同意	10.0
	不同意	5.0
	合计	100.0
宁夏	很同意	44.9
	比较同意	18.0
	一般	21.2
	不太同意	7.9
	不同意	7.9
	合计	100.0

表97　被访教师对"单位很少为我提供机会"的认知分布

单位：%

	分类	百分比	有效百分比	累计百分比
有效	很同意	21.7	23.8	23.8
	比较同意	16.0	17.5	41.3
	一般	30.4	33.3	74.6
	不太同意	11.2	12.2	86.8
	不同意	12.1	13.2	100.0
	合计	91.4	100.0	
缺失	99	8.5		
	合计	100.0		

表 98　不同省份被访教师对"单位很少为我提供机会"的认知分布

单位：%

省份	分类	百分比
广西	很同意	31.7
	比较同意	19.2
	一般	26.9
	不太同意	12.5
	不同意	9.6
	合计	100.0
云南	很同意	17.0
	比较同意	16.8
	一般	38.0
	不太同意	10.4
	不同意	17.8
	合计	100.0
湖北	很同意	21.6
	比较同意	16.6
	一般	32.4
	不太同意	16.9
	不同意	12.5
	合计	100.0
宁夏	很同意	30.3
	比较同意	18.3
	一般	31.3
	不太同意	10.2
	不同意	9.9
	合计	100.0

表 99　被访教师对"我目前的工资收入不能让我满意"的认知分布

单位：%

	分类	百分比	有效百分比	累计百分比
有效	很同意	58.8	61.9	61.9
	比较同意	19.0	20.0	81.9
	一般	12.8	13.5	95.4
	不太同意	2.6	2.7	98.1
	不同意	1.7	1.8	100.0
	合计	94.9	100.0	
缺失	99	5.0		
	合计	100.0		

表100 不同省份被访教师对"我目前的工资收入不能让我满意"的认知分布

单位：%

省 份	分 类	百分比
广 西	很 同 意	64.7
	比较同意	22.2
	一 般	5.9
	不太同意	5.0
	不 同 意	2.3
	合 计	100.0
云 南	很 同 意	51.0
	比较同意	24.2
	一 般	19.5
	不太同意	2.9
	不 同 意	2.3
	合 计	100.0
湖 北	很 同 意	80.4
	比较同意	12.2
	一 般	5.4
	不太同意	1.5
	不 同 意	0.5
	合 计	100.0
宁 夏	很 同 意	56.4
	比较同意	20.9
	一 般	18.0
	不太同意	2.5
	不 同 意	2.2
	合 计	100.0

表101 被访教师对"我生活最大的满足感来自工作"的认知分布

单位：%

	分 类	百分比	有效百分比	累计百分比
有效	很 同 意	23.4	24.9	24.9
	比较同意	20.7	22.0	46.9
	一 般	29.8	31.7	78.6
	不太同意	8.1	8.6	87.2
	不 同 意	11.9	12.7	100.0
	合 计	93.9	100.0	
缺失	99	6.0		
	合 计	100.0		

表 102　不同省份被访教师对"我生活最大的满足感来自工作"的认知分布

省　份	分　类	百分比
广　西	很同意	32.1
	比较同意	22.9
	一　般	26.1
	不太同意	8.7
	不同意	10.1
	合　计	100.0
云　南	很同意	21.8
	比较同意	15.2
	一　般	41.7
	不太同意	7.8
	不同意	13.5
	合　计	100.0
湖　北	很同意	17.4
	比较同意	21.6
	一　般	30.6
	不太同意	11.3
	不同意	19.0
	合　计	100.0
宁　夏	很同意	31.9
	比较同意	30.6
	一　般	23.2
	不太同意	7.2
	不同意	7.2
	合　计	100.0

十一　教师的人际交往感受

在问卷中，我们一共设计了十道题，测量教师人际交往的主观感受，以下是教师们的认知分布。

表103 被访教师对"我觉得没有人真正关心我"的认知分布

单位：%

	分类	百分比	有效百分比	累计百分比
有效	很同意	7.3	7.8	7.8
	比较同意	9.7	10.4	18.2
	一般	21.7	23.0	41.2
	不太同意	22.2	23.6	64.8
	不同意	33.1	35.2	100.0
	合计	94.0	100.0	
缺失	99	6.0		
	合计	100.0		

表104 被访教师对"我经常有被遗弃的感觉"的认知分布

单位：%

	分类	百分比	有效百分比	累计百分比
有效	很同意	7.9	8.5	8.5
	比较同意	10.5	11.2	19.7
	一般	18.7	20.0	39.7
	不太同意	22.5	24.1	63.8
	不同意	33.8	36.2	100.0
	合计	93.4	100.0	
缺失	99	6.6		
	合计	100.0		

表105 被访教师对"只有少数几个人我可以与他们真正交谈"的认知分布

单位：%

	分类	百分比	有效百分比	累计百分比
有效	很同意	9.9	10.6	10.6
	比较同意	16.6	17.7	28.3
	一般	20.2	21.6	49.9
	不太同意	20.8	22.2	72.1
	不同意	26.0	27.8	100.0
	合计	93.5	100.0	
缺失	99	6.5		
	合计	100.0		

表 106　被访教师对"如果遇到麻烦我有很多人可以依靠"的认知分布

单位：%

	分类	百分比	有效百分比	累计百分比
有效	很同意	14.7	15.8	15.8
	比较同意	17.6	19.0	34.8
	一般	27.8	29.9	64.7
	不太同意	18.5	19.9	84.6
	不同意	14.2	15.3	100.0
	合计	92.8	100.0	
缺失	99	7.2		
	合计	100.0		

表 107　被访教师对"当我心情好时别人欢迎我，但当我感到沮丧时那就是另外一回事了"的认知分布

单位：%

	分类	百分比	有效百分比	累计百分比
有效	很同意	5.8	6.2	6.2
	比较同意	10.5	11.3	17.5
	一般	27.9	30.0	47.5
	不太同意	24.9	26.8	74.3
	不同意	23.9	25.7	100.0
	合计	93.0	100.0	
缺失	99	7.0		
	合计	100.0		

表 108　被访教师对"我从未从我参与的集体活动中得到什么满足感"的认知分布

单位：%

	分类	百分比	有效百分比	累计百分比
有效	很同意	4.2	4.5	4.5
	比较同意	7.9	8.6	13.1
	一般	24.1	26.0	39.1
	不太同意	23.7	25.5	64.6
	不同意	32.9	35.4	100.0
	合计	92.8	100.0	
缺失	99	7.1		
	合计	100.0		

表 109 被访教师对"我对我的家人不是什么都说"的认知分布

单位：%

	分 类	百分比	有效百分比	累计百分比
有效	很 同 意	11.4	12.2	12.2
	比较同意	22.3	24.0	36.2
	一 般	23.6	25.4	61.6
	不太同意	15.6	16.8	78.4
	不 同 意	20.1	21.6	100.0
	合 计	93.0	100.0	
缺失	99	7.0		
	合 计	100.0		

表 110 被访教师对"在我居住的这个社区我的朋友不多"的认知分布

单位：%

	分 类	百分比	有效百分比	累计百分比
有效	很 同 意	7.8	8.4	8.4
	比较同意	13.0	14.1	22.5
	一 般	28.5	30.7	53.2
	不太同意	19.7	21.3	74.5
	不 同 意	23.6	25.5	100.0
	合 计	92.6	100.0	
缺失	99	7.3		
	合 计	100.0		

表 111 被访教师对"在我遇到困难时，我不能指望任何团体或组织给我一些道义上的或精神上的支持"的认知分布

单位：%

	分 类	百分比	有效百分比	累计百分比
有效	很 同 意	19.9	21.3	21.3
	比较同意	16.1	17.2	38.5
	一 般	22.3	23.8	62.3
	不太同意	16.6	17.8	80.1
	不 同 意	18.6	19.9	100.0
	合 计	93.5	100.0	
缺失	99	6.5		
	合 计	100.0		

表112 被访教师对"我真的找不到一个愿意和我分享快乐和忧伤的人"的认知分布

单位:%

	分类	百分比	有效百分比	累计百分比
有效	很同意	6.8	7.4	7.4
	比较同意	8.1	8.7	16.1
	一般	16.7	18.1	34.2
	不太同意	21.0	22.7	56.9
	不同意	39.8	43.1	100.0
	合计	92.4	100.0	
缺失	99	7.5		
合计		100.0		

十二 教师的自我评价

表113 被访教师对"我认为自己是个有价值的人,至少与别人不相上下"的认知分布

单位:%

	分类	百分比	有效百分比	累计百分比
有效	很同意	34.2	36.2	36.2
	比较同意	27.6	29.2	65.4
	一般	24.2	25.6	91.0
	不太同意	5.7	6.0	97.0
	不同意	2.9	3.0	100.0
	合计	94.6	100.0	
缺失	99	5.3		
合计		100.0		

表114 被访教师对"我觉得我有许多优点"的认知分布

单位:%

	分类	百分比	有效百分比	累计百分比
有效	很同意	27.1	28.6	28.6
	比较同意	31.4	33.1	61.7
	一般	31.6	33.4	95.1
	不太同意	3.3	3.5	98.6
	不同意	1.3	1.4	100.0
	合计	94.7	100.0	
缺失	99	5.3		
合计		100.0		

表 115　被访教师对"总的来说，我倾向于认为自己是一个失败者"的认知分布

单位：%

	分　类	百分比	有效百分比	累计百分比
有效	很　同　意	8.8	9.4	9.4
	比较同意	8.0	8.5	17.9
	一　　　般	17.4	18.5	36.4
	不太同意	31.0	33.1	69.5
	不　同　意	28.5	30.4	100.0
	合　　　计	93.7	100.0	
缺失	99	6.3		
合　　　计		100.0		

表 116　被访教师对"我做事可以做得和大多数人一样好"的认知分布

单位：%

	分　类	百分比	有效百分比	累计百分比
有效	很　同　意	40.9	43.4	43.4
	比较同意	32.5	34.5	77.9
	一　　　般	16.6	17.6	95.5
	不太同意	3.3	3.6	99.1
	不　同　意	0.9	0.9	100.0
	合　　　计	94.2	100.0	
缺失	99	5.8		
合　　　计		100.0		

表 117　被访教师对"我觉得自己没有什么值得自豪的地方"的认知分布

单位：%

	分　类	百分比	有效百分比	累计百分比
有效	很　同　意	9.8	10.5	10.5
	比较同意	13.1	14.0	24.5
	一　　　般	19.7	21.0	45.5
	不太同意	25.2	26.9	72.4
	不　同　意	25.9	27.7	100.0
	合　　　计	93.7	100.0	
缺失	99	6.3		
合　　　计		100.0		

表 118 被访教师对"整体而言我对自己感到满意"的认知分布

单位：%

	分 类	百分比	有效百分比	累计百分比
有效	很 同 意	25.9	27.6	27.6
	比较同意	26.6	28.4	56.0
	一 般	29.3	31.3	87.3
	不太同意	7.2	7.7	95.0
	不 同 意	4.7	5.0	100.0
	合 计	93.7	100.0	
缺失	99	6.3		
	合 计	100.0		

表 119 被访教师对"有时我的确感到自己很没用"的认知分布

单位：%

	分 类	百分比	有效百分比	累计百分比
有效	很 同 意	12.5	13.3	13.3
	比较同意	11.2	12.0	25.3
	一 般	23.6	25.1	50.4
	不太同意	20.8	22.1	72.5
	不 同 意	25.8	27.5	100.0
	合 计	93.9	100.0	
缺失	99	6.1		
	合 计	100.0		

十三 失序感

表 120 被访教师对"给政府官员写信没用，因为他们通常对普通百姓的问题并不真正关心"的认知分布

单位：%

	分 类	百分比	有效百分比	累计百分比
有效	很 同 意	33.0	35.0	35.0
	比较同意	18.6	19.7	54.7
	一 般	22.4	23.7	78.4
	不太同意	10.4	11.0	89.4
	不 同 意	10.0	10.6	100.0
	合 计	94.4	100.0	
缺失	99	5.6		
	合 计	100.0		

表121 被访教师对"现今人们必须只为今天活着,明天就由它去吧"的认知分布

单位:%

	分 类	百分比	有效百分比	累计百分比
有效	很同意	9.1	9.6	9.6
	比较同意	12.6	13.4	23.0
	一般	18.9	20.0	43.0
	不太同意	24.4	25.9	68.9
	不同意	29.2	31.0	100.0
	合计	94.2	100.0	
缺失	99	5.9		
	合计	100.0		

表122 被访教师对"如今人们已经不知道该指望谁了"的认知分布

单位:%

	分 类	百分比	有效百分比	累计百分比
有效	很同意	19.7	21.1	21.1
	比较同意	16.3	17.4	38.5
	一般	20.9	22.3	60.8
	不太同意	15.6	16.6	77.4
	不同意	21.2	22.6	100.0
	合计	93.7	100.0	
缺失	99	6.3		
	合计	100.0		

表123 被访教师对"大多数人都不在乎别人的死活"的认知分布

单位:%

	分 类	百分比	有效百分比	累计百分比
有效	很同意	14.2	15.1	15.1
	比较同意	18.8	20.0	35.1
	一般	18.4	19.6	54.7
	不太同意	19.7	21.0	75.7
	不同意	22.9	24.4	100.0
	合计	94.0	100.0	
缺失	99	6.1		
	合计	100.0		

表 124　被访教师对"除了健康以外，钱是最重要"的认知分布

单位：%

	分　类	百分比	有效百分比	累计百分比
有效	很　同　意	13.0	13.8	13.8
	比较同意	17.3	18.4	32.2
	一　　般	16.3	17.3	49.5
	不太同意	22.1	23.4	72.9
	不　同　意	25.5	27.1	100.0
	合　　计	94.2	100.0	
缺失	99	5.8		
	合　　计	100.0		

表 125　被访教师"对有时你不得不思考到底有什么事是值得去做"的认知分布

单位：%

	分　类	百分比	有效百分比	累计百分比
有效	很　同　意	13.0	13.9	13.9
	比较同意	23.4	25.1	39.0
	一　　般	25.8	27.6	66.6
	不太同意	16.1	17.3	83.9
	不　同　意	15.1	16.1	100.0
	合　　计	93.4	100.0	
缺失	99	6.6		
	合　　计	100.0		

表 126　被访教师对"赚钱的方法无所谓对与错，只有难与易之分"的认知分布

单位：%

	分　类	百分比	有效百分比	累计百分比
有效	很　同　意	6.8	7.2	7.2
	比较同意	7.9	8.5	15.7
	一　　般	14.3	15.3	31.0
	不太同意	21.1	22.5	53.5
	不　同　意	43.5	46.4	100.0
	合　　计	93.6	100.0	
缺失	99	6.4		
	合　　计	100.0		

表127 被访教师对"善恶从来就没有绝对清楚的标准,善恶完全取决于当时的情况"的认知分布

单位:%

	分 类	百分比	有效百分比	累计百分比
有效	很同意	10.7	11.5	11.5
	比较同意	18.9	20.2	31.7
	一 般	19.9	21.4	53.1
	不太同意	17.8	19.0	72.1
	不同意	26.0	27.9	100.0
	合 计	93.3	100.0	
缺失	99	6.7		
	合 计	100.0		

表128 被访教师对"现在社会两极分化,穷人越来越穷,富人越来越富"的认知分布

单位:%

	分 类	百分比	有效百分比	累计百分比
有效	很同意	50.9	53.7	53.7
	比较同意	23.1	24.4	78.1
	一 般	8.2	8.6	86.7
	不太同意	6.8	7.2	93.9
	不同意	5.7	6.0	100.0
	合 计	94.7	100.0	
缺失	99	5.2		
	合 计	100.0		

表129 被访教师对"即使我再努力,也不会根本改变我现在的生活状况"的认知分布

单位:%

	分 类	百分比	有效百分比	累计百分比
有效	很同意	33.0	34.8	34.8
	比较同意	20.0	21.1	55.9
	一 般	13.3	14.1	70.0
	不太同意	14.4	15.2	85.2
	不同意	14.0	14.8	100.0
	合 计	94.7	100.0	
缺失	99	5.3		
	合 计	100.0		

附录二
乡村教师调查问卷

尊敬的老师：

您好！

我们来自中国青少年发展基金会，为了了解当下中国中西部地区乡村教师的工作和生活状况，并为有关部门制定政策提供依据，我们特进行此次调研。贵校和您是我们采用随机抽样法选中的调查对象，希望您如实填写问卷，并填答所有问题。您的回答不涉及是非对错，您的填写内容我们将予以保密。

非常感谢您的合作！

请填写您所在的学校地址：

_____省_____市（县）_____乡（镇）_____村_____学校

A. 个人基本情况

A1 您的性别：_____。

| 1 男 | 2 女 |

A2 您的出生年份？_____年_____月。

A3a 您的出生地：_____省_____县。

A3b 您是否本县人？

| 1. 是 | 2. 否 |

A3c 您是否本乡人?

| 1. 是 | 2. 否 |

A3d 您是否本村人?

| 1. 是 | 2. 否 |

A4 您的政治面貌是:_____。

| 1. 共产党员 | 2. 民主党派 | 3. 团员 | 4. 群众 | 5. 其他 |

A5 您的婚姻状况是:_____。

| 1. 未婚 | 2. 已婚 | 3. 离婚 | 4. 丧偶 |

A6a 您的户口类型是:_____。

| 1. 本县城镇户口 | 2. 外县城镇户口 | 3. 外县农村户口 | 4. 本县农村户口 |

A6b 您配偶的户口类型是:_____。

| 1. 本县城镇户口 | 2. 外县城镇户口 | 3. 外县农村户口 | 4. 本县农村户口 |

A7a 您目前的学历是:_____。

| 1. 初中(跳到A8题) | 2. 中专(或职高、技校) | 3. 高中 | 4. 大专 |
| 5. 本科 | 6. 研究生及以上 | 7. 其他_____ | |

A7b 您是否师范类院校毕业?

| 1. 是 | 2. 否 |

A8 您所学专业是:_____。

| 1. 文史类　专业名称＿＿＿＿ | 2. 理工科类　专业名称＿＿＿＿ |

A9a 您目前的职称是：＿＿＿＿＿。

1. 无职称	2. 小学高级教师	3. 小学一级教师	4. 小学二级教师
5. 小学三级教师	6. 中学高级教师	7. 中学一级教师	8. 中学二级教师
9. 中学三级教师	10. 其他		

A9b 从上一职称晋升到现在这一职称您大概花了多长时间？

| 1. 一年 | 2. 二年 | 3. 三年 |
| 4. 四年 | 5. 五年 | 6. 六年及以上 |

A10 您是否持有教师从业资格证？

| 1. 是 | 2. 否 |

A11 您目前与学校的关系：＿＿＿＿＿。

| 1. 正式编制 | 2. 代课教师 | 3. 特岗教师 | 4. 其他＿＿＿＿ |

B. 家庭情况

（未婚者仅填父母两栏情况，子女数超过三人的，按年龄依次从大到小填写，没有的情况填 0，已去世者以"×"标记，并只填写 B1 至 B4 选项）

	配偶	父亲	母亲	子女1	子女2	子女3
B1 性别　男 = 1　女 = 2		1	2			
B2 年龄						
B3 政治面貌：1. 共产党员　2. 群众　3. 团员　4. 民主党派						
B4 学历：1. 没上过学　2. 学前班或幼儿园　3. 小学　4. 初中　5. 中专（职高、技校）　6. 高中　7. 大专　8. 本科　9. 研究生及以上						

续表

	配偶	父亲	母亲	子女1	子女2	子女3
B5 就业状况：1. 务农或做家务 2. 本省市打工 3. 在外省市打工 4. 学生或幼儿 5. 离退休人员 6. 行政事业单位职工 7. 企业单位职工 8. 本校教师或职工 9. 外校教师或职工 10. 其他						
B6 社会福利：1. 无任何福利 2. 三险一金 3. 五险一金 4. 不知道						

B7 您家里一共_____口人，一共有_____个孩子。

B8a 您有几个孩子在上学？_____。（未婚者及子女尚未上学者不填）

B8b 有几个孩子工作挣钱？_____。（未婚者及子女尚未参加工作者不填）

B9 您是否感觉家庭有经济压力？

1. 是	2. 否（跳到 C 部分）

B10 产生家庭经济压力的原因是：_____。（请选出您认为最重要的 3 项并进行排序）

1. 工资收入太低	2. 配偶失业	3. 子女上学费用	4. 家人看病费用
5. 买房费用	6. 租房费用	7. 其他_____	

C. 工作状况

C1 您所执教的学校是否寄宿制？

1. 是	2. 否

C2a 您所执教的学校类型是：_____。

1. 中心校	2. 农村小学	3. 教学点	4. 复式教学点	5. 其他_____

C2b 您所在的学校位于：_____。

| 1. 村里 | 2. 乡镇 | 3. 其他____ |

C3 您本学期教的年级是：_____。（可多选）

| 1. 学前班 | 2. 一年级 | 3. 二年级 | 4. 三年级 |
| 5. 四年级 | 6. 五年级 | 7. 六年级 | |

C4 您教_____个班级，每个班级的人数_____。

C5 您担任几个班级的班主任？

| 1. 0个 | 2. 1个 | 3. 2个 | 4. 3个及以上 |

C6 您担任班主任的班级，学生数量是____个。

C7 您每周一共有多少节课？_____节课。

C8a 您课后是否还需要花时间为学生批改作业和课外辅导？

| 1. 是 | 2. 否（跳到C9题） |

C8b 您平均每周课后为学生批改作业和课外辅导的时间是_____小时。

C9 您本学期所教的科目：_____。（可多选）

| 1. 语文 | 2. 数学 | 3. 外语 | 4. 品德 | 5. 自然 |
| 6. 体育 | 7. 音乐 | 8. 美术 | 9. 科学 | 10. 其他____ |

C10 您课后是否需要管理学生生活？

| 1. 是 | 2. 否 |

C11 您认为您的工作量：_____。

| 1. 很大 | 2. 较大 | 3. 适中 | 4. 较轻松 | 5. 很轻松 | 6. 不知道 |

C12 您的家人是否支持您做目前这份工作？

| 1. 是（跳到 D 部分答题） | 2. 否 |

C13 您的家人不支持您做目前这份工作的原因_____。（写具体原因）

D. 居住状况与生活状况

D1 您的住所类型是：_____。

| 1. 自建房屋 | 2. 自购房屋 | 3. 租房（全租或合租） |
| 4. 学校分配住房 | 5. 学校宿舍 | 6. 其他_____ |

D2 您的室内居住面积是：_____平方米。

D3 您居住的房屋是：_____。

| 1. 楼房 | 2. 平房 | 3. 其他_____ |

D4a 您的住所是否拥有独立的卫生间？

| 1. 是 | 2. 否 |

D4b 您的住所是否有自来水？

| 1. 是 | 2. 否 |

D5a 您是否与您的家人同住？

| 1. 是 | 2. 否（跳到 D5c 题） |

D5b 与您同住的家人有_____。（可多选）

| 1. 父母 | 2. 配偶 | 3. 子女 |

D5c 您是否和您的配偶两地分居？

| 1. 是 | 2. 否（跳到 D6a） |

D5d 您和您的配偶多长时间见一次面？_____天。

D6a 您的住所离学校有多远？_____公里。

D6b 您一般选择什么方式去学校？这种方式去学校需要多长时间？

1. 走路_____分钟	2. 骑自行车_____分钟
3. 骑摩托车或电动车_____分钟	4. 班车_____分钟
5. 公交车_____分钟	6. 拼车_____分钟

D7 您住所冬天的取暖方式是：_____。

1. 集中供暖	2. 自己烧煤取暖	3. 电炉或电暖气	4. 其他_____

D8 学校是否提供午餐？

1. 是	2. 否

E. 收入状况

E1 您家庭去年的总收入是_____元。

E2a 您每月的基本工资是____元，占家庭收入比重_____。

E2b 您的工资发放情况：_____。

1. 每月能够足额并及时发放	2. 每月不能足额发放
3. 基本按时发放，但偶尔会推迟些	4. 很难保证及时发放

E3a 您的工作收入与本县（区）公务员的收入相比：_____。

1. 高很多	2. 稍高一些	3. 差不多	4. 稍低些	5. 低很多	6. 不知道

E3b 您的工作收入与本县（区）其他职业人员（包括外出打工人员）的收入相比：_____。

1. 高很多	2. 稍高一些	3. 差不多	4. 稍低些	5. 低很多	6. 不知道

E3c 您的工作收入与本县（区）市区同级教师的收入相

比：_____。

| 1. 高很多 | 2. 稍高一些 | 3. 差不多 | 4. 稍低些 | 5. 低很多 | 6. 不知道 |

E4 您配偶去年的年收入是_____元。

E5 除了基本工资外，您是否还有其他收入来源？

| 1. 是 | 2. 否（跳到 E7 题） |

E6 您的其他收入来源是：_____。

| 1. 种地收入 | 2. 外出打工收入 | 3. 做生意 |
| 4. 课外辅导收入 | 5. 金融理财 | 6. 其他_____ |

E7 您子女每年给您____元补贴家用。（未婚者及子女未成年者不填）

F. 支出状况

F1 您家庭去年的总支出是_____元。

F2 您个人每月的生活花费是_____元。

F3 您家庭去年的日常生活费是_____元。

F4 您子女每年的教育费用支出是_____元。

F5 您家庭去年的医疗费用支出是_____元。

F6 您去年赡养老人的费用支出是_____元。

F7 您去年红白喜事的费用支出是_____元。

F8 您去年资助贫困学生的费用支出是_____元。

F9 在去年您的所有支出项目中，占总支出比最大的前 3 项是：_____。（从大到小排序）

| 1. 日常生活费 | 2. 子女教育费 | 3. 医疗费用 | 4. 赡养老人费用 |
| 5. 资助贫困学生费用 | 6. 交往朋友支出费用 | 7. 娱乐费用 | 8. 交通费用 |

F10 您是否还有其他支出项目？

1. 是（请具体填写支出项目_____）	2. 否

G. 流动状况及流动意愿

G1 您从事教师职业有_____年，其中在本校工作了____年（不满1年以1年算）。

G2a 除了教师之外，您还从事过哪几种不同的工作？（没有从事其他工作的填0）

G2b 您第一份工作是：_____。

1. 务农	2. 做生意	3. 参军	4. 企业职员
5. 工厂打工	6. 教师	7. 其他____	

G3 您是通过哪个渠道获取现在这份工作的？

1. 民办教师转公办	2. 特岗教师	3. 学校招聘	4. 代课教师
5. 毕业分配	6. 其他_____		

G4 您选择从事教师这一职业的原因：_____。（按重要性大小排序，限选3项）

1. 个人理想	2. 个人兴趣	3. 家人意愿	4. 追求稳定
5. 工作体面，受人尊敬	6. 迫于无奈，只能找到这一工作	7. 其他____	

G5a 您在本校工作以来，您是否获得过职务上的晋升？

1. 是	2. 否

G5b 在您看来，近期内您获得职称晋升的机会有多大？

1. 不清楚	2. 很小	3. 比较小	4. 不太可能	5. 比较大	6. 很大

G6 您在从事教师职业工作过程中，是否对从事教师职业动摇过？

1. 是	2. 否

G7 如果有可能,您是否会考虑换个学校?

1. 没想过这个问题(跳到 G11)	2. 一定会	3. 可能会
4. 无所谓(跳到 G11)	5. 可能不会	6. 不会

G8 您想换个学校的原因是:_____。(按重要性大小排序,限选 3 项)

1. 学校硬件条件太差	2. 交通不便,离家太远	3. 工作量太大
4. 晋升机会少	5. 报酬低,福利待遇差	6. 缺乏进修的机会
7. 寻求事业上更好的发展	8. 人际关系不好	9. 解决婚姻问题 10. 其他____

G9 您希望转到哪一级行政区域的学校?

1. 农村	2. 乡镇	3. 县(市)	4. 地级市	5. 省会城市	6. 不知道

G10 您打算通过什么方式实现转校?

1. 组织调配	2. 提升学历后转校	3. 参加招聘会	4. 通过亲朋好友帮忙	5. 其他____

G11 如果有可能,您是否会考虑换个行业?

1. 一定会	2. 可能会	3. 无所谓(跳到 G15)	4. 可能不会	5. 不会(跳到 G15)	6. 不清楚

G12 您想转行的原因:_____。(按重要性大小排序,限选 3 项)

1. 本来就不喜欢教师这个职业,当初入行是出于无奈	
2. 厌倦了教师这个行业	3. 想体验其他职业,丰富人生经历
4. 自己不适合这个职业,担心误人子弟	5. 提高社会地位
6. 追求更高的经济收入	7. 其他____

G13 转行后,您希望从事什么职业?

1. 党政机关事业单位	2. 企业单位职员	3. 专业人员	4. 私营企业主
5. 自由职业者	6. 务农	7. 外出打工	8. 其他_____

G14 如果有可能,您是更愿意转校还是转行?

1. 转校	2. 转行	3. 不清楚	4. 其他_____

G15 您是否接受过来自以下机构的生活方面的资助?请在选项前划圈,若接受过多个机构的资助,请您列出对您帮助最大的前3项。

1. 民政部门	2. 希望工程	3. 工会	4. 村委会	5. 企业	6. 教育局
7. 其他公益组织	8. 县或乡扶贫办公室	9. 其他_____			10. 从未有过

G16 最近两年您受到过哪一级别的奖励?

1. 乡镇	2. 县(市)	3. 省级	4. 国家教育部	5. 其他____	6. 没有

G17 如果有公益组织愿意对教师提供帮助,您希望每年的资助额度是:_____。

1. 1000~3000元	2. 3000~5000元	3. 5000~8000元	4. 8000~10000元

G18 您认为以下哪一种资助方式最为合理?

1. 选择本校5%的教师资助	2. 选择本校20%的老师资助	3. 选择本校50%的教师资助
4. 选择本校70%的教师资助	5. 本校所有教师	6. 由上级教育部门决定

G19 以现有收入为标准,增加多少,您才会考虑到边远的村小或教学点任教?

1. 10%	2. 30%	3. 50%	4. 100%	5. 150%	6. 200%	7. 根本不考虑

G20 "撤点并校"对您的晋升有没有影响?

　　1. 有　　2. 没有

G21 "撤点并校"对您的日常生活有没有影响？

1. 有　　2. 没有

K. 对工作的疏离感

	1 很同意	2 比较同意	3 一般	4 不太同意	5 不同意
1. 目前的工作环境非常不好					
2. 我是不得已才从事现在的工作					
3. 我认为我的付出与收获相符					
4. 我觉得目前工作压力太大					
5. 我对自己的住房状况非常不满意					
6. 单位很少为我提供机会					
7. 我目前的工资收入不能让我满意					
8. 我生活最大的满足感是来自工作					

H. 社会交往状况和业余生活

H1 除了家人和学生之外，您日常交往对象有：＿＿＿＿。（最主要的4项）

1. 亲戚	2. 学生家长	3. 邻居	4. 学校教师	5. 以前的同学
6. 村干部	7. 乡镇干部	8. 企业家	9. 网友	10. 其他＿＿＿

H2 您在假期或休息的时候都有些什么业余活动？（最主要的3项）

1. 上网（电脑或手机）	2. 看书	3. 打牌
4. 干农活或家务	5. 看电视	6. 旅游
7. 锻炼身体	8. 逛街	9. 其他＿＿＿＿

H3 您平常都关注哪些方面的信息？（最主要的3项）

1. 与教师相关的信息	2. 工作招聘信息	3. 时事
4. 与"三农"相关的信息	5. 国家政策	6. 娱乐新闻
7. 股市信息	8. 择偶及相关信息	9. 其他＿＿＿＿

H4 您平时获取信息的渠道有：_____。（最主要的3项）

1. 网络	2. 书籍或报刊	3. 电视
4. 日常交往对象	5. 广播	6. 其他_____

H5 您是否有宗教信仰？

1. 是（请填写所信仰的宗教_____）	2. 否

I. 社会保障状况

I1 您是否参加了社会保险？

1. 是	2. 否

I2 您具体参加了哪些保险？

1. 没有参加保险	2. 三险一金	3. 五险一金

I3 您是否还参加了其他商业保险？

1. 是	2. 否	3. 不知道

J. 专业发展与晋升需求

J1 您是否接受过相关教师培训？

1. 是	2. 否（跳到J5题）

J2 您接受过几次培训？什么级别？ 1. 乡镇 2. 县级 3. 市级 4. 省级 5. 公益组织____（可多选）

J3a 您所接受的培训内容主要有：_____。（可多选）

1. 教学方法的培训	2. 教学内容的培训（跳到J4）	3. 其他_____（跳到J4）

J3b 您所接受的教学方法培训是：_____。（可多选）

| 1. 案例教学法 | 2. 讨论教学法 | 3. 其他_____ |

  J4 您所接受的培训对您的教学水平、职称评定、晋升有帮助吗？

| 1. 毫无帮助 | 2. 帮助不大 | 3. 说不清 | 4. 有一定帮助 | 5. 有很大帮助 |

  J5 您希望学校或政府为您的专业发展提供哪些机会或条件？（最主要的3项并排序）

1. 提高学历	2. 创造学习化环境
3. 赴名校参观访问	4. 进修业务或学习各方面知识
5. 教学观摩	6. 专业能力的培养
7. 合理的晋升机制和渠道	

  J6 您认为什么最能体现教师专业发展的进步与成功？（最重要的3项并排序）

1. 职务职称的提升	2. 取得更高的学历
3. 学生获得良好发展	4. 个人修养的完善
5. 业务水平的提高	6. 经济收入的提高
7. 受到社会更多的尊重	

  J7 您认为促进教师专业发展的主要动力是：_____。（最重要的3项并排序）

1. 更新知识，提高素质	2. 使学生获得更好的发展
3. 追求职务职称的提升	4. 追求更高的收入
5. 适应教育改革的新要求	6. 更好地实现人生价值

  J8 您觉得目前教师晋升考核机制是否合理？

| 1. 是 | 2. 否 | 3. 说不清 |

K. 人际交往

	1 很同意	2 比较同意	3 一般	4 不太同意	5 不同意
1. 我觉得没有人真正关心我					
2. 我经常有被遗弃的感觉					
3. 只有少数几个人我可以与他们真正交谈					
4. 如果遇到麻烦我有很多人可以依靠					
5. 当我心情好时别人欢迎我,但当我感到沮丧时那就是另外一回事了					
6. 我从未从我参与的集体活动中得到什么满足感					
7. 我对家人不是什么都说					
8. 在我居住的这个社区我的朋友不多					
9. 在我遇到困难时,我不能指望任何团体或组织给我一些道义上的或经济上的支持					
10. 我真的找不到一个愿意和我分享快乐和忧伤的人					

L. 自我评价

	1 很同意	2 比较同意	3 一般	4 不太同意	5 不同意
1. 我认为自己是个有价值的人,至少与别人不相上下					
2. 我觉得我有许多优点					
3. 总的来说,我倾向于认为自己是一个失败者					
4. 我做事可以做得和大多数人一样好					
5. 我觉得自己没有什么值得自豪的地方					
6. 整体而言我对自己感到满意					
7. 有时我的确感到自己很没用					

M. 失序感

	1 很同意	2 比较同意	3 一般	4 不太同意	5 不同意
1. 给政府官员写信没有用，因为他们通常对普通百姓的问题并不真正关心					
2. 现今人们必须只为今天活着，明天就由它去吧					
3. 如今人们已经不知道该指望谁了					
4. 大多数人都不在乎别人的死活					
5. 除了健康以外，钱是最重要的					
6. 有时你不得不怀疑到底什么事是值得去做的					
7. 赚钱的方法无所谓对与错，只有难与易之分					
8. 善恶从来就没有绝对清楚的标准，善恶完全取决于当时的情况					
9. 现在社会两极分化，穷人越来越穷，富人越来越富					
10. 即使我再努力，也不会根本改变我现在的生活状况					

谢谢您的合作！

如果您愿意，请留下您的联系方式，姓名_____ 电话_____。

附录三
访谈提纲

第一部分　个人基本情况及家庭情况

1. 您好，请问您贵姓？年龄？
2. 您的户口所在地是哪里？户口性质是农业的还是非农业的？
3. 您的政治面貌是什么？党员还是非党员？
4. 您老家是本村？本乡？本县？
5. 您结婚了吗？
6. 您的主要家庭成员有哪些人？配偶在哪里工作？配偶的户籍是农或非农？
7. 您有几个孩子？他们上学还是工作？您的孩子结婚了吗？他们和您住在一起吗？
8. 您有宗教信仰吗？

第二部分　工作状况

1. 您是如何找到这份工作的？您为什么选择这份工作？您喜欢这份工作吗？
2. 您现在是正式编制吗？您的职称是？
3. 您现在教几个年级几门课？每周工作多长时间？对现在的工作量是否感到有压力？为什么？

4. 现在学校最紧缺的是哪些课程的老师？您认为这些课程的开设对孩子们的成长教育是不是必需的？您认为学校应该如何吸引并留住这些老师？

5. 您课后是否还要管理学生的日常生活，比如帮他们做饭、热饭等？晚上查宿吗？这些工作每天大约用多少小时？

6. 你们会定期参加职业培训吗？哪一级组织的培训？多久组织一次培训？一次培训大概多长时间？费用由谁承担？结业时有资格证书吗？请介绍一下具体情况。

7. 您最近的晋升是哪一年？您认为自己还有机会继续晋升吗？您对自己将来的职业发展有什么期望？

8. 现在学校的培训晋升机会是如何分配的？有规定的硬性标准吗？如果有外来的资助或别的培训晋升机会，您希望通过什么方式分配？

9. 学校如何考核您的工作？通过哪几方面进行考核？您对目前的考评体系了解多少？是否满意？为什么？如果不满意，您认为合理的教师晋升考核机制应该是什么样的？

10. 您怎么看待乡村教师这个职业？

11. 您在工作中面临的最大问题困难是什么？您期望如何解决？

第三部分　生活状况

1. 您的作息时间规律吗？您每天几点起床，晚上几点就寝？

2. 您每天如何解决吃饭问题？

3. 您目前的住房是如何获得的？房屋面积大概有多少？家里都有哪些家用电器？这些电器是什么时候买的？房屋有上下水吗？冬天如何取暖？是否拥有独立的卫生间和厨房？

4. 您有电脑吗？笔记本还是台式机？哪年买的？多少钱？

5. 您住的地方距离学校多远？您一般选择什么方式去学校？大概花多长时间？

6. 您与配偶同住吗？如不同住，你们多长时间见一次面？

7. 您平时生病一般如何解决？去哪里看病？可以用医保报销吗？

8. 您有没有考虑过自己的养老问题？对这个问题您有什么打算？

第四部分　收入与支出

1. 您目前的基本工资每月多少钱？奖金、津贴和课时费加起来有多少？是学校统一发吗？是县财政还是市财政拨款？按时发吗？一年发几个月的工资？从工作付出来看，您觉得工资合理吗？

2. 您的妻子（丈夫）每年收入是多少？您的工资收入大致占您家庭总收入的比重是多少？

3. 您家种地了吗？多少亩？这部分收入有多少？有其他的收入来源吗，如假期出门打工或者做辅导等？

4. 您这里有地区补贴，或者高原补贴什么的吗？这些钱大约每年有多少？

5. 学校或者国家发除工资之外的生活补贴吗？如果有是多少？是按什么标准发放的？

6. 您每月的生活费大概是多少？家庭支出中哪部分所占比重较大？

7. 去年与亲戚朋友往来的费用有多少？您认为这些花费值得吗？

第五部分　流动状况

1. 您到这个学校多长时间了？之前在哪做过什么工作？工资如何？大概做了多久？为什么要换工作？您觉得这些工作中，感觉最好的是哪一个？您做教师多长时间了？

2. 您想继续留在这个学校吗？为什么？

3. 您对当老师这一职业动摇过吗？如果有可能您是否会考虑换个行业？您希望从事什么职业？为什么？

4. 如果有可能，您更愿意转行还是转校？为什么？

5. 您还想继续深造得到更高的学位吗？为什么？

6. 您想过以后定居在哪儿的问题吗？您认为哪些因素会影响自己选择定居地？

7. 您认为乡村教师流失的原因有哪些？如何吸引并留住他们？

第六部分　保障状况

1. 您是否参加了社会保险？具体参加了哪些保险？如果没有参加或没有参加全部的五险一金，具体原因是什么？您参加商业保险吗了？如果有，都参加了哪些保险？您认为哪些保险项目对您尤为重要？如果没有加入社会保险，您会感到焦虑吗？

2. 您缴纳保险费的方式是什么？

3. 您签订正式的劳动合同了吗？是和哪一方签订的？如果没有，是什么原因？您了解签订正式劳动合同的相关政策和事项吗？

4. 您了解相关的社会保障政策吗？比如最低生活保障的条件是什么？各项保障的缴纳额度是多少？您认为现实的执行情况与政策规定是否相符？

5. 您对保障状况有哪些不满意的地方？为什么？您希望得到怎样的保障？

6. 您对国家针对中西部中小学教师所实施的相关政策了解吗？通过何种渠道知晓的？请您谈谈对这些政策的看法。

第七部分　社会支持网络

1. 您的家人支持您做这份工作吗？为什么？他们会为您的工作感到骄傲吗？他们对您将来的职业发展有什么期望？

2. 您跟同事关系如何？跟学校领导关系如何？您觉得和他们

保持良好的关系重要吗？为什么？

3. 当您在工作中遇到困难或对工作安排不满意的时候，有诉求的地方吗？若有，具体是哪些部门？您去过哪些部门表达自己的意见？都得到了怎样的回应？

4. 孩子们喜欢上您的课吗？您跟他们的关系怎么样？

5. 学生家长和当地居民对你们老师的印象和评价如何？他们支持或配合你们的工作吗？

6. 在工作中最使您有成就感的事情是什么？

第八部分 社会交往状况和业余生活

1. 您的兴趣爱好是什么？工作之余您经常做什么？平日主要的娱乐活动是什么？

2. 业余时间经常跟谁在一起？除家人外，如同学、同事、朋友、学生或是其他人？您跟他们交往密切吗？

3. 学校或社区平时会组织集体活动吗？都有哪些活动？大约多长时间组织一次？您会主动参与这些活动吗？您参与这些活动的目的是什么？

4. 您平时上网吗？每天大概多长时间？上网主要做些什么？不上网的原因是什么？

5. 您平时对哪些信息感兴趣？关注新闻吗？主要关注哪方面的新闻？您主要通过哪些渠道获取外界信息？

6. 您在工作期间参与过投票或选举吗？参加过几次？请谈谈具体情况。

7. 您到过本省之外的哪些地方？什么时间？因何原因外出？每次待了多久？

第九部分 对社会组织的了解

1. 您知道哪些社会组织？它们主要从事哪方面工作以及它们

是如何运作的,您了解吗?是通过何种渠道知晓的?请具体谈谈。

2. 您接受过社会组织的帮助吗?如果有,是以何种形式接受的?您是否愿意接受社会组织给予您的帮助?您希望从社会组织中得到何种形式的帮助?

3. 您对社会组织以及它们所推行的政策和所做的实践活动有什么看法?

附录四
改革开放以来我国乡村教师政策的文本与实践

根据乡村教师政策文本的层次（体制、机制，或具体的意见办法等）以及出台的频率，我们可以将改革开放以来乡村教师的政策文本大致分为四个阶段：恢复期、发展期、深化期以及凸显期。在第一阶段，乡村教师的社会地位逐渐被恢复，乡村教师政策主要以具体意见和办法为主；到了第二阶段，决策层开始从体制层面来处理乡村教师相关问题，"分级管理，以乡镇为主"的管理体制逐步发展成型；到了第三阶段，随着乡镇经济开始下滑，乡村教师面临诸多问题，乡村教师政策进入了深化期，并最终形成"以县为主"的管理体制；第四阶段，在"以县为主"的管理体制下，城乡义务教育均逐步实现了免费，于是师资的均衡（乡村教师群体）在义务教育政策文本中被愈加凸显出来。

除了乡村教师在义务教育政策文本中位置的演变，我们还要考察这些政策文本的实践效果及其背后的逻辑。从社会学的视角来看，政策的制定和执行过程中充满着利益（或权力）的分配与博弈，这在政策制定层面和执行层面相互脱离时体现得尤为明显。就乡村教师政策而言，影响中央教育政策运行的地方中介机制（如地方教育权力架构）对乡村教师政策的落实产生重要影响。因此，在本文的第二部分，我们将考察乡村教师政策文本的实践效果及其背后的逻辑。

最后，我们将简要讨论乡村教师政策的演变趋势以及需要进一步研究的问题。

一 乡村教师政策文本的历史演变

（一）恢复期（1978~1984年）

1. 政策文本

改革开放以后，中国共产党进行了"拨乱反正"，我国教育秩序开始恢复和重建。在这个阶段，中央出台了一些政策文件，以恢复乡村教师的社会地位，改善乡村教师的师资状况，包括：1978年《关于加强中小学教师队伍管理工作的意见》《关于加强和发展师范教育的意见》；1981年《关于增加中、小学民办教师补助费的办法》《关于调整中、小学教职工工资中若干具体政策问题的处理意见》；1983年《关于加强和改革农村学校教育若干问题的通知》；1984年《关于筹措农村学校办学经费的通知》《关于中等师范学校和全日制中小学教职工编制标准的意见》。见表1。

表1 恢复期的乡村教师政策文件一览

序号	颁布时间	颁布机构	政策文件名称
1	1978	国务院批转教育部	《关于加强中小学教师队伍管理工作的意见》
2	1978	教育部	《关于加强和发展师范教育的意见》
3	1981	国务院转发教育部	《关于增加中、小学民办教师补助费的办法》
4	1981	教育部	《关于调整中、小学教职工工资中若干具体政策问题的处理意见》
5	1983	中共中央、国务院	《关于加强和改革农村学校教育若干问题的通知》
6	1984	国务院	《关于筹措农村学校办学经费的通知》
7	1984	教育部	《关于中等师范学校和全日制中小学教职工编制标准的意见》

资料来源：中国教育部等相关网站。

2. 主要关注的问题、目标及措施

（1）师资问题

"文革"后，农村教育开始迅速发展，但由于历史原因，合格教师严重缺乏，教学质量普遍低下，农村面临很大的师资需求。就当时的师资状况而言，一方面存在大量学历不合格的民办教师，另一方面又因教育的新发展导致教师数量不足。因此，这一阶段乡村学校面临着两方面的师资问题。

第一，教师素质提升的问题。这方面出台的政策包括：1978年教育部《关于加强中小学教师队伍管理工作的意见》《关于加强和发展师范教育的意见》等。这些政策提出，不仅要加强农村中小学在职教师的培训，并且每年在中等师范学校招生中划拨一定指标招收民办教师，让他们经过学习后成为公办教师或通过其他考核方式使其转为公办教师。

第二，乡村学校教师补充配置的问题。1983年中共中央国务院发出《关于加强和改革农村学校教育若干问题的通知》，指出，"要制定中小学教师的职称制度，鼓励城市教师到农村，要适当增加生活补贴，还可以保留城市户口，定期轮换。对民办教师应逐步实行统筹工资制，每年安排一定的劳动指标，在考核合格的民办教师中，转一部分为公办教师。要整顿教师队伍，不合格的另行安排。"1984年教育部发出《关于中等师范学校和全日制中小学教职工编制标准的意见》，特别提出要注意由于农村学校分散、学生人数少等，要区别城乡学校编制。

（2）待遇问题

1978年4月22日，邓小平同志在全国教育工作会议上做了重要讲话，提出要"提高人民教师的政治地位和社会地位，不但学生应该尊重教师，整个社会都应该尊重教师"。这个阶段乡村教师待遇方面的政策包括：1981年《关于增加中、小学民办教师补助费的办法》《关于调整中、小学教职工工资中若干具体政策问题的处理意见》；1983年中共中央国务院发出的《关于加强和改革农村学校教育若干问题的通知》；1984年国务院发布《关于

筹措农村学校办学经费的通知》等。

其中,1983年中共中央国务院发出的《关于加强和改革农村学校教育若干问题的通知》第6条规定:"各级党政领导必须认真落实知识分子政策,以极大的热情关心教师,提高教师的政治地位、社会地位和工资待遇,注意改善其工作条件和生活条件,在全社会形成尊重教师的良好风尚"[①]

1984年国务院发布《关于筹措农村学校办学经费的通知》,指出"目前农村学校办学条件差,办学经费不足,中小学教师待遇偏低,严重影响了农村教育事业的发展,因此,要采取有效措施,逐步改变中小学教师生活待遇偏低的状况,使教师这个职业成为最受人羡慕的职业之一。农村中小学民办教师全部实行工资制,逐步做到不再分公办民办,贫困地区农村教师增加工资,可从国家拨给的教育事业费的增加部分中予以补助。除国家拨给的教育事业费外,乡镇人民政府可以征收教育事业费附加"。

(二) 发展期(1985~1992年)

1. 政策文本

随着中国城乡经济体制改革的不断深入,农村的乡镇企业开始迅速发展,地方财政开始好转。这一阶段我国确立了"地方管理,分级负责"(实际上演变成乡镇负责)的基础教育管理体制。这一阶段涉及乡村教师的主要政策包括:1985年中共中央发布的《关于教育体制改革的决定》;1986年全国人大六届四次会议通过的新中国成立后的第一部专项教育法:《中华人民共和国义务教育法》;1987年国家教委和财政部联合发出的《关于农村基础教育管理体制改革若干问题的意见》;1988年国家教委、财政部、人事部联合发布的《关于农村年老病残民办教师生活补助费的暂行规定》。见表2。

[①] 何东昌:《中华人民共和国重要教育文献》,海南出版社,1998。

表2　发展期的乡村教师政策文件一览

序号	颁布时间	颁布机构	政策文件名称
1	1985	中共中央	《中共中央关于教育体制改革的决定》
2	1986	全国人大	《中华人民共和国义务教育法》
3	1987	国家教委、财政部	《关于农村基础教育管理体制改革若干问题的意见》
4	1988	国家教委、财政部、人事部	《关于农村年老病残民办教师生活补助费的暂行规定》

2. 主要关注的问题、目标及措施

（1）教育体制问题

这一阶段教师政策演变的一个突出特点就是，政策从一些具体办法和意见开始发展成为教育体制的改革了。

1985年5月，《中共中央关于教育体制改革的决定》指出，基础教育要实行"地方管理，分级负责"的原则，除了重大的教育方针和政策由中央制定之外，具体的教育计划、方针及实施，对学校的领导、管理、检查都交给地方。《中共中央关于教育体制改革的决定》还要求制定义务教育法。

1986年全国人大六届四次会议通过了新中国成立后第一部专项教育法：《中华人民共和国义务教育法》。《中华人民共和国义务教育法》进一步明确了义务教育在国务院领导下，实行地方负责，分级管理的体制，对义务教育经费投入与经费筹措作出了规定，这为我国农村有步骤地实行九年制义务教育提供了法律支持与保障。

1987年国家教委和财政部联合发出《关于农村基础教育管理体制改革若干问题的意见》，指出"科学地划分地方各级政府的职责权限，是搞好农村教育体制改革的关键。……省、地（市）、县、乡四级政府要明确各自的职责，加强对农村基础教育的领导。县一级政府担负着管理农村学校的重要责任。县财政拨款仍是农村基础教育经费的主要来源。……乡是我国农村的基层政权，扩大乡一级管理农村学校的职责权限，是这次改革的一个重要特点。但乡一级管理教育的基础还比较薄弱，需要一个逐步适应和提高的过程。因此，目前不宜把乡一级的职责权限搞得过大"。但是，因为征收教育附加费的主体是在乡镇政府一级，所以基础教育分级管理体制逐渐演化成乡镇负责。

（2）师资问题

这一阶段，乡村教师师资问题也被提升到战略的高度。1985年5月颁布了《中共中央关于教育体制改革的决定》指出，"把发展师范教育和培训在职教师作为发展教育事业的战略措施"。

1986年的《中华人民共和国义务教育法》的第13条指出"国家采取措施加强和发展师范教育，加速培养、培训师资，有计划地实现小学教师具有中等师范学校毕业以上水平，初级中等学校的教师具有高等师范专科学校毕业以上水平。国家建立教师资格考核制度，对合格教师颁发资格证书。师范院校毕业生必须按照规定从事教育工作。国家鼓励教师长期从事教育事业"。

（3）待遇问题

在乡村教师的待遇问题上，这个阶段的政策还停留在具体的措施上。1988年6月，国家教委、财政部、人事部颁布《关于农村年老病残民办教师生活补助费的暂行规定》，指出"民办教师是我国中小学教师队伍中的一支重要力量，他们为普及九年制义务教育、发展农村教育事业作出了重大贡献，妥善解决一部分因年龄和身体原因已不能正常工作的民办教师的后顾之忧，对于稳定农村中小学教师队伍，更好地发展我国农村教育事业具有重要意义，规定对补助对象条件以及标准等问题做了明确要求"。

在这一阶段乡村教师的待遇问题上，中央更多地将权力下放给了地方，尤其是乡镇一级的政府。

（三）深化期（1993~2001年）

1. 政策文本

中共十四大以后，中国的改革开放和现代化建设进入一个新阶段。在社会主义市场经济体制背景下，我国这一时期的教育政策的主导方向是按照市场经济体制、政治体制和科技体制的要求深化教育体制改革,有关乡村教师的政策也带有市场化、现代化的气息。涉及乡村教师的主要政策包括:1993 年中共中央、国务院发布的《中国教育改革和发展纲要》;1994 年全国人大通过的《中华人民共和国教师法》;1998 年教育部发布的《面向 21 世纪教育振兴行动计划》;1999 年中共中央、国务院发布的《关于深化教育改革全面推进素质教育的决定》;1999 年教育部发布的《中小学教师继续教育规定》;2000 年教育部发布的《〈教师资格条例〉实施办法》等。见表3。

表3 深化期的乡村教师政策文件一览

序号	颁布时间	颁布机构	政策文件名称
1	1993	中共中央、国务院	《中国教育改革和发展纲要》
2	1994	全国人大	《中华人民共和国教师法》
3	1998	教育部	《面向 21 世纪教育振兴行动计划》
4	1999	中共中央、国务院	《关于深化教育改革全面推进素质教育的决定》
5	1999	教育部	《中小学教师继续教育规定》
6	2000	教育部	《〈教师资格条例〉实施办法》

2. 主要关注的问题、目标及措施

(1) 师资问题

为满足社会主义现代化对高素质人才的需求,这一时期,乡村教师政策越来越强调专业化程度的提升,毕竟素质教育的开展离不开高素质的教师。

1993 年中共中央、国务院颁发的《中国教育改革和发展纲要》指出,"振兴民族的希望在教育,振兴教育的希望在教师,各级政府也努力增加投入,大力办好师范教育"。

1998 年教育部发布《面向 21 世纪教育振兴行动计划》,其中实施"跨世纪园丁工程"的第 8 条指出,"大力提高教师队伍的整体素质,特别要加强师德建设。3 年内,以不同方式对现有中小学校长和专任教师进行全员培训和继续教育,巩固和完善中小学校长岗位培训和持证上岗制度。加强中小学教师继续教育的教材建设。中小学专任教师及师范学校在校生都要接受计算机基础知识培训。2010年前后,具备条件的地区力争使小学和初中专任教师的学历分别提升到专科和本科层次,经济发达地区高中专任教师和校长中获硕士学位者应达到一定比例。要加强和改革师范教育,提高新师资的培养质量。实力较强的高等学校要在新师资培养以及教师培训中作出贡献"。第9条指出,"重点加强中小学骨干教师队伍建设。1999年、2000年,在全国选培10万名中小学及职业学校骨干教师(其中1万名由教育部组织重点培训)。通过开展本校教学改革试验、巡回讲学、研讨培训和接受外校教师观摩、进修等活动,发挥骨干教师在当地教学改革中的带动和辐射作用"。

(2)待遇问题

1993年中共中央、国务院颁发的《中国教育改革和发展纲要》规定:"改革教育系统工资制度,提高教师工资待遇,逐步使教师的工资水平与全民所有制企业同类人员大体持平。要建立符合教育特点的工资制度和正常的工资增长机制,切实保证教师的工资水平随国民收入的增长逐步提高,改革过于集中统一的工资管理体制,在国家宏观调控的前提下,使地方部门和学校享有自主权。"

1994年的《中华人民共和国教师法》的第6章第25条规定"教师的平均工资水平应当不低于或者高于国家公务员的平均工资水平,并逐步提高";第27条规定"地方各级人民政府对教师以及具有中专以上学历的毕业生到少数民族地区和边远贫困地区从事教育教学工作的,应当予以补贴";第31条规定"各级人民政府应当采取措施,改善国家补助、集体支付工资的中小学教师的待遇,逐步做到在工资收入上与国家支付工资的教师同工同酬,具体办法由地方各级人民政府根据本地区的实际情况规定"。

虽然这一阶段的待遇政策有了原则上的规定,但在市场化的背景下，随着对政策的解释及执行权力的地方化，不同区域教师工资的差异化也开始加速。

（3）人事制度问题

人事制度改革是这一时期乡村教师政策的重要议题。在社会主义市场经济体制背景下，教师的人事制度改革也有着明显的市场化取向。

1993年通过的《中华人民共和国教师法》第17条规定"学校和其他教育机构应当逐步实行教师聘任制。教师的聘任应当遵循双方地位平等的原则，由学校和教师签订聘任合同，明确规定双方的权利、义务和责任。实施教师聘任制的步骤、办法由国务院教育行政部门规定。"

1993年中共中央、国务院印发《中国教育改革和发展纲要》，提出到20世纪末，我国要实现基本普及九年义务教育，基本扫除青壮年文盲，全面提高教育质量。这是指导我国20世纪90年代乃至下世纪初教育改革和发展的纲领性文件。《中国教育改革和发展纲要》出现明显的市场化趋势，如指出"在地区发展格局上，从各地经济、文化发展不平衡的实际出发，因地制宜，分类指导。鼓励经济、文化发达地区率先达到中等发达国家80年代末的教育发展水平，积极支持贫困地区和民族地区发展教育"。

1998年《面向21世纪教育振兴行动计划》中"跨世纪园丁工程"的第10条指出，"实行教师聘任制和全员聘用制，加强考核，竞争上岗，优化教师队伍。2000年前后，要通过提高生师（包括职工）比、下岗、分流富余人员等途径，优化中小学教职工队伍，提高办学效益。同时，要拓宽教师来源渠道，向社会招聘具有教师资格的非师范类高等学校优秀毕业生到中小学任教，改善教师队伍结构。认真解决边远山区和贫困地区中小学教师短缺问题。要进一步完善师范毕业生的定期服务制度，对高校毕业生（包括非师范类）到边远贫困的农村地区任教，采取定期轮换制度，并享受国家规定的工资倾斜政策。鼓励各级政府机关公务员到中小学任教"。

(四) 凸显期 (2001年至今)

1. 政策文本

21世纪以来，为了切实减轻农民负担，保护农民利益，农村税费改革经过试点并于2000年开始在全国推行。农村税费改革对现行的"地方管理、分级负责"的教育管理体制形成了冲击，促使"以县为主"的管理体制的出台。这一阶段有关乡村教师的政策文本有：2001年《国务院关于基础教育改革与发展的决定》；2003年《国务院关于进一步加强农村教育工作的决定》；2005教育部《关于进一步推进义务教育均衡发展的若干意见》《国务院关于深化农村义务教育经费保障机制改革的通知》；2006年《教育部关于大力推进城镇教师支援农村教育工作的意见》、全国人大新修订的《中华人民共和国义务教育法》，以及教育部、财政部"农村义务教育阶段学校教师特设岗位计划"；2007年教育部、财政部、人事部、中央编办《关于教育部直属师范大学师范生免费教育实施办法（试行）》；2008年教育部《关于做好义务教育学校教师绩效考核工作的指导意见》；2009年教育部《关于进一步落实国务院办公厅转发中央编办、教育部、财政部关于制定中小学教职工编制标准意见的通知》；2010年国家中长期教育改革和发展规划纲要工作小组办公室《国家中长期教育改革和发展规划纲要（2010～2020年）》，教育部、财政部《关于实施"中小学教师国家级培训计划"的通知》；2012年《关于深入推进义务教育均衡发展的意见》、《关于加强教师队伍建设的意见》。见表4。

表4 凸显期的乡村教师政策文件一览

序 号	颁布时间	颁布机构	政策文件名称
1	2001	国务院	《国务院关于基础教育改革与发展的决定》
2	2003	国务院	《国务院关于进一步加强农村教育工作的决定》
3	2005	教育部	《关于进一步推进义务教育均衡发展的若干意见》
4	2005	国务院	《国务院关于深化农村义务教育经费保障机制改革的通知》

续表

序号	颁布时间	颁布机构	政策文件名称
5	2006	教育部	《教育部关于大力推进城镇教师支援农村教育工作的意见》
6	2006	全国人大	新修订的《中华人民共和国义务教育法》
7	2006	教育部、财政部	"农村义务教育阶段学校教师特设岗位计划"
8	2007	教育部、财政部、人事部、中央编办	《关于教育部直属师范大学师范生免费教育实施办法（试行）》
9	2008	教育部	《关于做好义务教育学校教师绩效考核工作的指导意见》
10	2009	教育部	《关于进一步落实国务院办公厅转发中央编办、教育部、财政部关于制定中小学教职工编制标准意见的通知》
11	2010	国家中长期教育改革和发展规划纲要工作小组办公室	《国家中长期教育改革和发展规划纲要（2010~2020年）》
12	2010	教育部、财政部	《关于实施"中小学教师国家级培训计划"的通知》
13	2012	国务院	《关于深入推进义务教育均衡发展的意见》
14	2012	国务院	《关于加强教师队伍建设的意见》

2. 主要关注的问题与目标

（1）教育体制问题

2001年，国务院制定了《国务院关于基础教育改革与发展的决定》，其中规定农村义务教育实行"地方政府负责，分级管理，以县为主的体制"。

2003年，国务院出台的《国务院关于进一步加强农村教育工作的决定》，重申了要落实以县为主的农村义务教育管理体制，并指出"我国农村教育整体薄弱的状况还没有得到根本扭转，城乡教育差距还有扩大趋势,通过教育为农村经济社会发展服务的能力亟待加强"。

2006年,新修订的《中华人民共和国义务教育法》第7条规定"义务教育实行国务院领导,省、自治区、直辖市人民政府统筹规划实施,县级人民政府为主管理的体制。"

(2) 师资问题

2003年国务院出台的《国务院关于进一步加强农村教育工作的决定》要求,"积极引导鼓励教师和其他具备教师资格的人员到乡村中小学任教。各地要落实国家规定的对农村地区、边远地区、贫困地区中小学教师津贴、补贴。建立城镇中小学教师到乡村任教服务期制度。城镇中小学教师晋升高级教师职务,应有在乡村中小学任教一年以上的经历。适当提高乡村中小学中、高级教师职务岗位比例。地(市)、县教育行政部门要建立区域内城乡'校对校'教师定期交流制度。增加选派东部地区教师到西部地区任教、西部地区教师到东部地区接受培训的数量。国家继续组织实施大学毕业生支援农村教育志愿者计划。加强农村教师和校长的教育培训工作。构建农村教师终身教育体系,实施'农村教师素质提高工程',开展以新课程、新知识、新技术、新方法为重点的新一轮教师全员培训和继续教育"。

2006年,教育部、财政部等联合启动实施"农村义务教育阶段学校教师特设岗位计划"(以下简称"特岗计划"),由中央财政支持,公开招聘高校毕业生到农村学校任教。这项计划旨在探索创新农村教师补充机制,加强农村教师补充,提升农村学校师资水平。

2007年发布的《关于教育部直属师范大学师范生免费教育实施办法(试行)》规定,六所部属师范大学实行师范生免费教育。师范生免费教育政策的制度设计遵循"权利与义务相平衡"的原则。师范生在读期间享受免除学费、免缴住宿费、补助生活费、毕业后有编有岗等权利,同时承担毕业后回生源地从事中小学教育十年以上的义务,其中到城镇学校工作的免费师范毕业生还应先到农村义务教育学校任教服务两年。

2010年教育部、财政部发布《关于实施"中小学教师国家级培训计划"》的通知指出,"新时期教育改革与发展对教师整体素质提出了新的要求,加强教师培训工作,实施'国培计划',是提高中小学教师特别是农村教师队伍整体素质的重要举措,对于推进义务教育均衡发展、促进基础教育改革、提高教育质量具有重要意义",同时也指出"中小学教师培训属地方事权,应以地方为主实施。中央实施'国培计划'旨在发挥示范引领、'雪中送炭'和促进改革的作用。通过实施'国培计划',培训一批'种子'教师,使他们在推进素质教育和教师培训方面发挥骨干示范作用;开发教师培训优质资源,创新教师培训模式和方法,推动全国大规模中小学教师培训的开展;重点支持中西部农村教师培训,引导和鼓励地方完善教师培训体系,加大农村教师培训力度,显著提高农村教师队伍素质;促进教师教育改革,推动高等师范院校面向基础教育,服务基础教育"。

2012年《关于深入推进义务教育均衡发展的意见》指出,在我国全面普及城乡免费义务教育后,区域之间、城乡之间、学校之间办学水平和教育质量还存在明显差距,人民群众不断增长的高质量教育需求与供给不足的矛盾依然突出。要努力实现所有适龄儿童、少年从"有学上"到"上好学"。率先在县域内实现义务教育基本均衡发展,缩小县域内学校之间的差距。要合理配置师资,"改善教师资源的初次配置,采取各种有效措施,吸引优秀高校毕业生和志愿者到农村学校或薄弱学校任教。对长期在农村基层和艰苦边远地区工作的教师,在工资、职称等方面实行倾斜政策,在核准岗位结构比例时高级教师岗位向农村学校和薄弱学校倾斜"。

2012年《关于加强教师队伍建设的意见》指出"当前我国教师队伍整体素质有待提高,队伍结构不尽合理,教师管理体制机制有待完善,农村教师职业吸引力亟待提升"。"中小学教师队伍建设要以农村教师为重点,采取倾斜政策,切实增强农村教师职业吸引力,激励更多优秀人才到农村从教。""加强教师资源配置管理。逐步实行城乡统一的中小学教职工编制标准,对农村边远地区实行倾斜政策。"并且,该文件还提出了总体目标,即"到2020年,形成一支师德高尚、业务精湛、结构合理、充满活力的高素质专业化教师队伍。专任教师数量满足各级各类教育发展需要;教师队伍整体素质大幅提高,普遍具有良好的职业道德素养、先进的教育理念、扎实的专业知识基础和较强的教育教学能力;教师队伍的年龄、学历、职务(职称)、学科结构以及学段、城乡分布结构与教育事业发展相协调;教师地位、待遇不断提高,农村教师职业吸引力明显增强;教师管理制度科学规范,形成富有效率、更加开放的教师工作体制、机制"。

(3) 人事制度问题

2001年《国务院关于基础教育改革与发展的决定》指出"加强中小学教师编制管理,大力推进中小学人事制度改革,建立激励机制,健全和完善考核制度,优化教师队伍"。

2003年《国务院关于进一步加强农村教育工作的决定》指出"加强农村中小学编制管理。要严格执行国家颁布的中小学教职工编制标准,抓紧落实编制核定工作。在核定编制时,应充分考虑农村中小学区域广、生源分散、教学点较多等特点,保证这些地区教学编制的基本需求。所有地区都必须坚决清理并归还被占用的教职工编制,对各类在编不在岗的人员要限期与学校脱离关系。建立年度编制报告制度和定期调整制度。依法执行教师资格制度,全面推行教师聘任制。"

2012年《关于加强教师队伍建设的意见》要求"加快推进教师职务(职称)制度改革。分类推进教师职务(职称)制度改革,完善符合各类教师职业特点的职务(职称)评价标准。……研究完善符合村小学和教学点实际的职务(职称)评定标准,职务(职称)晋升向村小学和教学点专任教师倾斜。城镇中小学教师在评聘高级职务(职称)时,要有一年以上在农村学校或薄弱学校任教经历。""全面推行聘用制度和岗位管理制度。根据分类推进事业单位改革的总体部署，按照按需设岗、竞聘上岗、按岗聘用、合同管理的原则，完善以合同管理为基础的用人制度，实现教师职务（职称）评审与岗位聘用的有机结合，完善教师退出机制。"

（4）待遇问题

2001年《国务院关于基础教育改革与发展的决定》指出，"确保农村中小学教师工资发放是地方各级人民政府的责任。县级人民政府要强化对教师工资的管理，从2001年起，将农村中小学教师工资的管理上收到县，为此，原乡（镇）财政收入中用于农村中小学教职工工资发放的部分要相应划拨上交到县级财政，并按规定设立'工资资金专户'。财政安排的教师工资性支出，由财政部门根据核定的编制和中央统一规定的工资项目及标准，通过银行直接拨入教师在银行开设的个人账户中。在此基础上，为支持国家扶贫开发工作重点县等中西部困难地区建立农村中小学教师工资保障机制，中央财政将给予适当补助。"

2008年教育部《关于做好义务教育学校教师绩效考核工作的指导意见》指出，自2009年1月1日起，首先在义务教育学校实施绩效工资分配政策。"绩效考核结果要作为绩效工资分配的主要依据。对履行了岗位职责、完成了学校规定的教育教学工作任务的教师，全额发放基础性绩效工资；对有突出表现或作出突出贡献的教师，视不同情况发放奖励性绩效工资。要根据绩效考核结果，合理确定奖励性绩效工资分配等次，坚持向骨干教师和作出突出成绩的教师倾斜，适当拉开分配差距。绩效考核结果也要作为教师资格认定、岗位聘任、职务晋升、培养培训、表彰奖励等工作的重要依据。"

绩效考核制度往往被认为是教师收入分配的重大改革。但从文本中，我们也可以看到，绩效考核制度的目标是"深化教育人事制度改革，推进义务教育学校绩效工资制度的顺利实施，加强教师队伍建设，促进教育事业科学发展"。可见，绩效考核不仅是收入分配的改革，也暗含着人事制度的改革。

二 乡村教师政策的实践

这里，我们并不对改革开放以来所有乡村教师政策的实践进行全面综述，而是遴选其中具有关键意义的政策，对其实践的效果进行概略的分析。关于乡村教师政策的实践逻辑，以往的研究文献涉及甚少，因此，我们这里也只是粗线条地进行勾勒，更深入的研究还有待进一步的田野调查。

（一）主要政策的实践效果

1. 师资方面

改革开放以来，我国乡村教师政策在师资方面有两个大的演变趋势：从数量补充向素质提高转变；从城市优先向城乡统筹的配置方式转变。[1] 这尤其体现在"特岗计划"、免费师范生计划，以及"中小学国家级培训计划"等政策的实施中。

"特岗计划"自2006年实行以来备受关注。不仅报名人数节节攀升，国家的财政支持也日益增强。仅就2007年来说，特岗教师招聘人数比2006年有较大幅度增加，多数省份的报考人数超过拟聘人数的3~5倍，特岗教师的学历层次也得到较大提升。"特岗计划"每年计划安排20000至30000个特设岗位。据统计，2006~2008年全国共招聘特岗教师59000多人，覆盖400多个县的6000多所农村学校。2009年教育部进一步提出，"'特岗计划'要形成规模，教师基数大、缺额较多的省（区、市），每年设岗不少于10000人，要使全国义务教育阶段学校教师特设岗位达到200000人"。

但是，这一政策也存在很多问题。首先，制定该政策的出发点更多的是解决大学生的就业问题，具有临时性，没有形成一个

---

[1] 李霞：《我国农村教师政策的历史脉络与评析》，《湖州师范学院学报》2011年第6期。

长效、固定的机制。其次,"特岗计划"的政策周期只有五年,且缺乏配套的和辅助性政策。由于没有配套的举措引导和鼓励支教人员在合同期满后稳定在农村教师队伍中,"特岗计划"这部分师资的补充始终是流动的、不稳定的,而农村教育如何应对这种师资流动性很强的模式及其对学生产生的负面影响,则不在现有政策的考虑范围之内。①

免费师范生政策出台的目的是为了进一步形成尊师重教的浓厚氛围,让教育成为全社会最受尊重的事业,培养大批优秀的教师,鼓励更多的优秀青年终身做教育工作者。该政策从2007年开始实施,吸引了众多有志于教育的优秀人才报考师范院校,立志从事教育事业。截止到2009年,六所部属师范大学共录取34267名免费师范生。该政策虽然对农村教师的补给有一定的积极作用,但离真正解决农村教师补给问题还有很大距离。例如,虽然政策要求免费师范生在毕业后必须到农村工作两年,但实际上在地方很少实行。根据我们在一些县的实地调查,免费师范生实际上没有到农村去的,一方面,这些学生不愿意去农村学校;另一方面,教育局的相关领导也认为,把这些学生放到农村是浪费人才。②

2. 待遇方面

改革开放初期,国家通过制定与实施具体的政策措施,初步解决了教师的地位和待遇问题,调动了广大教师教书育人的积极性。这一时期农村的民办教师在经济上与农民相比还处于优势地位。随着"分级办学"和"分级管理"的教育投资体制的确立,我国农村义务教育教师工资采取了"分散型管理模式",国家把教师工资的筹措和分配权力都下放到市、县级的基层地方政府;即农村中小学教师工资由基层县、乡政府负担。③ 在20世纪80

---

① 潘一林、郑鹏、许甜:《2007年师范生免费教育政策有效性预测评估——从农村教师补给的角度分析》,《清华大学教育研究》2009年第6期。
② 参考《五峰县乡村教师调查报告》。
③ 曲铁华、张立军:《农村义务教育教师政策:近30年的演进与思考——以农村教师工资待遇为视角》,《沈阳师范大学学报》(社会科学版)2012年第5期。

年代乡镇企业快速发展的背景下,乡村教师的工资有一定的保障。但是,随着90年代乡镇经济陷入低迷,尤其是90年代末亚洲金融危机,以及农村大部分地区遭受的特大洪涝灾害的影响,农民负担加重。在经济落后的农村地区,许多基层县乡镇财政不堪重负,在农村不仅《教师法》所赋予教师的职业权利(如"教师的平均工资水平应当不低于或高于国家公务员的平均工资水平,并逐步提高")无法得到保障,而且还出现了大规模拖欠农村教师工资的现象。这就迫使"以县为主"的农村义务教育的管理体制出台。国家为解决以往农村教师工资拖欠问题,决定从2001年起,将农村义务教育教师工资的管理权,由基层乡镇上收到县,并逐步构建农村义务教育经费保障机制。

在"以县为主"的教育管理体制下,我国农村义务教育教师工资待遇政策逐步完善。2009年确立了义务教育教师绩效工资制度,这一制度的实行被视为具有里程碑意义的改革,是我国教师收入分配制度的一次重大改革和调整。研究表明,这一制度初步解决了教师收入偏低的问题,而且在一定程度上保证了同一县域内教师工资水平大体平衡,促进了县域内义务教育的均衡发展。

但是,这一制度也存在诸多问题。通过对我国中部4个省32个县市中小学的调查,范先佐、付卫东认为,由于公共财政对义务教育的投入仍然不足,义务教育教师绩效工资发放仍沿袭"以县为主"的体制,加上绩效考核中教师评价方式不合理等因素,部分地区义务教育教师绩效工资难以得到保障;城乡地区之间义务教育教师绩效工资差距拉大;同一县城及同一学校教职工绩效工资分配不均。例如,就校长的考核而言,一般都是由教育局按照学校规模大小确定义务教育学校校长的绩效工资,这就拉大了规模不同学校校长之间工资差距,挫伤了小规模学校校长的工作积极性;就教职工和一般管理人员的考核而言,一般以乡镇初中、中心学校或完小、县直学校为单位进行,初小和教学点由所属中心学校或完小负责。根据范先佐、付卫东的调查发现,中心学校或完小在分配绩效工资时往往会为了自己学校的利益而忽视初小和教学点教师的利益,人为地拉大不同类型学校教师绩效工资的差距。在学校进行绩效工资分配时,往往又出现管理人员拿上限、后勤服务人员拿下限、普通教师拿平均数的现象。绩效工资容易按照行政级别来分配,实践中变成了"官效工资"。这种把管理者置于学校教职工之上的做法,必然会引起教学一线教师的不满。

此外,范先佐、付卫东也指出,许多学校把教学效果作为绩效奖惩的主要依据,过度重视奖惩性教师评价,而对教师在工作过程中的实际表现,以及教师作为专业人员的成长历程并不关心。绩效考核中过多强调个人激励,忽视团体激励,拉大了教职工之间的收入差距,造成教职工之间缺乏合作意识这不利于团体协作,不利于充分发挥评价的激励和导向功能。[①]

(二) 乡村教师政策的实践逻辑

从乡村教师政策的效果上看,我们发现,政策的效果往往会偏离当初制定时的初衷和目标。所以,我们不仅要看到政策文本本身的内涵及其变化,也要考察政策实际运行的效果及其背后的逻辑。就我们国家而言,教育公平是我们执政党合法性的重要来源,所以,中央的教育政策往往比较注重公平的理念;但是,在政策执行过程中,常常会出现由于利益博弈而导致政策走样的情况,尤其当政策设计、制定者跟执行者相脱离或利益并不一致的情况下,中间的利益权衡与博弈将会对政策的实际效果产生很大的影响。比如,在教育管理权力不断下移的趋势下,我国教育政策执行主体也逐渐下移,基层执行单位拥有前所未有的执行空间;而且,我们的地方政府的合法性并不是来源于其作为地方公民利益的代表,而是源于其作为行政体系中的基层政权机关,因此缺乏自下的民众监督。所以,在上下都缺乏有效制约的权力架构下,地方的教育管理权力成为影响教育政策效果的重要变量。

[①] 范先佐、付卫东:《义务教育教师绩效工资改革:背景、成效、问题与对策——基于对中部4省32县(市)的调查》,《华中师范大学学报》(人文社会科学版)2011年第6期。

就基础教育而言，在分级管理时代，可以说，义务教育教师政策已经形成了两个场域：中央层级的教育权力场域和地方教育权力场域。而地方教育权力场域尤其体现在县级政府对教育财政的支出和人事编制的控制上。

1. 教育财政体制

20世纪90年代中期以后，基础教育财政责任过度下放，大多数农村地区实际上由乡政府和农民来主要承担教育财政责任，农村教育投入逐渐演变成以乡为主。由于乡政府财力有限，最终导致了全国性的教育经费不足、大面积拖欠教师工资等问题。这使得农村教师的待遇在实质上有所下降，农村教师待遇问题逐渐凸显，矛盾日益突出。于是权力上移，2001年，国务院制定了《国务院关于基础教育改革与发展的决定》，其中规定农村义务教育实行"地方政府负责，分级管理，以县为主的体制"。

在县级政府教育财政支出的预算决策上，往往是县长等极少数个人说了算。这种预算的政治架构所带来的结果就是教育部门事权与财权的分离。通过对西北三个国家级贫困县县级政府预算决策机制的研究，王蓉认为，现存的机制导致只有少数人能够真正参与预算过程。这种决策机制进而导致的一个社会后果便是：政府在提供公共服务中缺乏社会公正性，保证政府中"圈内人"的吃饭问题已经成为公共财政的优先考虑；政府支出重点与公民需求之间相脱离，那些最贫困、最需资助的公民的需求往往被忽视。比如，在学校之间进行工资及福利分配时，县直属学校往往获得优先安排。由于县政府官员的子女多数进入这些学校就读，因而这些学校的教师和领导有更多的机会与这些政府领导建立私人关系，从而向他们寻求支持。

王蓉还认为，在调查地区已经形成了力图维持现状的共识，这种试图保持现状的内在一致性力量如此之强，以至于一切外来的变革力量均受到地方政府的抵制。如果地方政府的公共开支重点不变，如果其背后的政治决策架构不变，上述的这些问题将继续存在。①

此外，因为教师工资往往是一个地区财政支出的最大部分，于是各地普遍缩减教师编制以减轻地方财政压力，其采取的措施是"强制撤点并校"与"过度缩减教师编制"，最终导致教师缺编。② 在教师编制的使用上，往往以地方政府的财力为限，而不是教育的实际需求，教育行政部门也受到财政部门的制约，以至于越是贫困的地区，编制越紧张，"压编""占编""有编不补"的情况层出不穷，由此导致农村小学教师整体缺编。③

2. 人事管理制度

正如相关研究指出的，人事权力的配置首先取决于地方的政治结构。据李小土等人的调查，在多数的调查样本县中，教育系统往往不能有效地控制教师人事的管理权限，实际权力的划分取决于县乡各个行政部门之间的权力对比。④

在各级政府和教育行政部门中，县级政府及教育部门为实施义务教育的主要责任主体，这一原则自 1985 年以来逐渐确立。⑤ 随着责任和权力的转交，政府加大对教育的财政投入，《中共中央关于教育体制改革的决定》规定"中央和地方政府的教育拨款

---

① 王蓉：《中国县级政府教育财政预算行为：一个案例研究》，《北京大学教育评论》2004 年第 2 卷第 2 期。
② 贾勇宏：《布局调整后的教师缺编问题》，《新课程研究》2007 年第 6 期。
③ 韩小雨、庞丽娟、谢云丽：《中小学教师编制标准和编制管理制度研究——基于全国及部分省区现行相关政策的分析》，《教育发展研究》2010 年第 8 期。
④ 李小土、刘明兴、安雪慧：《"以县为主"背景下的西部农村教育人事体制和教师激励机制》，《全球教育展望》2010 年第 5 期。
⑤ 1985 年 5 月，中共中央《关于教育体制改革的决定》指出，基础教育要实行"地方管理，分级负责"的原则，除了重大的教育方针和政策由中央制定之外，具体的教育计划、方针及实施，对学校的领导、管理、检查都交给地方》要求制定义务教育法。1986 年全国人大六届四次会议通过了《中华人民共和国义务教育法》。2001 年，国务院有制定了《关于基础教育改革与发展的决定》，其中规定农村义务教育实行"地方政府负责，分级管理，以县为主的体制"。2003 年，国务院出台的《关于进一步加强农村教育工作的决定》，重申了要落实"以县为主"的农村义务教育管理体制，2006 年，新修订的《中华人民共和国义务教育法》第 7 条规定，"义务教育实行国务院领导，省、自治区、直辖市人民政府统筹规划实施，县级人民政府为主管理的体制"。

的增长要高于财政经常性收入的增长,并使按在校学生人数平均的教育费用逐步增长",并规定乡镇一级政府可以征收教育附加费,以改善教学设施。2001年之后,随着农村税费改革,农村教育集资逐渐取消,乡财政逐渐退出基层教育支出,至此形成"以县为主"的财政、教育格局。实行"以县为主"和农村义务教育经费保障新机制以来,乡镇政府逐步退出了农村教育的人事管理,取而代之的主要是县委组织部和县教育局,只有部分地区实现了教育系统内分权管理的模式。

我们知道,无论是师资方面的政策,还是待遇方面的政策,执行的时候都与地方人事管理制度密切相关。此外,地方人事权力的配置与教师激励机制也存在着密切关系。根据学区校长的任命和学区内教师的调动两个指标,李小土等人划分了五种主管类型:学区主管、乡镇主管、县主管、学区和乡镇共管、教育局和乡镇共管。他们认为,随着教育财政体制改革,基层管理权、人事权逐渐上移,实际的业务主管部门缺乏权力来源配置教育资源,其后果之一便是"权力的掌控方与教育管理方完全分离,拥有支配权的领导往往对教学业务和教学第一线的工作者并不熟悉""也会导致教师调配更不合理"[1]。

三 乡村教师政策的未来趋势

(一) 地方教育管理体制将逐渐走向省级统筹

有学者指出,在"以县为主"的教育管理体制下,城乡教师工资待遇的差别依然显著。许多地区农村义务教育教师的绩效工资名存实亡,教学奖基本没有资金来源。由于地方补贴的兑现程度在一省之内就已千差万别,因此,在一些地区农村义务教育教师工资拖欠现象还未完全消除;而且同一地区教师补贴远远低于

---

[1] 李小土、刘明兴、安雪慧:《"以县为主"背景下的西部农村教育人事体制和教师激励机制》,《全球教育展望》2010年第5期。

公务员。①

在"以县为主"的教育管理体制下,县域之间的差异化也在加大。一方面,是因为县教育财政支出与各县财政收入密切相关,各县经济发展水平的差异将直接导致各县教师工资的差距;另一方面,则因为中央的政策最后都要通过县级政府来落实的,在各县不同的权力架构下,教育政策的效果也就不一样。这就导致"以县为主"的教育困局的出现。一些学者建议,政府应该加大公共财政投入力度,逐步建立省级统筹的教师工资保障机制。

当然,我们也发现,为了确保教育公平,中央也在推动教育管理权力进一步上升,逐渐走向省级统筹。这在教育督导制度的完善等一系列政策中都有所体现。

(二)人事制度是进一步市场化,还是纳入国家公务员序列

1993《教师法》颁布之后,随着聘用制的推行,以及学校类型的多样化,教师的身份及用工制度也变得复杂化,现在的用工制度并不能做到"能进能出",既不能有效留住人才,也不能淘汰不合格的教师。主要表现在:实行的聘用制在许多地方徒有虚名,或者在一些落后地区师范毕业生仍采用行政分配的方式就业,而用工方式的复杂化,反而导致人事调控能力的下降,以及权力寻租。②

由于事业单位改革,教师的身份处于新旧混杂的阶段,虽然现在主导的声音是要将事业单位人员、国家干部身份转为普通劳动者。但也有些学者主张另外一种方向的改革,即确认教师的公务员身份,"义务教育阶段的教师可以变为教育公务员,这样来

---

① 范先佐、付卫东:《义务教育教师绩效工资改革:背景、成效、问题与对策——基于对中部4省32县(市)的调查》,《华中师范大学学报》(人文社会科学版)2011年第6期。
② 薄建国:《中小学教师劳动用工制度的完善》,《教育理论与实践》2007年第8期。

维护教师的基本工资待遇"[1]；还有学者提出，根据教师法和行政法来调整教育主管部门、学校与教师之间的人事关系，教师的身份应当效仿西方国家，属于公务员或者公务雇员（public employee），不能由一般的劳动法规来处理。这是因为教师与一般企业的雇员不同，他们需要在工作岗位上继续学习，不断更新自己的知识，以教书育人为目的，计时、计件等绩效量化的模式不适合教师。[2]

2007年，教育部副部长陈小娅在"中国教师发展论坛"上发表"全面推进教师队伍建设，促进教育发展和公平"的讲话，明确指出"义务教育均衡发展的关键是学校均衡，学校均衡的关键是教师均衡"。市场化，或者纳入公务员序列，哪种途径更有利于师资的均衡以及教育的公平公正，仍有待进一步研究。

---

[1] 张馨芳：《论农村中小学教师合理流动的实践路径》，《当代教育论坛》2009年第7期。

[2] 薄建国：《中小学教师劳动用工制度的完善》，《教育理论与实践》2007年第8期。

图书在版编目（CIP）数据

边缘化的打工者：中西部地区乡村教师工作和生活状况调查研究报告 / 姚晓迅，亓昕主编 . —北京：社会科学文献出版社，2014.5
 ISBN 978－7－5097－5924－0

Ⅰ.①边… Ⅱ.①姚… ②亓… Ⅲ.①农村学校－小学教师－调查报告－中国 Ⅳ.①G625.1

中国版本图书馆 CIP 数据核字（2014）第 084633 号

边缘化的打工者
——中西部地区乡村教师工作和生活状况调查研究报告

主　　编 / 姚晓迅　亓　昕	
出 版 人 / 谢寿光	
出 版 者 / 社会科学文献出版社	
地　　址 / 北京市西城区北三环中路甲 29 号院 3 号楼华龙大厦	
邮政编码 / 100029	
责任部门 / 社会政法分社（010）59367156	责任编辑 / 胡　亮
电子信箱 / shekebu@ssap.cn	责任校对 / 白　云
项目统筹 / 童根兴	责任印制 / 岳　阳
经　　销 / 社会科学文献出版社市场营销中心（010）59367081　59367089	
读者服务 / 读者服务中心（010）59367028	
印　　装 / 三河市尚艺印装有限公司	
开　　本 / 787mm×1092mm　1/20	印　张 / 19.2
版　　次 / 2014 年 5 月第 1 版	字　数 / 328 千字
印　　次 / 2014 年 5 月第 1 次印刷	
书　　号 / ISBN 978－7－5097－5924－0	
定　　价 / 79.00 元	

本书如有破损、缺页、装订错误，请与本社读者服务中心联系更换
▲ 版权所有　翻印必究